シグナリングの
ゲーム理論

The Game Theory of Signaling

澤木久之
Hisashi Sawaki

勁草書房

はじめに

　本書は特にシグナリング理論と呼ばれる分野に焦点を当てたゲーム理論の教科書である．現実の世界では，政治・経済の主体が他者の内面についての正確な情報を持たないという情報のギャップが存在する状況がよくみられる．例えば，軍事的に対立する隣国に新しい指導者が就任した時にその新指導者の気質がよく分からないという状況である．または就職試験を受けにきた学生の能力について採用側の企業が正確には把握できないなどという状況である．

　この時，その情報を持つ側（新指導者や学生）は，自分の内面を他者に分からせようとして，あるいは意図的に隠そうとして，何らかの特異な行動をとるかもしれない．例えば，その新しい指導者は自分が本当に好戦的なタカ派であることを示そうとして大規模な軍事パレードを実施するかもしれない．あるいは本当の内面は平和的なハト派であってもそれを隠すためにあえて軍事パレードを実施し，その後の他国との交渉を有利に進めようとするかもしれない．また，学生は将来の就職活動を見越して，自らの能力を少しでも高くみせるため睡眠を削ってまでも受験勉強に励むかもしれない．情報を持つ側が自分の内面をシグナル（伝達）しようとして（あるいは反対に隠そうとして）とりうるこうした戦略的な行動を分析する経済理論がシグナリング理論である．

　シグナリング理論は，非対称情報下の経済学という分野の中に位置づけられる．2001年のノーベル経済学賞は，この分野を発展させた功績により，G. Akerlof, M. Spence, J. Stiglitz の3氏に贈られた．非対称情報とはマーケットのプレイヤー（参加者，主体）の間に存在する情報のギャップのことである．

　非対称情報が顕著にみられるマーケットとしてよくあげられるのが保険市場である．保険会社は加入者たる個人のことを詳細に知ることはできないため，大きく分けて次の2つの問題が保険市場で発生しうる．盗難保険を例に説明しよう．第1に，個人は盗難保険に加入すると，少し気がゆるんで戸締りへの最善の注意を怠るようになるかもしれない．この気のゆるみは個人が盗難にあう

確率を引き上げ，保険会社の収益を圧迫しうる．保険会社は個人の生活を見張るわけにはいかないから，これを完全に防ぐことはできない．このような問題をモラルハザード（moral hazard）という．

第2に，個人には慎重に戸締りをする注意深いタイプとそれをしない不注意なタイプがいて，個人は自分のタイプを分かっているとする．しかし保険会社は今保険契約を結ぼうとしている個人がどちらのタイプか，正確には見抜けないかもしれない．これは上と違って，加入者の選ぶ行動というよりは加入者のもともとの性質についての知識を保険会社が持たないことを意味する．この第2の問題が生じている場合，保険会社は不注意なタイプが加入者の中に混在していることを想定して保険料を上げざるをえない．しかしそうすると，もともと注意深いタイプの個人は高い保険料を嫌って保険加入をためらい，結局，保険加入者のほとんどが不注意なタイプで占められかねない．こうした問題を逆選択（adverse selection）という．この逆選択の問題を中古車市場の設定で取り上げたのが前出の J. Akerlof による「レモン市場」の分析である（レモンとは欧米では外見から見分けのつかない欠陥車のことをいう）[1]．

この第2の逆選択の問題が存在する時の当事者の対処法として考えられるのが，スクリーニング（screening）やシグナリング（signaling[2]）などである．スクリーニングとは情報を持たない側が持つ側をふるいにかけて情報を引き出そうとすることをいう．これに対しシグナリングとは情報を持つ側が先にとる戦略的な行動を指す．このシグナリングについての画期的な研究を行ったのが前述の M. Spence であり，本書は一冊丸ごと，このシグナリングに焦点を当てる．

上でシグナリングが逆選択の問題への対処法になりうると述べたが，情報を持つ側が先に行動をとればその情報のすべてが明らかになるとは限らない．上から2つ目の段落でも述べたように，情報を持つ側が自分の情報を隠すこともありうるからである．シグナリング理論は，こうした情報を持つ側と持たない側の戦略的な駆け引きをゲーム理論の手法を用いて分析する．

---

[1] 本書では逆選択の現象自体を扱う理論モデルは紹介しない．そうしたモデルの解説は邦語文献であれば例えば岡田（2011，第5章），グレーヴァ（2011，第6章）にある．
[2] アメリカ英語では signaling だがイギリス英語では signalling と l を2つ綴る．

Spence の研究以来，現在に至るまで膨大なシグナリング理論の文献が生まれており，その応用分野も産業組織論，国際貿易，金融政策論など多岐にわたっている．それらをすべて解説することは不可能であるが，本書ではいくつかの応用例を挙げつつ，シグナリング・ゲームを解く手法を解説する．ゲームを「解く」というのはラフに言えば「与えられた条件の下でゲームのプレイヤー（参加主体）がどのように行動するか」について，現実を予想するための指針を得ることである[3]．冒頭の例を用いれば，「新指導者はどのような行動をとるか，隣国はそれをみてどのように対応するか」や「学生はどのような教育を受けるか，企業は履歴書をみてその学生をどう評価するか」などを予想することである．

　また例えば夫婦間のコミュニケーションもシグナリングの観点から分析しうる．どのような夫婦であれば意思疎通がうまく行われるだろうか．これらは政治経済学の研究者や政策の立案者だけでなく，多くの人が関心を寄せる事柄であろう．シグナリング・ゲームの理論は今のゲーム理論の流れにあっては必ずしも最先端の理論ではないかもしれないが，その応用範囲の広さは特筆に値する．

　本書の対象読者は，大学学部の上級生，大学院生，ゲーム理論や情報の経済学に興味を持つ研究者などである．本書は，記述の分かりやすさを追求すると同時に近年の研究成果を盛り込むという欲張った目標を掲げて執筆されている．まず，ゲーム理論にあまりなじみのない方でも均衡の導出と精緻化について理解できるように記述することをこころがけた．まず，基本となる具体的なストーリー（新指導者の例や学生の就職活動の例，夫婦間の意志疎通の例など）を解説し，そのストーリーを少しずつ拡張することによって，さまざまな理論モデルのバリエーションを理解できるよう工夫している．

　できるだけ平易に解説したつもりではあるが，シグナリング理論はゲーム理論の中でも（おそらく）難解な方の分野に属するため，読者は紙とペンを用意して忍耐強く計算をチェックするという作業を強いられるだろう．それを行っ

---

[3] ゲーム理論における「解」の詳細な意味については例えば岡田 (2011, 第 4 章) を参照していただきたい．

てもなお本書が分かりにくいとすればそれは筆者の力量不足によるものである．

また本書は分野によってはかなり深い内容についても踏み込んで解説している．その際，モデルに応じてアドホックなやり方で解説するのではなく，なるべく統一的な分析方法で説明するようにした．

本書と他の書物・文献との関連性を述べておく．シグナリング・ゲームはゲーム理論のテキスト（特に非協力ゲーム理論の分野）において後半部分のかなりの分量を占めていることが多い．これを理解すれば，ゲーム理論の中の1つの重要な分野を理解したことになる．ただし本書は，上で記したように，ゲーム理論に関する予備知識があまりなくても理解できるよう配慮した部分もあり，その分，厳密さを欠いている記述があるかもしれない．それは筆者がゲーム理論自体の専門家ではなく，その応用を主眼として研究していることにも起因している．

そこを補ってゲーム理論を基礎から厳密に理解したい人にとっては Gibbons (1992, 邦訳あり．参考文献の欄を参照) などが参考になるだろう．ちなみに Gibbons (1992) の第4章ではシグナリング・ゲームが詳しく解説されている．本書はその解説を参考にした箇所もあるが，全般的にそれよりも大きな範囲を深く網羅している．Gibbons (1992) より難しい内容を含む，しかもゲーム理論全般についての日本語のテキストとしては岡田 (2011)，グレーヴァ (2011) などが薦められる．また，本書はゲーム理論を本格的に学びたい人にとって，上級書（例えば Fudenberg and Tirole, 1991a, 特にその中の8章と11章）を読むための準備用としても位置づけられるかもしれない．加えて，本書と関連する非常に重要な参考文献として Cho and Kreps (1987) が挙げられる．本書の第1，2章，補論2は特にこの文献を参考にしている．シグナリング・ゲームにおける均衡の精緻化を深く学びたい人にとっては必読の文献といえる．

また本書は伊藤 (2003) とは補完関係にある．どちらの教科書も非対称情報のゲーム理論に焦点を当てている．伊藤 (2003) はその中でも「モラルハザード」および「逆選択におけるスクリーニング」を中心に扱っている本格的な名著である．本書はそこでカバーされていない「逆選択におけるシグナリング」を扱っている．

最後に1つ注意点を述べる．本書で「シグナル」という言葉を用いる場合，

それは政治・経済の主体が意図的・戦略的に情報を伝達する場合に限定している．だから人間の意図が介在しない状況，例えば「この体の痛みは病気のシグナルだ」などという状況は本書の守備範囲外であることを申し添えておく．

　本書の執筆に当たっては岡山大学大学院の梅月陽介君に原稿を丹念にチェックしてもらった．また，本書の出版に当たっては勁草書房の宮本詳三氏に大変お世話になった．深く感謝いたします．

2014年9月

澤木（さわき）　久之（ひさし）

　なお本書を読む際，大学の学部生およびシグナリング理論を急いで習得したい方は，章や節のタイトルに†が付いている箇所を飛ばしつつ，次の順序で読めば十分かもしれない：　第1章→補論1→第2章→第3章→第5章．
　（†が付いている章や節は発展的な内容を含んでいる．）

目　次

はじめに

第1章　シグナリング・ゲームにおける均衡と精緻化 … 3
 1.1　経済制裁ゲーム　3
 1.2　完全ベイジアン均衡　7
 1.3　完全ベイジアン均衡：より厳密な定義　15
 1.4　支配基準　17
 1.5　直観的基準　19
 1.6　直観的基準の妥当性　23
 1.7　均衡支配テスト†　25
 1.8　D1基準　26
 1.9　結　語　32
 付録：ベイズ・ルール　33

第2章　連続的行動のシグナリング・ゲーム：Spence モデル … 35
 2.1　連続的行動　35
 2.2　Spence の就職市場モデル　36
 2.3　受け手の最適反応線　40
 2.4　送り手の無差別曲線　42
 2.5　完備情報下での均衡　44
 2.6　不完備情報：ねたみの生じるケース　45
 2.7　分離均衡　48
 2.8　一括均衡　56
 2.9　混成均衡　57
 2.10　Spence モデルのまとめ　61

2.11　（メッセージ，信念）平面による分析　64
　2.12　（メッセージ，利得）平面による分析†　66

第3章　連続的行動のシグナリング・ゲーム：さまざまなモデル……71
　3.1　Spence モデル：教育が生産性を上げないバージョン　71
　3.2　Spence モデル：3タイプのバージョン　74
　3.3　天才はシグナルしない　79
　3.4　メッセージに上限がある時†　82
　3.5　メッセージが2次元のケース†　86
　3.6　二回交差性（Double Crossing）†　91
　3.7　文献紹介　96

第4章　連続的タイプのシグナリング・ゲーム†……99
　4.1　Mailath の条件　99
　4.2　送り手の最適化問題　102
　4.3　初期値条件と2階の条件　104
　4.4　単一交差性　107
　4.5　微分方程式が解けない場合　109
　4.6　微分方程式の意味　111
　4.7　D1 基準と信念関数　113
　4.8　送り手と受け手の利得が似ているケース　118
　4.9　白人のようなふるまい：アクティング・ホワイト　125
　4.10　協調性の理論　131
　4.11　文献紹介　135

第5章　チープトーク・ゲーム……139
　5.1　夫婦のゲーム（1）：仲の良いケース　139
　5.2　夫婦のゲーム：そのほかのケース　148
　5.3　均衡の精緻化：耐ネオロジズム　152
　5.4　チープトーク・ゲームにおける他の精緻化基準†　156

5.5　Crawford-Sobel モデル　159
5.6　チープトーク・ゲームの拡張† 168
5.7　文献紹介　171

第6章　拡張・深化を続けるシグナリング理論† ……………………175
6.1　両シグナル均衡　175
6.2　行動と言葉　183
6.3　さまざまな不備情報モデル　186
6.4　結　　語　188

補論1　均衡に関する補足事項 ……………………………………189
A1.1　完全ベイジアン均衡（PBE）の存在理由　189
A1.2　弱でない PBE　192
A1.3　逐次均衡　197
A1.4　摂動完全均衡† 200

補論2　精緻化に関する補足事項† …………………………………207
A2.1　前向き推論法　207
A2.2　戦略的安定性　211
A2.3　シグナリング・ゲームにおける NWBR　217
A2.4　結　　語　220

参考文献 ……………………………………………………………223
索　引 ………………………………………………………………231

シグナリングのゲーム理論

第1章

シグナリング・ゲームにおける均衡と精緻化

1.1 経済制裁ゲーム

「はじめに」で述べたように，本書ではほぼ全体を通じてシグナリング・ゲームの解説を行う．シグナリング・ゲームは，ゲームのプレイヤーの間に情報量の差，つまり非対称情報（asymmetric information）がある中で行われる．ここで情報とは，ゲームにおいて自分や他のプレイヤーが得る利得に関して定義される．この種の非対称情報は，利得についての正確な情報が全プレイヤーの共有知識（common knowledge）となっていない，つまり情報が完全には備わっていないという意味で不完備情報（incomplete information）ともいわれる．この中で正確な情報を持つ側のプレイヤーは自分だけの情報つまり私的情報（private information）を持つといわれる．

シグナリング・ゲームとは，この不完備情報下で，私的情報を持つ方のプレイヤーが先に行動をとるゲームを指す．この行動は私的情報についての何らかの情報を明らかにしうるためメッセージ（message）と呼ばれる．情報を持たない側のプレイヤーはそのメッセージを観察してから反応（response）を選ぶと想定される．

まず分析は，いくつかの仮定を置くことによって現実の政治・経済の状況を端的に描写するようなゲームを記述することから始まる．次に，現実にどのような状態が出現しそうかを占うためにそのゲームを「解く」という作業を行う．これは「均衡を求める」作業と「その均衡が複数存在する場合に奇妙なものを取り除く」という精緻化の作業の2つに分かれる．次の「経済制裁ゲーム」の例をみよう．

ある軍事国家に新しい指導者が誕生したものとし，その人物をS（情報の送

り手 Sender の頭文字）と称する．その国家の隣に，軍事的に対立する国が存在するものとし，そのリーダーを R（受け手 Receiver の頭文字）と称する．以下では謎の多いこの新指導者 S が軍事パレードを行うかどうかを選び，その選択を観察したうえで隣国のリーダー R が経済制裁を継続するかどうか決める，というストーリーのゲームを考える．

S のタイプは 2 つに分かれ，平和的なハト派タイプ（t_D：D は Dovish の頭文字）あるいは好戦的なタカ派タイプ（t_H：H は Hawkish の頭文字）のいずれかとする．（下付き文字の H は「ハト」の頭文字ではなく英語をもとにしたタカ派の意味なので少々紛らわしいがご容赦いただきたい．）つまり S はあくまでも 1 人のプレイヤーであるが，偶然が作用してその人の人格（タイプ）がどちらかに決まるのである．ゲーム理論では「自然（Nature）」がサイコロを振るようにしてタイプを決めると考える[1]．ハト派タイプが出現する確率を p で表し，ここでは $p=0.6$ としよう．するとタカ派タイプが出現する確率は $1-p=0.4$ となる．この確率は後に R によって改訂される前の確率なので事前確率と呼ばれる．

S のタイプは私的情報である．つまり，S の正確なタイプを S 自身は自分のことだから当然知っているが，R は知らない．特に S は新たな指導者として就任したばかりであるからこの仮定は現実的だろう．しかし上の事前確率（$p=0.6$）は共有知識である．つまりその確率を S と R は知っており，その両者が知っているという事実も両者によって共有されている．

S は 2 つの行動 m_P（自国の記念式典で軍事パレードを行う）と m_N（行わない）から 1 つを選ぶものとする．この行動はメッセージとも呼ばれる．つまり，S はメッセージを選ぶことによって自分のタイプについての何がしかの情報を R にシグナル（伝達）するのである．R は S のタイプを知らないが，記念式典における彼の行動（メッセージ）を観察し，事前確率を事後確率へと改訂する．これらの確率は R が信じる確率という意味で信念（belief）とも呼ばれ，それを踏まえて R は自分の行動を選ぶ．この行動は反応とも呼ばれる．ここで R

---

[1] 「自然」はゲーム理論のモデルにおいてランダムな事象を司る擬人的な存在である．その役割は単にサイコロを振るだけであり，自己の利得の最大化などを行ったりはしない．

はあらかじめこの隣の軍事国家に対し経済制裁を科しているものとし，その制裁を続ける（a_C：Cは続けるContinueの頭文字）か解除する（a_N）かの選択を迫られているものとする．

SとRの利得（満足度）について以下のように仮定する．プレイヤーRが制裁を継続した（a_C）場合，相手がタカ派なら外交問題がこじれRは-3を得るが，相手がハト派なら外交面での譲歩を引き出すことができRは1を得るものとする．制裁を解除した（a_N）場合にはRは一律に0を得るものとする．

Sの利得は「自分が記念式典で軍事パレードを行うか否か」と「経済制裁が継続されるか否か」によって決まる．Rが制裁を継続してきた場合，Sは自らのタイプに関係なく0を得，制裁を解除された場合にはSは一律に4を得るとする[2]．また，次の仮定は本章の後の部分で参照することがあるので，特別に番号を付けて強調しておく：

仮定1：　Sのうちハト派は平和主義的であり，軍事パレードを行わなかった時にのみ+5という大きな利得を追加的に得るが，タカ派は軍事パレードを好み，それを自ら実施した時にのみ追加的に+2を得るとする．

Sの利得はこれらの追加的利得を上の0や4に加えたものである．

以上の仮定が**図1-1**でゲームの展開型（extensive form）という形式によって示されている．

展開型というのは，ゲームの開始時から終了時までの時間の流れを追うように記述した表現形式であり，ゲームツリーと呼ばれる図を用いて表される[3]．木の形に見えないかもしれないが，**図1-1**もゲームツリーの一種であり，中央の白丸がゲーム開始時の自然によるタイプの選択を表す．前述のように，自然

---

[2] ここではシグナリング・ゲームの構造を記述することが目的であるため筆者が恣意的な数を利得として選んでいるが，本来こうした利得は厳密なモデルに基づいて算出されるべきである．そうしたモデルに基づけば，例えば「制裁の有無がSの利得に及ぼす影響」もS自身のタイプに応じて変わってくるという仮定の方が適切かもしれない．

[3] それに対し，「各プレイヤーがあらゆる時点での意思決定を同時にまとめて1回で行う」とみなして，碁盤の目のような利得表を用いてゲームを記述する形式を戦略型（strategic form）あるいは標準型（normal form）という．

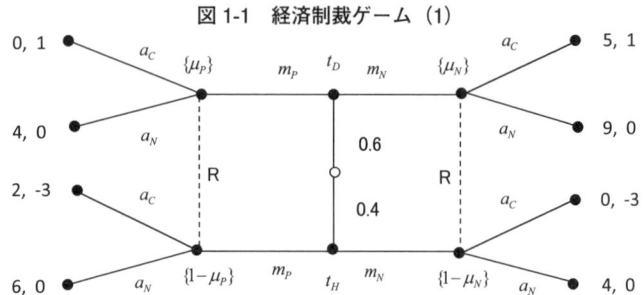

図 1-1 経済制裁ゲーム (1)

は自分の意思を持たず，単にサイコロを転がすようにしてSのタイプを決める．その事前確率 (0.6, 0.4) が図に書き込んである[4]．続いて t_D と t_H と記されたタイプ名の近くに書かれている黒丸が意思決定点 (decision node) と呼ばれるもので，ここでSの各タイプがメッセージの選択を行う．

そのメッセージを観察した後，Rの意思決定は左右どちらかの場所で行われるが，重要なのは上と下の黒丸が点線で結ばれていることである．この点線はR自身，自分がどちらのタイプと直面しているか，つまり自分が上下どちらにいるかを正確には知らないことを表す．これら2つの黒丸と点線をまとめて情報集合 (information set) と呼ぶ．また，点線で結ばれていない1つの意思決定点だけのものも情報集合に含まれる．つまり情報集合とはプレイヤーが意思決定を行う場のことである．

Rは自分の位置を正確には知らないが，全く五里霧中の状態で意思決定をするわけではなく，メッセージを観察することによって自分の信念を事前確率から事後確率へと改訂する．左の情報集合にいるRは「Sは確率 μ_P でタイプ t_D であり，確率 $1-\mu_P$ でタイプ t_H である」と信じ，右の情報集合にいるRは「Sは確率 μ_N でタイプ t_D であり，確率 $1-\mu_N$ でタイプ t_H である」と信じるものとする．これらの事後的な信念は図において｜ ｜内に示してある．間違いやすいことだが，この｜ ｜の中は「各タイプがメッセージを選ぶ確率」を表

---

[4] このように，あたかも自然がプレイヤーの1人であるかのようにみなしてゲームを記述すると，不完備情報ゲームを不完全情報ゲームと同じような形で記述できるようになる．この表現法をノーベル経済学賞受賞者 J. Harsanyi の名前をとりハルサニ変換という．詳しくはゲーム理論のテキスト (Gibbons 1992 など) を参照していただきたい．

しているのではない．あくまで R の頭の中の「信念」を表しているのである．

R は自分の信念をもとにして反応を選び，両プレイヤーの利得が決まる．行き着いた最終点を表す黒丸の横の 2 つの数字のうち左の数字が S の利得，右の数字が R の利得を表す．例えば右上の方にある 9 は「ハト派タイプ (t_D) の S が自ら軍事パレードの中止 (m_N) を選び（仮定 1 により +5 点），R によって経済制裁の解除 (a_N) を選択された（+4 点）」ことを受けて 5+4=9 として計算されている．

以上でこの経済制裁ゲームの構造を記述した[5]．S と R は両者とも，**図 1-1** を頭に置きながら戦略を考えているものとする．つまり，どのような条件の下でどのような利得が自分と相手に発生するかを両者とも知っている．両者の違いは，S が「自然によって実際に選ばれた自分のタイプ」を知っているのに対し，R はそれを知らない，ということだけである．S は自分のタイプを知っているから，**図 1-1** で t_D と t_H どちらの意思決定点に自分がいるかを知っている．しかし R は相手のタイプを知らないため，自分の情報集合の中で上下どちらの意思決定点にいるかを正確には知らない．よって R は，自分の反応の選び方によって相手と自分の利得がどうなるかを正確には知らず，事後的な信念に基づいて確率的に計算するしかない．本節の最初の段落で不完備情報の意味に言及した際，「情報は利得に関して定義される」と述べたのはこの意味においてである．

1.2 完全ベイジアン均衡

次に，このゲームにおいてどのような状況が出現しそうかを占うために「均衡を求める」という作業を行う．本書で最も頻繁に使われる均衡概念は「シグナリング・ゲームにおける完全ベイジアン均衡（perfect Bayesian equilibrium, 略して PBE）」であり，ここではその定義を直観的に与える．記号を使った，より厳密な定義はすぐ後に出てくる．

---

5) この経済制裁ゲームは，しばしばゲーム理論のテキストで使われる「ビールとキッシュ」ゲームと同じような構造を持っている．

> **定義 1-1**：「シグナリング・ゲームにおける PBE」は次の条件を満たすプレイヤーの戦略と信念の組み合わせである．
> （条件 S）： 送り手（S）の各タイプは相手の戦略と信念を所与として自らの期待利得を最大化するメッセージを選ぶ．
> （条件 R）： 受け手（R）は自分の形成する信念と相手の戦略を所与として自らの期待利得を最大化する反応を選ぶ．
> （条件 B）： どの情報集合においても，R によって信念が形成されている．均衡経路上の（on-the-equilibrium-path）情報集合（つまり，均衡で正の確率で到達される情報集合）では信念はベイズ・ルールによって決定される．均衡経路上にない（off-the-equilibrium-path）情報集合では信念は任意のものでよい．

上の定義には難しい表現が含まれているが，要するに最初の2つの条件は「各プレイヤーが最適な行動をとっている」，最後の条件は「R の信念が見当外れなものになっていない」と言っている．言葉の細かい意味は具体例を解くことによって明らかになるので，まずは上の経済制裁ゲームにおける PBE を求めてみよう．

ここでは純粋戦略の均衡に注意を限定する[6]．まず上の（条件 R）を満たす受け手（R）の行動を記述する．隣国のリーダー R は，仮に相手国で軍事パレードが実施されたことを知った場合，左の情報集合にいることになる．信念 μ_P を所与として，R が制裁の継続（a_C）を選んだ時に R 自身が得る期待利得は，図 1-1 をみながら

$$1 \cdot \mu_P - 3(1 - \mu_P) = 4\mu_P - 3$$

と計算される．他方，制裁の解除（a_N）を選択した時の R 自身の期待利得は

---

[6] 純粋戦略（pure strategy）とはプレイヤーが，どの情報集合（単独の意思決定点から成るものも含む）でも，ある行動を確実に選ぶような戦略である．これに対しプレイヤーが複数の行動の中からサイコロを転がすように不確実性付きで選択することを許容する戦略で，しかも展開型ゲームで定義されるものを行動戦略（behavior strategy）という．

$$0 \cdot \mu_P + 0(1-\mu_P) = 0$$

である．これらを比べると，R は，$\mu_P > 3/4$ の時 a_C を選び，$\mu_P < 3/4$ の時 a_N を選び，$\mu_P = 3/4$ の時はどちらを選んでも無差別（同じ）になる．つまり R は，相手の新指導者がハト派である確率が高い時には安心して経済制裁の継続を選ぶが，その確率が低い時には危険であるから解除を選ぶわけだ．

仮に相手国が軍事パレードを実施しなかった場合，R は右の情報集合にいることになる．この場合，上と同様の計算により，R は，$\mu_N > 3/4$ の時 a_C を選び，$\mu_N < 3/4$ の時 a_N を選び，$\mu_N = 3/4$ の時はどちらを選んでも無差別になる．純粋戦略にのみ注意を限定するので無差別の時はどちらかの行動を確実に選ぶと仮定してかまわない．

以上の受け手の戦略はこれ以降もたびたび参照するので次のようにまとめておく．

受け手（R）の戦略：
　左の情報集合では，$\mu_P \geq 3/4$ の時 a_C を選び，$\mu_P < 3/4$ の時 a_N を選ぶ．
　右の情報集合では，$\mu_N \geq 3/4$ の時 a_C を選び，$\mu_N < 3/4$ の時 a_N を選ぶ．

次に送り手（S）のとる行動を検討する．2 つのタイプ各々が 2 つの選択肢を持つため，検討する均衡の候補は 4 種類である．

(均衡の候補 1: 　タイプ t_D が m_P を，タイプ t_H も m_P を選ぶとする)

こうした S の戦略が均衡になるかどうかを考えよう．この戦略の下では，PBE の（条件 B）により，左の情報集合では $\mu_P = 0.6$ となる．これは形式的には次のように導出される．タイプ t_D が m_P を選ぶ確率を $\sigma\langle m_P | t_D \rangle$，タイプ t_H が m_P を選ぶ確率を $\sigma\langle m_P | t_H \rangle$ としよう．ベイズ・ルールは

$$\mu_P = \frac{\sigma\langle m_P | t_D \rangle p}{\sigma\langle m_P | t_D \rangle p + \sigma\langle m_P | t_H \rangle (1-p)} \tag{1-1}$$

を要求する．ここで p は S がハト派である事前確率であることを思い出すこと．（ベイズ・ルールについては第 1 章末の付録で簡単にまとめてある．）この

均衡の候補1では $\sigma\langle m_P|t_D\rangle = \sigma\langle m_P|t_H\rangle = 1$ と仮定されているので，式 (1-1) より $\mu_P = p = 0.6$ となるわけである．しかし今は，このような難しいことを考えなくても，次のように理解すれば十分である．「両タイプが同じメッセージを同じ確率で（ここでは確率1で）選ぶので，そのメッセージを観察しても信念は改訂されず，R は事前確率をそのまま信じ続ける．」

$\mu_P = 0.6 < 3/4$ なので，すぐ上でみたように，左の情報集合にいる R は a_N を選ぶ．よって図 1-1 より，仮にこの「均衡の候補1」が本当に均衡であるなら，そこでタイプ t_D は利得 4 を，タイプ t_H は利得 6 を得ることになる．しかし結論を先に述べると，この「均衡の候補1」は PBE ではない．その理由は以下のとおりである．

均衡の（条件 B）にあるとおり，信念は，均衡経路上にないものも含めてすべての情報集合で形成される必要がある．今，右の情報集合は正の確率で到達されることがないため均衡経路上にないことになるが，そこで形成される信念 μ_N に何か適切な数値を与えることによって，この「均衡の候補1」を均衡としてサポートする（真の均衡たらしめる）ことができるか考えよう．上でみたように，μ_N が 3/4 と比べて高いか低いかによって R の反応は変わってくるが，それに応じてタイプ t_D は右の情報集合に逸脱 (deviate) することによって利得 5 か 9 を得る．それらはどちらも先ほど求めた利得 4 より大きいので，タイプ t_D の「m_P を選ぶ」という行動は均衡の（条件 S）を満たさないことになる．他方，タイプ t_H については右の情報集合に逸脱して得る利得は 0 か 4 であり，6 よりも小さいので逸脱を招くことはない．しかし一部のタイプであっても均衡の（条件 S）を破る限り，その戦略は PBE を構成するとは言えない．

上の議論を次のようにまとめておく．

均衡の候補1（t_D は m_P ；　t_H は m_P）
- ●受け手の信念と戦略：
  - 左の情報集合（均衡経路上）：　$\mu_P = 0.6$, a_N.
  - 右の情報集合（均衡経路外）：　$\mu_N \geq 3/4$ なら a_C. $\mu_N < 3/4$ なら a_N.
- ●均衡での送り手の利得：　t_D：4.　t_H：6.
- ●均衡から逸脱する戦略とそこから送り手が得る利得：

t_D：m_N，$\mu_N \geq 3/4$ なら5（>4 ×），$\mu_N < 3/4$ なら9（>4 ×）[7]．
t_H：m_N，$\mu_N \geq 3/4$ なら0（<6 ○），$\mu_N < 3/4$ なら4（<6 ○）．
● 結論：　候補1はPBEではない．

(均衡の候補2:　タイプ t_D が m_N を，タイプ t_H も m_N を選ぶとする)

　今度は右の情報集合が必ず到達される．上と同様のロジックにより，右の情報集合における信念は $\mu_N = 0.6 < 3/4$ となり，そこでRは a_N を選ぶ．図1-1から分かるように，この「均衡の候補2」が実際の均衡であるなら，そこでタイプ t_D は9を，タイプ t_H は4を得ることになる．この場合，左の情報集合が「均衡経路上にない情報集合」にあたるわけだが，そこでの信念をうまく選ぶことによってこの「候補2」を実際の均衡としてサポートできるかを考えよう．

　$\mu_P \geq 3/4$ ならRは a_C を選ぶので，タイプ t_D は0を，タイプ t_H は2を得る．これらは順に9や4より小さいため，どちらのタイプも m_N から m_P へ逸脱するインセンティブを持たない．よってこれはPBEを構成する．

　他方，もし $\mu_P < 3/4$ ならRは a_N を選ぶので，左の情報集合でタイプ t_D は4を，タイプ t_H は6を得る．4は9より小さいので良いが，6は4より大きいのでタイプ t_H は逸脱するインセンティブを持ってしまう．よって $\mu_P < 3/4$ は均衡の一部となりえない．

　プレイヤーの戦略と信念を [(t_D の行動, t_H の行動), (左の情報集合におけるRの行動, 右の情報集合におけるRの行動), μ_P, μ_N] という形で表し，以上を要約すると，[(m_N, m_N), (a_C, a_N), $\mu_P \geq 3/4$, $\mu_N = 0.6$] はこの経済制裁ゲームにおける1つのPBEであるといえる．あらためてまとめると，

均衡の候補2 (t_D は m_N; 　t_H は m_N)
● 受け手の信念と戦略：
　左の情報集合（均衡経路外）：　$\mu_P \geq 3/4$ なら a_C．$\mu_P < 3/4$ なら a_N．
　右の情報集合（均衡経路上）：　$\mu_N = 0.6$, a_N．

---

7)　○は逸脱を招かないのでOK，×は招くのでNot OKを意味する．

- 均衡での送り手の利得： t_D：9. t_H：4.
- 均衡から逸脱する戦略とそこから送り手が得る利得：
  t_D：m_P, $\mu_P \geq 3/4$ なら 0 （<9 ○），$\mu_P < 3/4$ なら 4 （<9 ○）.
  t_H：m_P, $\mu_P \geq 3/4$ なら 2 （<4 ○），$\mu_P < 3/4$ なら 6 （>4 ×）.
- 結論： $\mu_P \geq 3/4$ なら候補2はPBE.

（均衡の候補3： タイプ t_D は m_N を，タイプ t_H は m_P を選ぶとする）

この場合，PBEの（条件B）により，$\mu_P=0$，$\mu_N=1$となる．これは式(1-1)と同様のベイズ・ルールの式を用いて導くこともできるし，そこまでしなくとも「m_N を選ぶタイプは t_D だけだから，m_N が観察されたらそれを選んだのは確実に t_D だ（$\mu_N=1$）」などと考えれば自明である[8]．

この「候補3」では左右どちらの情報集合も正の確率で到達されるため「均衡経路上の情報集合」になる[9]．左の情報集合では $\mu_P=0<3/4$ なので R は a_N を選び，右の情報集合では $\mu_N=1 \geq 3/4$ なので R は a_C を選ぶ．したがって図1-1から分かるように，タイプ t_D は m_N を選ぶことによって5を得，タイプ t_H は m_P を選ぶことによって6を得る．

次に送り手の逸脱の可能性を検討すると，タイプ t_D は m_P に逸脱したら a_N を選ばれ4を得るがこれは5より小さい[10]．タイプ t_H は m_N に逸脱したら a_C を選ばれ0を得るがこれは6より小さい．両タイプとも逸脱するインセンティブを持たないためこの「候補3」は均衡であると結論づけられる．要約すると，

---

[8] このPBEの（条件B）の考え方の背景には「RがSの戦略を知りつつ信念を形成する」という前提がある．ゲーム理論になじみの薄い方はこれに対し次のような疑問を持つかもしれない：「そもそも現実世界で隣国の新指導者のとる戦略など分かるのだろうか？」これに対する伝統的なゲーム理論の考え方は次のようなものである：「他者の戦略（や信念）はいつも100％分かるわけではないが，いつもシステマティックにそれを誤解し続けるというのも安定的な状態とは言えず，均衡とは呼べない．」

[9] 「均衡経路上にない」というのは「そこに到達する確率が0」という意味であり，「タイプによっては到達するかもしれない」ような情報集合は「均衡経路上にある」情報集合だから注意．

[10] ゲーム理論では，あるプレイヤーの（均衡からの）逸脱を検討する場合，他のプレイヤーの戦略・信念を元のまま保ちつつ行うことに注意．ここでもRが左の情報集合では a_N を選ぶという上の結果を保ったまま考えている．

$[(m_N, m_P), (a_N, a_C), \mu_P=0, \mu_N=1]$ はもう1つの PBE である．あらためてまとめると，

均衡の候補3（t_D は m_N； t_H は m_P）
- 受け手の信念と戦略：
  左の情報集合（均衡経路上）：　$\mu_P=0$, a_N.
  右の情報集合（均衡経路上）：　$\mu_N=1$, a_C.
- 均衡での送り手の利得：　$t_D:5$.　　$t_H:6$.
- 均衡から逸脱する戦略とそこから送り手が得る利得：
  $t_D:m_P$, 4 (<5 ○).　$t_H:m_N$, 0 (<6 ○).
- 結論：　候補3は PBE.

（均衡の候補4：　タイプ t_D は m_P を，タイプ t_H は m_N を選ぶとする）

結論を述べるとこの「候補4」は均衡になりえない．理由は t_D が逸脱するインセンティブを持つからである．詳しくは上の「候補3」と似た手順を踏んで考えることができ，それは読者に委ねたい．

＊　　　　＊　　　　＊

単純化のためここでは純粋戦略に話を絞っているので，検討すべき「均衡の候補」は上の4つだけである．それでも初めてシグナリング・ゲームに触れた方には上の解き方がかなり複雑と感じられたのではないだろうか．複雑さの源は完備完全情報下での展開型ゲームを考える際に使える「後ろ向き推論法」を単純には使えない点にある．完備完全情報ゲームで2期モデルを解く場合は，2期目のプレイヤーの行動を確定させてから1期目に遡って考えることができる．しかしシグナリング・ゲームで最初に受け手の行動を考える際は，行動が「信念」というパラメータの条件付きでしか決まらず，その信念は送り手の戦略と整合的になるよう後から特定化されねばならない．そこに難しさの一因がある．

また，メッセージの送り手 S は完全にフリーハンドで自分のメッセージを

決められるわけではなく，受け手 R の信念と戦略に拘束されている．つまり，S のメッセージが信念に影響を与え，その信念が R の最適反応に影響を与え，それがまた S 自身のメッセージに影響を与えるというループのような構造になっている．そこが難しい．

ここでシグナリング・ゲームにおける PBE を求める手順をまとめておく．この手順は本書全体を通じてほとんどのゲームで踏襲される．

シグナリング・ゲームにおける PBE を求める手順
① 受け手（R）の最適反応を，信念に応じて求めておく．
② ①に基づき，送り手（S）の各タイプが自分の戦略から逸脱しないような状態を求める．その際，
 (1) 均衡経路上では送り手の戦略と受け手の信念がベイズ・ルールと整合的になっているようにする．
 (2) 均衡経路上でなければ信念は PBE を支えるように自由に決められる．

さて上の例では純粋戦略の PBE が 2 つみつかった．そのうち 1 つ目のもの（上で「候補 2」と呼ばれたもの）では 2 つのタイプが全く同じ行動をとっている．このような均衡は「一括均衡（pooling equilibrium）」と呼ばれ，そこでは送り手（S）のメッセージを観察しても受け手（R）は信念を改訂することはできず，事前確率をそのまま信じ続けることになる．他方 2 つ目の均衡（上で「候補 3」と呼ばれたもの）では 2 つのタイプが異なる行動をとり自分のタイプを完全に明らかにしている．このような均衡は「分離均衡（separating equilibrium）」と呼ばれる．

一般的に，他に均衡の種類としては，（確率付きの戦略を許容した場合）一方のタイプがあるメッセージを確実に選び，他方のタイプがある確率でそれと同じメッセージを，ある確率でそれと異なるメッセージを選ぶという「混成均衡（hybrid equilibrium）」もありうる．また，タイプが 3 つ以上存在する時に，いくつかのタイプは同じメッセージを，他のいくつかのタイプは別のメッセージを選ぶという「半一括均衡（semi-pooling equilibrium）」も考えられる．

次の節に進む前に，上のゲームで仮に情報が完備だったらどのような均衡が出現するかみておこう．完備情報（complete information）の場合，プレイヤーSのタイプは共有知識となる．つまり，その人の顔をみただけでハト派かタカ派か識別でき，その人の送るメッセージを参考にするまでもないような状況である．Sのタイプがt_Dであるなら，**図1-1**の下半分を手で隠し上だけを考えればよい．この時$\mu_P = \mu_N = 1 > 3/4$であるから（あるいは同じことだが利得1は0より大きいから）Rは左右どちらの意思決定点でもa_Cを選ぶ．よってt_Dはm_Pを選べば0を，m_Nを選べば5を得ることになり，比較の上m_Nを選ぶ．2人の戦略を［(Sの戦略)，(左の意思決定点におけるRの行動，右の意思決定点におけるRの行動)］の形でまとめると，［(m_N), (a_C, a_C)］がこの場合の部分ゲーム完全均衡になる．

Sのタイプがt_Hの時には，同様の考察により［(m_P), (a_N, a_N)］が部分ゲーム完全均衡であると分かる．

1.3 完全ベイジアン均衡：より厳密な定義

今後のために「シグナリング・ゲームにおける完全ベイジアン均衡（PBE）」をより厳密な形で定義しておこう．ここでは一般的な文脈で確率付きの戦略も許容したうえで記号を用いて定式化する．

まず，シグナリング・ゲームに一般的な定義を与える．2人のプレイヤーがおり，プレイヤーSが情報の送り手，Rが受け手であるとする．Sは自らのタイプ$t \in \Theta$について私的情報を持ちメッセージ$m \in M$を選ぶ．ここでΘはタイプ全体の集合，Mはメッセージの集合である．先の例では$\Theta = \{t_D, t_H\}$，$M = \{m_P, m_N\}$だった．RはSのタイプについての事前信念$p(t)$を知っている．これはΘ上の確率分布であり共有知識である．先の例では$p(t_D) \equiv p = 0.6$，$p(t_H) = 1 - p = 0.4$だった．RはSの正確なタイプを知らないままmを観察し，事前信念を改訂して事後信念$\mu\langle t|m \rangle$を形成する．これもΘ上の確率分布である．例えば前の例ではm_Pを観察したうえで形成される「送り手がt_Dである」事後信念$\mu\langle t_D|m_P \rangle$のことを略して$\mu_P$と記していた．事後信念を形成したうえでRは反応$a \in A$を選ぶ．ここで$A$は反応の集合である[11]．

Sの利得を $u(m, a, t)$,Rの利得を $v(m, a, t)$ とする.Sのメッセージ戦略を σ（シグマ）,Rの反応戦略を ρ（ロウ）によって表す.Sの戦略とは,各タイプ t を所与として,各メッセージ m に確率 $\sigma\langle m|t\rangle$ を割り当てたものである.例えばタイプ t_D が m_P を確率 0.3 で選ぶなら $\sigma\langle m_P|t_D\rangle = 0.3$ と書く.これをタイプ t_D の選ぶすべてのメッセージについて（足して1になるよう）表し,さらにすべてのタイプについて同じような形式で表したものをまとめてSの戦略と呼ぶ.これは確率付き戦略の形で表されているが,純粋戦略はその確率が0か1という特別ケースと考えることができる.同様に,Rの戦略とは,自分に対して伝達される各メッセージ m を所与として,各反応 a に確率 $\rho\langle a|m\rangle$ を割り当てたものである.

相手の戦略 ρ を所与として,タイプ t のSが戦略 σ をとる時に得る期待利得は次のように表すことができる.

$$u(\sigma, \rho, t) = \sum_m \sum_a \sigma\langle m|t\rangle \rho\langle a|m\rangle u(m, a, t).$$

メッセージ m を観察した後,それを送ったのがタイプ t であると仮定したうえで,Rが戦略 ρ をとる時に得る期待利得は次のように表すことができる.

$$v(m, \rho, t) = \sum_a \rho\langle a|m\rangle v(m, a, t).$$

ただしRは正確な t を観察できないため,この期待利得を信念でウェート付けしたものを最大化することになる（下の定義1-1′参照）.以上を踏まえてPBEを定義付ける.

定義 1-1′：「シグナリング・ゲームにおける PBE」は次の条件を満たすプレイヤーの戦略 σ^*,ρ^* と信念 μ の組み合わせである.

（条件S）：　すべての t に対し　$\sigma^*\langle \cdot|t\rangle \in \arg\max_\sigma u(\sigma, \rho^*, t)$

（条件R）：　すべての m に対し　$\rho^*\langle \cdot|m\rangle \in \arg\max_\rho \sum_t \mu\langle t|m\rangle v(m, \rho, t)$

（条件B）：　均衡経路上にある情報集合では信念はベイズ・ルール

---

11) A は m に依存すると仮定することもできる.それは受け取るメッセージに応じてとりうる反応の集合が変わってくるような場合である.

$$\mu\langle t|m\rangle = \frac{p(t)\sigma^*\langle m|t\rangle}{\sum_{t'\in\Theta} p(t')\sigma^*\langle m|t'\rangle}$$ によって決定される．

均衡経路上にない情報集合では信念はいかなる確率分布でもよい．

この定義は，前述の，言葉による PBE の定義をより厳密に表したものである．

1.4 支配基準

　前の経済制裁ゲームに戻り，2種類の均衡が存在したことを思い出そう．このように複数の均衡が存在することは，現実を予想するという観点からは不都合なことであり，その中で問題のある均衡をなるべく排除し，ベターなものを残すようにしたい．その作業を均衡の精緻化 (refinement) という．

　結論を述べると，前の経済制裁ゲームでは，1つ目の一括均衡（つまり均衡の候補2と称した，両タイプが m_N を選ぶもの）が「問題のある均衡」である．それをみるため，図1-1 でタイプ t_D の利得を再びみてみよう．t_D は m_P を選ぶと0か4いずれかの利得を得るが，m_N を選ぶと5か9という大きな利得を得る．特に「m_P を選んだ時の最大の利得4」よりも「m_N を選んだ時の最小の利得5」の方が大きいので，このような時，「タイプ t_D にとって m_P は m_N によって支配されている」という．タイプ t_H についてはそのような支配関係はない．この時，左の情報集合からはタイプ t_D を消して考えるべき（つまり $\mu_P=0$），というのが「支配基準 (Dominance Criterion)」の考え方である．しかし前の一括均衡（「均衡の候補2」と称したもの）をみると，この均衡は信念 $\mu_P\geq 3/4$ によって支えられており，上と矛盾する．このような場合，この一括均衡は「支配基準を通過しない」として排除するのである．

　もちろんこの一括均衡において左の情報集合は均衡経路上にないのでどのような信念を仮定しても PBE の定義上は問題がない．しかしそこにあえてリーズナブルな仮定を置いて均衡を絞る，というのが多くの「精緻化」に共通する考え方である．シグナリング・ゲームでは均衡を求めることよりもむしろこの

「精緻化」に多くの労力が費やされることが多い．

上のゲームに戻ると，もう1つの分離均衡ではこの問題は起きない．$\mu_P=0$ が均衡を支えており，またそもそも「均衡経路上にない情報集合」が存在しないからである．よって，現実に何が起きそうかを占ううえで適切なのはこの分離均衡の方だ，という結論を得る．

上の考え方を定式化するため，新たな記号を導入する．

$$BR(\mu, m) \equiv \arg\max_a \sum_{t \in \Theta} \mu\langle t|m\rangle v(m, a, t).$$

これは m というメッセージを観察し，μ という信念を抱いた時の，R が選ぶ最適反応（best response）の集合である．

$T \subseteq \Theta$ に対し，
$$BR(T, m) \equiv \bigcup_{\mu : \mu\langle t|m\rangle = 1} BR(\mu, m). \tag{1-2}$$

これはタイプの集合を T に限定したうえで，（ベイズ・ルールなどは気にせず）あらゆる信念の可能性を考えた時に R が選ぶ最適反応の集合である．T が空集合の場合は，タイプを何も限定しない場合と同じように定義する：

$$BR(\phi, m) \equiv BR(\Theta, m). \tag{1-3}$$

そのうえで支配基準を次のように定義する．

定義 1-2： 支配基準（Dominance Criterion）(Cho and Kreps 1987, p. 199)

$\max\limits_{a \in BR(\Theta, m)} u(m, a, t) < \min\limits_{a \in BR(\Theta, m')} u(m', a, t)$ を満たすメッセージ m' が存在する時，「タイプ t にとって，メッセージ m は m' によって支配されている」という．この時，m が導く情報集合ではタイプ t に確率0を割り振る．このような信念によって支えられうる（支えられない）均衡を「支配基準を通過する（通過しない）均衡」という．

ところで上の定義の中でなぜ最適反応集合 BR の考えを用いたのだろうか．その理由を考えるため，図 1-1 の経済制裁ゲームに微修正を施す．S が m_P（軍事パレード）を選んだ時のみ，R の反応には a_C, a_N の他，a_G（経済制裁を解除したうえ，10億ドルを S に無償援助する）という選択肢が加わるとしよう．

図1-2 にはこの修正されたゲームを（説明に必要のない記号は省略して）描いている．

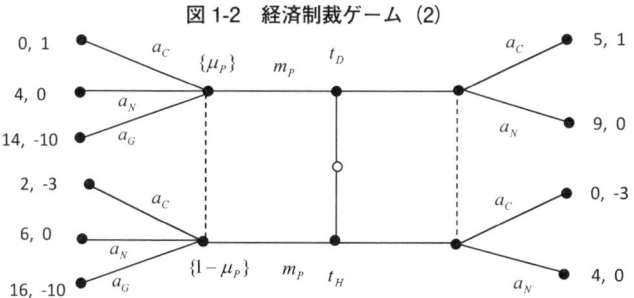

図1-2 経済制裁ゲーム（2）

一般に経済援助は実施した側の国にもメリットをもたらすことが期待されることが多いが，ここではそのようなメリットが皆無とし，S の利得には +10 が加算される一方，R の利得は -10 になるとしてみる．図1-2 をみると，タイプ t_D は m_P を選ぶことによって 14 という高い利得を得る可能性が出てきたため，前述のようなメッセージ間の支配関係が一見なくなったかのようにみえる．しかし実際は，$BR(\Theta, m_P) = \{a_C, a_N\}$ であり，a_G は R が決して選ぶことのない反応である[12]．BR に属さない a_G を無視して考えれば，支配基準を前と全く同じように適用でき，一括均衡は生き残らないという結論を得る．

1.5 直観的基準

図1-1 の経済制裁ゲーム（1）の構造はほとんど変えずに，唯一 1.1 節における「仮定1」を次の「仮定2」に変えて新たなゲームを考えてみよう．

> **仮定2**：S のうちハト派は軍事パレードを行わなかった時にのみ追加的に +2 を得るとする．タカ派は仮定1と変わらず軍事パレードを自ら実施

---

12) それをみるには，左の情報集合で R が a_C を選んだ時に得る $1 \cdot \mu_P - 3(1 - \mu_P)$ と，a_N を選んだ時に得る 0 と，a_G を選んだ時に得る -10 を，（μ_P を 0 から 1 まで変化させつつ）比べればよい．当然この中で -10 が最大になることはありえない．

した時にのみ追加的に+2を得るとする.

つまり，仮定1に比べ，ハト派がパレード中止を好む度合いが弱くなっている．この仮定の下でゲームを記述したのが**図1-3**であり，これを経済制裁ゲーム（3）と名付ける.

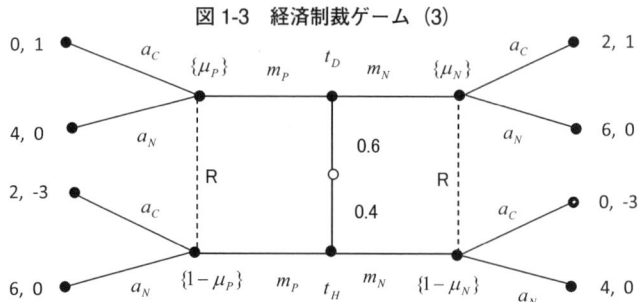

図1-3 経済制裁ゲーム（3）

このゲームにおける純粋戦略のPBEは1.2節の方法を用いて導出することができる．手間はかかるが，読者の手に委ねたい．ここでは結論だけ述べると，2つの均衡が存在することが分かる．前と同様 [(t_Dの行動, t_Hの行動), (左の情報集合におけるRの行動, 右の情報集合におけるRの行動), μ_P, μ_N] の形でPBEを記述すると，1つ目の均衡は，[$(m_P, m_P), (a_N, a_C), \mu_P=0.6, \mu_N \geq 3/4$] という一括均衡である．ここではSの両タイプともm_Pを選び，Rによってa_Nを選ばれ，その結果t_Dは4を，t_Hは6を得る．右の情報集合は均衡経路上にないが，そこでのRの信念$\mu_N \geq 3/4$と反応a_Cがこの均衡を支えている.

2つ目の均衡は，[$(m_N, m_N), (a_C, a_N), \mu_P \geq 3/4, \mu_N=0.6$] というこれまた一括均衡である．ここではSの両タイプともm_Nを選び，Rによってa_Nを選ばれ，その結果t_Dは6を，t_Hは4を得る．左の情報集合は均衡経路上にないが，そこでの信念$\mu_P \geq 3/4$と反応a_Cがこの均衡を支えている.

上の2つの均衡はどちらも支配基準を通過する．なぜなら，0, 4と2, 6を比べて分かるように，どちらのタイプにとってもメッセージに関する前節のような支配関係が存在しないからだ．Cho and Kreps (1987) はこのような場合に，次の「直観的基準」を用いて上の「2つ目の均衡」を消去することを提案して

いる．

　2つ目の均衡においてタイプ t_D は6を得る．図1-3の右上の方にある6に薄く○を付けてみよう．t_D が仮に m_P に逸脱した場合に得る利得は0か4であるが，これはいずれも6より小さい．このような時，「タイプ t_D にとってメッセージ m_P は均衡支配されている」という．前節のようなメッセージ同士を比べたうえでの「支配」ではなく，均衡利得6と比べたうえでの「均衡支配」である点に注意．他方，タイプ t_H については，均衡利得4に薄く○を付けたうえで左に逸脱した時の利得2か6を比べると，そのような支配関係は存在しないことが分かる．このような時，m_P に逸脱しやすいのはタイプ t_D ではなく t_H だと考え，左の情報集合から t_D を消去する（つまり $\mu_P=0$ を要求する）のが直観的基準の考え方である．すると次のような「元の均衡との矛盾」が起きる．Rは左の情報集合で a_N を選ぶことになり（0＞-3だから），t_H は m_P に逸脱すれば6を得る．これは実際に t_H によるそのような逸脱を招く（6＞4だから）ため，「2つ目の均衡は直観的基準を通過しない」との結論を得るのである．一般的な記号を用いて直観的基準を定義すると，以下のようになる[13]．

定義1-3：　直観的基準（Intuitive Criterion）（Cho and Kreps 1987, p. 202）
　あるPBEを固定し，そこでタイプ t のSが得る均衡利得を $u^*(t)$ とする．均衡経路上にない各メッセージ m に対し，$J(m)$ を，次を満たすすべてのタイプの集合として定義する：

$$u^*(t) > \max_{a \in BR(\Theta, m)} u(m, a, t). \qquad (1\text{-}4)$$

$J(m)$ に属すどのタイプにとっても，このメッセージ m は「均衡支配されている（equilibrium-dominated）」といわれる．もし，いずれかの m に対し，

$$\min_{a \in BR(\Theta \setminus J(m), m)} u(m, a, t') > u^*(t') \qquad (1\text{-}5)$$

---

[13] もともとCho and Kreps（1987）によって考案されたが，ここではFudenberg and Tirole（1991a, p. 448）を参考にした表現になっている．

を満たすタイプ t' が存在するなら，この PBE は直観的基準を通過しない．

　図1-3のゲームにおける「2つ目の均衡」で上の定義との対応関係を考えると，$J(m_P) = \{t_D\}$ である．なぜなら $u^*(t_D) = 6 > \max\{0, 4\}$ かつ $u^*(t_H) = 4 \leq \max\{2, 6\}$ だから．すべてのタイプの集合 $\Theta = \{t_D, t_H\}$ からこの $J(m_P) = \{t_D\}$ を除いた集合は $\Theta \setminus J(m_P) = \{t_H\}$ である．この集合にタイプを限定したうえで（同じことだが $\mu_P = 0$ としたうえで）左の情報集合での R の最適反応を考えると，それは a_N になる[14]：$BR(\Theta \setminus J(m_P), m_P) = \{a_N\}$．これはタイプ $t' = t_H$ にとって $6 > 4 = u^*(t_H)$ を生むため，t_H は均衡における行動 m_N から m_P へと逸脱し，この均衡は直観的基準を通過しないと結論付けられる．

　他方，図1-3のゲームにおける「1つ目の均衡」は次の理由により直観的基準を通過する．この均衡ではタイプ t_H のみにとって m_N は均衡支配されている．なぜならタイプ t_H は均衡で 6 を得るが，これは右に逸脱した時の利得 0 か 4 のいずれよりも大きく，また t_D についてはそのような支配関係をみつけられないからである．よって $J(m_N) = \{t_H\}$ であり，このタイプを削ってタイプの集合を $\Theta \setminus J(m_N) = \{t_D\}$ に絞ったうえで（同じことだが $\mu_N = 1$ としたうえで）右の情報集合における R の最適反応を考えるとそれは a_C である（$1 > 0$ だから）．これはどのタイプについても均衡からの逸脱を招かないので，この均衡は直観的基準を通過する．より厳密には，「1つ目の均衡」の表現の中で $\mu_N \geq 3/4$ を $\mu_N = 1$ によって置き換えたもの，つまり [(m_P, m_P), (a_N, a_C), $\mu_P = 0.6$, $\mu_N = 1$] が直観的基準を通過する PBE である．

　ところで図1-3の経済制裁ゲーム（3）で，利得構造などはそのままで情報だけを完備情報にしてゲームを解いてみよう．1.2節の末尾で示したのと同じ解き方をし，均衡を［(S の戦略)，(左の意思決定点における R の行動，右の意思決定点における R の行動)］の形で表す．すると S のタイプが t_D である

[14) 定義の中で min とあるのは，そのような R の最適反応が複数存在する場合には，なるべく t' の逸脱を招かないように考える，という意味である．それでもなお逸脱が発生する場合に「直観的基準を通過しない」ことになる．また，$\Theta \setminus J(m) = \phi$（空集合）の時は式 (1-3) により最適反応集合は $BR(\Theta, m)$ となる．つまり，すべてのタイプにとって m が均衡支配されているなら，一部のタイプのみを取り除きようがないため，すべてのタイプを想定して最適反応を考えるのである．

時は $[(m_N),(a_C,a_C)]$ が部分ゲーム完全均衡である．他方 S のタイプが t_H である時は $[(m_P),(a_N,a_N)]$ が部分ゲーム完全均衡となる．つまり完備情報の下ではハト派タイプは軍事パレードを実施せず，タカ派タイプだけがそれを実施する．これに対し，先に求めた不完備情報下での「直観的基準を通過するPBE」においては，両タイプとも軍事パレードを選択した．これは，S のタイプが隣国に知られていない場合，たとえハト派であっても，パレードを行うことによって相手に危険を感じさせ，経済制裁をやめさせることが得であるため，と解釈される．またこの結論に対しては，「仮定 2」で「（仮定 1 に比べ）ハト派がパレード中止を好む度合いが小さい」としたことも寄与している．このように完備情報から不完備情報へと仮定を変化させることによって均衡結果が変わるような状況こそが興味深い状況と考えられ，それを探すのがシグナリング・ゲームを解く 1 つの醍醐味といえる．

最後に，上の例ではタイプの個数が 2 つの場合を仮定したが，それが 3 つ以上の時に定義 1-3 の直観的基準を繰り返し用いてなるべく多くの均衡を消去しようと試みることも考えられる．例えばある均衡を固定し，均衡上にないメッセージを所与としたうえで，そこからあるタイプを消去できたとする．たとえそれが元の均衡を阻害しないとしてもそこで安心せず，残りのタイプについて定義 1-3 のプロセスを繰り返すわけである．これを「繰り返し直観的基準」という．

1.6　直観的基準の妥当性

前節の経済制裁ゲーム（3）における「2 つ目の均衡」をもう 1 回みてみよう．この均衡が直観的基準を通過しないと結論付けられたのは，均衡経路上にない情報集合での信念にリーズナブルな仮定を置くと，実際に t_H が均衡から逸脱してしまうためだった．このことは，t_H が均衡から逸脱して m_P（軍事パレード）を選んだ後に次のようなスピーチを行うと考えると分かりやすい．

『私はみてのとおり今，軍事パレード（m_P）を実施した．これをみればあなた（R）は私がタカ派タイプ（t_H）であると分かってくれるはずだ．なぜなら，仮に私がハト派タイプ（t_D）なら m_N から m_P に逸脱するわけがないのだから

(なぜなら0も4も均衡利得6より小さいから). 他方, もしタカ派タイプである私が, 軍事パレードを実施したうえで自らが本当にタカ派であることをあなたに信じさせることができれば, あなたは制裁の解除 (a_N) を選び, 私は6という大きな利得を得るのだから.』

このスピーチをRが信じれば$\mu_P=0$という信念を形成し, 直観的基準が示すとおり, この「2つ目の均衡」は排除されるだろう.

上のようなスピーチは直観的基準の正しさを支持するものと考えられる. しかしこのスピーチの考え方, および直観的基準そのものに対して, 次のような批判も存在する[15].

上のスピーチをRが信じた場合, そのRは次のように考えるかもしれない:「タイプ t_H は m_P に逸脱するのだから, もし均衡どおり m_N が観察されたらそれはタイプ t_D によって選ばれたに違いない.」すると, m_N が観察されたらRは制裁の継続 (a_C) を選ぶだろう. すると, タイプ t_D は m_N を選ぶことによって2しか得られなくなるため,「t_D は均衡で6を得る」とした直観的基準の議論の出発点が危うくなる[16].

なかなか複雑な理屈だが, 要するに直観的基準ですら (名前の響きに反して) 万人が直観的に納得する精緻化の手法ではないということである. 何が正しそうかについて理論による決着がつけにくい場合, 実験経済学の手法を用いるのも1つの手だろう. これは, 実験室に多数の被験者を集め, 報酬付きのゲームをプレイしてもらってどのような結果が出現しやすいかをみる手法である. 実際にそのような論文がいくつか発表されている (例えばBrandts and Holt 1992やCooper, Garvin, and Kagel 1997など)[17]. それらの論文によると, おおむね直観的基準が支持される結果が出ているが, ゲームのルールの違いによって微妙な結果の違いがもたらされるようである. 例えば理論上, 複数の分離均衡が存在するようなゲーム, あるいは一括均衡と分離均衡の両方が存在するよう

---

15) この批判はJ. Stiglitzによってなされたとして Cho and Kreps (1987) で彼の名前がクレジットされている.
16) この批判に対する反論としては, ナッシュ均衡も含めゲーム理論の伝統的考え方では, 逸脱とはあくまで「予期されぬ現象」であり, それを最初から予期して均衡の出発点から疑うべきでない, というものがある. Cho and Kreps (1987, pp. 203-204) もみよ.
17) それらをコンパクトに紹介し, 結果を比較した論文に末廣 (2007) がある.

なゲームでは直観的基準が支持されることが多いのに対し，複数の一括均衡が存在するようなゲームでは直観的基準が支持されないケースも見受けられるようだ．

　この均衡の精緻化の研究はまだ道半ばであり，今後はこうした実験経済学からのアプローチなども含めた研究に期待されるところである．今のところ，ゲーム理論の応用論文においてこうした実験経済学からの含意が顧みられることはほとんどなく，「この精緻化を用いれば均衡が1つに絞れるから」などという理由で精緻化の手法が選択されることが多いようだ．

　本書でもこれ以降ほとんどの場合，「人間の行動学的にどの精緻化が適切か」などの考察に踏み込むことなく，なるべく均衡を狭く絞ることが可能な精緻化の基準を用いていく．

1.7　均衡支配テスト †18)

　実験経済学からは離れて再び理論の世界に戻り，直観的基準とよく似ているが微妙に異なる「均衡支配テスト（Equilibrium Domination Test）」を紹介する．これを理解するために，直観的基準の定義（定義1-3）における最後の一文を次のように書き換えることから始める．

　もしそのような m（どれか1つでも）と，どの $a \in BR(\Theta \setminus J(m), m)$ に対しても

$$u(m, a, t') > u^*(t') \qquad (1\text{-}6)$$

を満たす何らかのタイプ t' が存在するなら（すべての $a \in BR(\cdot)$ に対し t' は共通である必要はない），この均衡は均衡支配テストを通過しない．

　直観的基準と均衡支配テストの違いはタイプが3つ以上存在する時に生じう

---

18)　本節は深い関心を持つ方以外や大学の学部学生は読み飛ばしてかまわない．以下でも†がついた箇所は同様である．

る．Sのタイプが3つあるとしよう：$\Theta = \{t_D, t_H, t''\}$．前の経済制裁ゲーム(3)(**図1-3**)の「2つ目の均衡」をもとにラフに説明すると，そこでは左の均衡経路外の情報集合からタイプ t_D を消去した後に残る t_H に対してRが選ぶ最適反応は a_N だけだった．今度は左の情報集合から t_D が消去された後に2つのタイプ t_H と t'' が残り，それに対する最適反応集合は2つの要素(a_N と a'' とする)を持つとしよう：

$$BR(\Theta \setminus J(m_P), m_P) = BR(\{t_H, t''\}, m_P) = \{a_N, a''\}.$$

直観的基準の場合，式(1-5)に min が付いていることから分かるように，いずれか1つのタイプ (t_H または t''．もちろん両タイプで以下が成り立ってもよいのだが) が「右の情報集合で実現する自分の均衡利得」よりも (Rによって左の情報集合で)「a_N を選ばれた時に得る利得」と「a'' を選ばれた時に得る利得」の両方を好むことが要求されていた (均衡を排除するために)．しかし均衡支配テストの場合，a_N と a'' それぞれを好むタイプが1つずつでも存在すればよい．例えば，『t_H は自分の均衡利得よりも「a_N を選ばれた時に得る利得」を好み』，『t'' は自分の均衡利得よりも「a'' を選ばれた時に得る利得」を好む』だけでも元の均衡は排除される．こちらの方が緩い基準で均衡を消去するため，均衡支配テストの方が直観的基準より (均衡を除去する力が)「強い」といえる．ただしタイプの数が2つなら両者は同値である．

タイプの数が3つ以上の時には，定義1-3の最後の一文を上の式(1-6)を含む一文に書き換えたうえで，それを繰り返し用いてなるべく多くの均衡を排除しようとすることが必要になるかもしれない．このプロセスを用いたテスト(直観的基準で言えば「繰り返し直観的基準」に対応するもの)が「均衡支配テスト」と呼ばれるものである．

1.8　D1基準

直観的基準は「それによって均衡を1つに絞れることが多い」という理由から，シグナリング・ゲームの応用論文で最も使用頻度の高い精緻化の基準である．しかし中にはそれでも十分均衡を絞りきれないゲームも存在し，次に紹介

するのはそのようなゲームの一例である．図1-1 の経済制裁ゲーム (1) の構造はほとんどそのままに，しかし唯一「仮定1」を次の「仮定3」に変えたゲームを経済制裁ゲーム (4) と名付けよう．

> **仮定3**： Sのうちハト派は軍事パレードを行った時にのみ追加的に＋1を得るとする．一方タカ派は仮定1，2と変わらず軍事パレードを自ら実施した時にのみ追加的に＋2を得るとする．

つまり，ハト派は仮定1から仮定3にかけて徐々に軍事パレードを好きになってきており，仮定3ではタカ派ほどではないが，パレードの中止よりも実施を好むように仮定されている．この仮定の下でゲームを記述したのが図1-4 である．

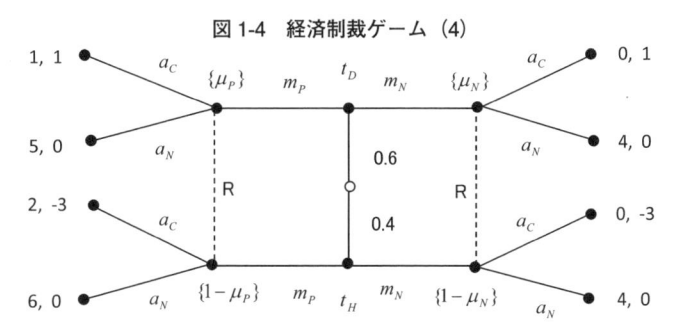

図 1-4 経済制裁ゲーム (4)

このシグナリング・ゲームにおける純粋戦略の PBE は2つ存在する．その導出は1.2節のやり方で行うことができるが，これも読者に委ね，結論のみ述べる．前と同様 [(t_Dの行動, t_Hの行動), (左の情報集合における R の行動, 右の情報集合における R の行動), μ_P, μ_N] の形で PBE を記述すると，1つ目の均衡は [(m_P, m_P), (a_N, どちらでも), μ_P=0.6, μ_Nは任意] となる．つまり，どちらのタイプも軍事パレードを実施し，それをみた R は経済制裁を解除し，それによって t_D は5を，t_H は6を得る．また予想外にパレード中止（均衡経路上にないメッセージ）を観察したら，R は任意の信念を形成し，どちらの反応を選んでもよい．

2つ目の均衡は [(m_N, m_N), (a_C, a_N), μ_P≥3/4, μ_N=0.6] であり，ここではど

ちらのタイプもパレードをせず，それをみた R は経済制裁を解除する．それによって t_D は 4 を，t_H も 4 を得る．均衡経路上にないパレードが観察されたら，R は信念 $\mu_P \geq 3/4$ を形成し a_C を選ぶ．

この2つの均衡がどちらも直観的基準を通過することは次のように確かめられる．まず「1つ目の均衡」では，t_D の均衡利得 5 と，彼が右に逸脱した時に得る 0 か 4 を比べ，「t_D にとって m_N は均衡支配されている」といえる．同様に，t_H にとっても m_N は均衡支配されている．このような場合は右の情報集合から取り除けるタイプがないため直観的基準はこの均衡を消去する力を持たない．

「2つ目の均衡」では，t_D の均衡利得 4 と，彼が左に逸脱した時に得る 1 か 5 を比べると，「t_D にとって m_P は均衡支配されていない」といえる．同様に，t_H にとっても m_P は均衡支配されていない．ゆえに直観的基準はこの均衡も消去できない．

このような時でも Cho and Kreps（1987）の D1 基準と呼ばれる基準を用いれば，この「2つ目の均衡」を除去することができる．それを以下でみよう．

まず「2つ目の均衡」を固定し，均衡経路上にないメッセージ m_P を考える．直観的基準は上でみたように使えないが，強いて言えば t_D と t_H どちらのタイプがこの m_P に逸脱しやすいかを考えるのである．そのために，仮に（予想外に）m_P が観察されたとして，その後に R が a_C を選ぶ確率 $\rho \langle a_C | m_P \rangle$ を略して ρ_P と書く．すると，m_P の観察後に R が a_N を選ぶ確率は $1 - \rho_P$ となる．

その確率を用いて t_D が m_N から m_P に逸脱したがる条件を求めると，それは図 1-4 により $1 \cdot \rho_P + 5(1 - \rho_P) > 4$ の時である．ここで右辺は彼の均衡利得，左辺は彼が m_P に逸脱した時の期待利得であることに注意．この不等式を解くと $\rho_P < 1/4$ となる．一方 t_H が m_N から m_P に逸脱したがるのは $2\rho_P + 6(1 - \rho_P) > 4$ を解いて $\rho_P < 1/2$ の時である．後者の ρ_P の集合は前者のそれを包含するため，強いて言えばタイプ t_H の方が t_D よりもこの m_P に逸脱しやすいと考えることもできる．この時 D1 基準は t_D を消去して信念 $\mu_P = 0$ を要求する．すると，それに対する R の最適反応は a_N になり（$0 > -3$ だから），t_D と t_H 両タイプとも均衡から逸脱するインセンティブを持つ（前者については $5 > 4$，後者については $6 > 4$ だから）．ゆえにこの「2つ目の均衡」は D1 基準を通過しな

1.8 D1 基準

いという結論になる．上の考え方では「強いて言えば逸脱しやすいタイプをみつける」という微妙な議論を行うために R の最適反応を確率付きの戦略にまで広げたことに注意．この D1 基準をより厳密に表現するため，以下では追加的な定義を導入する．

$MBR(\mu, m)$ で「ある信念 μ を所与としたうえでの m に対する R の確率付き最適反応のすべての集合」を表す．前に定義した $BR(\mu, m)$ の要素が 1 つだけなら $MBR(\mu, m) = BR(\mu, m)$ だが，その要素が複数あるなら $MBR(\cdot)$ は $BR(\cdot)$ 上のすべての確率分布の集合である．例えば，図 1-4 の左の情報集合における R の反応をみよう．R の利得は図 1-1 から一切変わっていないので 1.2 節前半の議論をそのまま適用できる．よって，

$\mu_P < 3/4$ なら　$MBR(\mu_P, m_P) = BR(\mu_P, m_P) = \{a_M\}$,
$\mu_P > 3/4$ なら　$MBR(\mu_P, m_P) = BR(\mu_P, m_P) = \{a_C\}$ であるが,
$\mu_P = 3/4$ なら　$BR(\mu_P, m_P) = \{a_C, a_M\}$

なので（つまり R はどちらの反応を選んでも無差別なので），$MBR(\mu_P, m_P) = \{\rho_P : 0 \leq \rho_P \leq 1\}$ である[19]．

次に，$MBR(T, m) \equiv \bigcup_{\mu : \mu\langle T|m\rangle = 1} MBR(\mu, m)$ と定義する．つまり，これはタイプを $T \subseteq \Theta$ と限定したうえでのあらゆる信念の組み合わせに対する確率付き最適反応の集合である．例えば，図 1-4 において $T = \Theta = \{t_D, t_H\}$ とすれば，前の段落の結果により，$MBR(\Theta, m_P) = \{\rho_P : 0 \leq \rho_P \leq 1\}$ である（図 1-5 参照）．

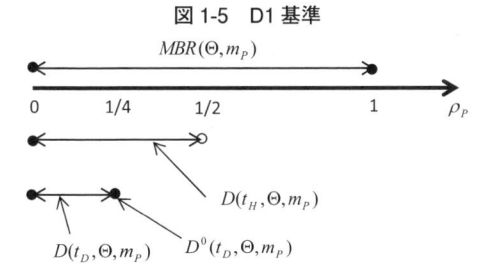

図 1-5　D1 基準

さらに，前と同様タイプ t が均衡で得る利得を $u^*(t)$ としたうえで，次を定義する．

---

19) ρ_P は R が a_C を選ぶ確率だから，$\{\rho_P : \rho_P = 1\}$ は $\{a_C\}$ と同じことを表すことに注意．

$$D(t, T, m) \equiv \bigcup_{\mu : \mu(T|m)=1} \{\rho \in MBR(\mu, m) : u(m, \rho, t) > u^*(t)\}. \quad (1\text{-}7)$$

つまり $D(t, T, m)$ は，メッセージ m に対する R の確率付き最適反応のうち，タイプ t の利得を均衡利得よりも真に (strictly) 改善するものの集合である．ρ を MBR に絞ったうえで考えている理由は，図 1-2 のところで述べた「R の最適反応 BR に注意を限定する」理由と同じだ．本節前半の議論により，図 1-4 の例では，$D(t_D, \Theta, m_P) = \{\rho_P : 0 \leq \rho_P < 1/4\}$ であり，$D(t_H, \Theta, m_P) = \{\rho_P : 0 \leq \rho_P < 1/2\}$ である（図 1-5 参照）．

また，

$$D^0(t, T, m) \equiv \bigcup_{\mu : \mu(T|m)=1} \{\rho \in MBR(\mu, m) : u(m, \rho, t) = u^*(t)\}. \quad (1\text{-}8)$$

と定義する．これは R の確率付き最適反応のうち，タイプ t の利得を均衡利得と全く同じにするものの集合である．図 1-4 の例では，$D^0(t_D, \Theta, m_P) = \{\rho_P : \rho_P = 1/4\}$，$D^0(t_H, \Theta, m_P) = \{\rho_P : \rho_P = 1/2\}$ である．

さて，D1 基準およびそれと似た D2 基準は次のような「タイプの消去」を要求する．

定義 1-4： D1 基準と D2 基準による「タイプの消去」

あるシグナリング・ゲームにおける PBE を固定し，その均衡経路上にないメッセージ m を考える．

(i)「D1 基準の下で，m を所与としてあるタイプ t が消去される」とは，次のようなタイプ t' が存在する場合をいう：

$$D(t', \Theta, m) \supset \{D(t, \Theta, m) \cup D^0(t, \Theta, m)\}. \quad (1\text{-}9)$$

(ii)「D2 基準の下で，m を所与としてあるタイプ t が消去される」とは，次のようなタイプ t'（複数も可）が存在する場合をいう：

$$\bigcup_{t' \neq t} D(t', \Theta, m) \supset \{D(t, \Theta, m) \cup D^0(t, \Theta, m)\}. \quad (1\text{-}10)$$

図 1-4 のゲームの「2 つ目の均衡」で D1 基準を用いれば，図 1-5 により

1.8 D1 基準

$$D(t_H, \Theta, m_P) \supset \{D(t_D, \Theta, m_P) \cup D^0(t_D, \Theta, m_P)\}$$

なので，左の情報集合から t_D が消去される．これ以降の精緻化のプロセスは直観的基準（定義1-3）の後半のそれと同様である．すなわち「いずれかのタイプを消去した後の残ったタイプの集合に対するRの最適反応」を考え，均衡から逸脱するタイプが出現するかどうかをみる．逸脱を促すような「均衡経路上にないメッセージ」が1つでも存在すれば，元の均衡はD1基準を通過しないと結論付ける．図1-4の経済制裁ゲーム（4）では上でみたように「2つ目の均衡」がD1基準を通過しない．一方「1つ目の均衡」は通過するため，こちらの方が現実に起きそうな状態を占ううえでは「良い均衡」といえる[20]．

ところで，D1とよく似たD2基準について簡単に触れておく．両者の違いはタイプの個数が3つ以上の時に生じうる．上でみたように，タイプ t を消去するために，$\{D(t,\cdot) \cup D^0(t,\cdot)\}$ を<u>1つのタイプ t' の $D(t',\cdot)$ が包含する</u>ことを要求するのがD1である．これに対し，同じ条件が成り立ってももちろん t を消去できるが，それだけでなく複数のタイプ，例えば t' や t'' の $D(t',\cdot)$ や $D(t'',\cdot)$ が<u>寄ってたかって</u> $\{D(t,\cdot) \cup D^0(t,\cdot)\}$ を包含するだけでも t を消去できる，とするのがD2である．D2の方が緩い基準でタイプを消去できるため（均衡を除去する力が）「強い」精緻化の基準であるといえる．

上のD1やD2という名称はCho and Kreps (1987) によって与えられたが，もともとそれらはBanks and Sobel (1987) の神聖性（divinity）という概念に基づいている．Banks and Sobel の神聖性の考え方はD1やD2とも微妙に異なり，式（1-10）を満たす t' がみつかった時にいきなり t を完全に消去してしまうのではなく，「t の確率が元の確率以下になる」とする（弱い）考え方である．例えば，上の「2つ目の均衡」の左の情報集合でいえば $\mu_P \leq 0.6$ と信じることに当たる（0.6は上で仮定された事前確率）．また，Banks and Sobel は，定義1-4のD2基準（つまりdivinityより強い基準）を繰り返し用いて，タイプの数が3つ以上の時になるべく多くの均衡を排除する考え方を普遍的神聖性

---

20) 図1-5を使って直観的基準を説明すれば，一方のタイプについて $D(t, \Theta, m_P)$ を表す矢印が描かれ，もう一方のタイプについてはそれが全く描かれない時に，後者のタイプを消去するのが直観的基準であるといえる．

（universal divinity）と呼んでいる．

1.9 結　語

　本章では典型的なシグナリング・ゲームの構造を示し，「均衡（PBE）の導出」と「均衡の精緻化」という2つの作業を行った．

　本書はほぼ全編を通じてシグナリング・ゲームに焦点を当てているため，本文の部分で単にPBEといってもそれはほぼ常に「シグナリング・ゲームにおけるPBE」を指している．本書全体の末尾にある補論1ではより一般的なゲームにおけるPBEの定義やその他いくつかの補足事項を扱っている．

　均衡の精緻化に関して，本章では支配基準から始まって徐々に（均衡を選びだす力が）強くなるような順番でさまざまな精緻化の基準を紹介してきた．一昔前には応用論文では「直観的基準」の使用頻度が高かったようだが，近年はさまざまなシグナリング・ゲームが考案されるにつれ，より強い「D1基準」の使用頻度が上がっているようだ．ただし，本章で紹介した基準で全ての精緻化を網羅しているわけではない．精緻化についてのいくつかの補足事項を補論2で取り上げている．

　本章の内容をより厳密に理解するために重要な文献はCho and Kreps (1987)，Banks and Sobel (1987)，Fudenberg and Tirole (1991a, 第8, 11章) である．特にCho and Kreps (1987) は均衡の精緻化を理解するうえで必読の文献といえる．

　ところで，本章で扱ってきたシグナリング・ゲームには「プレイヤーの行動が離散的である（連続的でない）」という特徴があった．この設定はいくつかの応用例でみられる（Banks and Sobel 1987, セクション3の和解ゲーム；Cassing and To 2008の国際貿易ダンピング・モデルなど）がそれほど多くない．その多くない理由は，経済学で扱う設定ではプレイヤーの行動が「ある行動をとるかとらないか」ではなく「どのような数値を選ぶか」についてであることが多いためである．次章ではそのような連続的行動を伴うシグナリング・ゲームを分析する．

　本章で扱った離散的行動を伴うモデルはシグナリング・ゲームの全体像（特

に均衡概念と精緻化) を知るうえで避けて通れないものである．しかし実は，ある意味で本章のモデルは次章以降のモデルと比べて理解するのに難しい側面も持つ．それは均衡の姿を図の形状によってとらえることができない点に起因している．次章以降では連続的行動を仮定することによって分析を視覚的に理解しやすくなるので，本章だけを読んで挫折しないようお願いしたい．

付録：ベイズ・ルール

ベイズ・ルールを紹介する．集合Ω（オメガ）で状態空間を表し，A, B, Sで事象を表す．例えばサイコロの目を考えると$\Omega = \{1,\ldots,6\}$であり奇数の目が出る事象をAとすると$A = \{1, 3, 5\}$となる．

$\Omega = A \cup B$, $A \cap B = \phi$の時，確率$\Pr(A)$, $\Pr(B)$と条件付き確率$\Pr(S|A)$, $\Pr(S|B)$から確率$\Pr(A|S)$を求める公式が次のベイズ・ルールである：

$$\Pr(A|S) = \frac{\Pr(S|A) \cdot \Pr(A)}{\Pr(S|A) \cdot \Pr(A) + \Pr(S|B) \cdot \Pr(B)}$$

次のベン図を描くとイメージしやすい．ここで図の面積が確率を表すものとしよう．例えばΩ部分の面積全体を1とした時，それを二分するAの部分の面積は$\Pr(A)$にあたる．$\Pr(S|A)$は「Aの部分の面積」に対する「図の影を付けた部分の面積」の割合といえる．すると$\Pr(S|A) \cdot \Pr(A)$は図の影を付けた部分の面積（Ω全体の面積を1としたときの）にあたる．このように考えると，上記式の右辺の分母は，図のSの部分の面積に対応することがわかるだろう．よってこの式の右辺は「Sが実現したことを条件としてAが実現する条件付き確率」$\Pr(A|S)$を表すことが直観的に分かる．

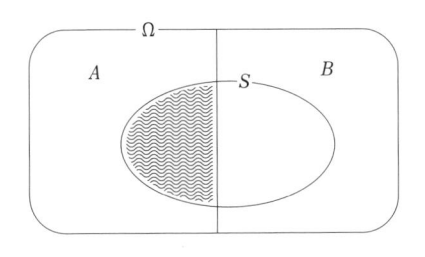

本文中のシグナリング・ゲームで考えよう．自然が確率 0.6 でタイプ t_D を選び，確率 0.4 でタイプ t_H を選ぶとする．また，ここでは純粋戦略ではなく，タイプ t_D がメッセージ m_P を選ぶ確率（本文では $\sigma\langle m_P|t_D\rangle$ としたもの）を 0.2，m_N を選ぶ確率を 0.8 とする．下の図にはそれらが（ ）内に書かれている．同様に，t_H はメッセージ m_P を確率 0.7 で，m_N を確率 0.3 で選ぶとする．

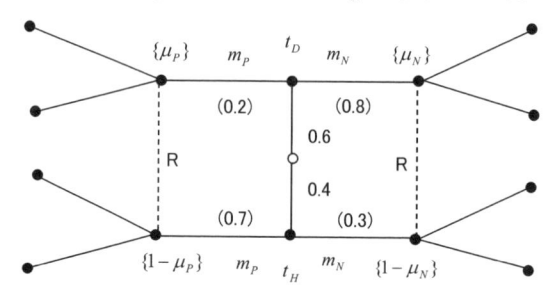

```
              {μ_P}   m_P   t_D   m_N   {μ_N}
                    (0.2)       (0.8)
                          0.6
                    R           R
                          0.4
                    (0.7)       (0.3)
              {1-μ_P}  m_P   t_H   m_N   {1-μ_N}
```

すると中央の白丸から枝に沿って確率を乗じていくと，R の左側の情報集合の上方の意思決定点にプレイが到達する確率は 0.6×0.2，下方の意思決定点に到達する確率は 0.4×0.7 となる．これらを足した $0.6 \times 0.2 + 0.4 \times 0.7$ は，プレイが R の左側の情報集合に到達する確率である．ベイズ・ルールを用いると，この左側の情報集合に到達したことを条件として上の黒丸の意思決定点にプレイが到達する条件付き確率は

$$\mu_P = \frac{0.6 \times 0.2}{0.6 \times 0.2 + 0.4 \times 0.7}$$

となる．これを一般的な式で表したのが本文中の式（1-1）である．

第2章

連続的行動のシグナリング・ゲーム：Spence モデル

2.1 連続的行動

　第2章以降もわれわれは「シグナリング・ゲームの均衡を求める」，「その中から精緻化によって均衡を絞る」という作業を引き続き行っていく．ただし，分析対象となる経済の構造に合わせてモデルの仮定を少しずつ変えていくことになる．特に第2章と第3章では，タイプは離散的なままだが行動（メッセージと反応）は連続的，というケースを扱う．これは行動も離散的だった第1章のゲームと対照的である．

　前章末でも述べたように，経済学ではプレイヤーの行動が離散的な場合（例：企業が別の企業を買収するか否かを選ぶ）ももちろんあるが，連続的な場合（例：企業が財の価格を選ぶ）もまた多いため，後者の状況を分析するには連続的行動を仮定する方が現実的である[1]．連続的行動を仮定すると，メッセージの微調整が許容されることによって，送り手の行動におけるバイアス（bias）を分析することが可能となる．ここでバイアスとは不完備情報によって作り出されるメッセージの歪み（distortion）のことである．これはメッセージの選択肢が離散的である時（例えば第1章ではメッセージが「軍事パレードを行う」か「行わない」の二択だった）にはあまり焦点とならないことが多い．本章では連続的な行動を仮定するため，そのようなバイアスが分析の1つの焦点となるが，それを有名な Spence の就職市場モデルによってみていこう．

---

1) もちろん例えば1025.33円などという価格を付けるわけにはいかないという意味で価格も厳密に言えば離散的な変数ではあるが，連続的変数として扱うのが一般的である．

2.2 Spence の就職市場モデル

シグナリング・ゲームを扱った代表的モデルとしてまず挙げられるのがSpence (1973, 1974) の就職市場モデルである．ここでは，それらのモデルにゲーム理論からの厳密な解釈を与えた Cho and Kreps (1987) のバージョンにさらなる微修正を加えたものを紹介しよう．本章の内容は，Gibbons (1992. 邦訳あり．参考文献を参照) の第 4 章の内容とかなり重なる．ただし，説明の仕方と順番をかなり変えているので，両方を読むとさらに理解が深まるかもしれない．

ここでプレイヤーは「求職者たる個人」と「雇用主たる企業」である．大まかなストーリーは，個人がまず自分の能力を知ったうえで教育水準を選び，その後就職活動を行う；企業はその個人の能力を直接には知りえないが，その教育水準を観察したうえで能力を推測して賃金を提示する，というものである．つまり，個人は教育水準というメッセージを選ぶことによって自分の能力を伝達する「(メッセージの) 送り手 S」である．また企業は教育水準というメッセージを受けて賃金という反応を選ぶ「(メッセージの) 受け手 R」である．

個人 (S) の利得は

$$u = a - c(m, t) \qquad (2\text{-}1)$$

で与えられるものとする．ここで a は企業から提示される賃金，m は教育水準，t は個人の能力であり[2]，$c(\cdot, \cdot)$ は教育を受けるコストを表す．教育水準 m が具体的に何を指しているかについてはいくつかの解釈がありうるだろう．1 つの解釈は，「高校まで進学」，「大学まで進学」といった修学期間を表しているとするもの．しかしこの場合，個人がまだ在学中に企業から賃金を提示されその先の進学を迷う，といった複雑な状況が生じうる．この状況を避けるため，ここでは別の解釈：「m は受けた教育の質を表す」を採用し，その質は

---

[2] ゲームの設定は第 1 章のものから変わっているが，action の a，message の m など，記号はなるべく第 1 章から引き継いで同様のものを用いることにする．

「一定期間内に個人が学校で取った成績」によって測られるものとする（$m \geq 0$ とする）．こうすると，個人が教育水準を選び終わった後に企業が賃金を提示する，というシンプルな設定になる．

個人の能力 t はその人の「タイプ」を表し，その値が高いほど高能力タイプであることを示す（能力の具体的意味は後述）．この第 2 章では引き続き離散的なタイプを仮定し，t は 2 つの値 t_H, t_L のうち 1 つをとりうるものとする（ただし $0 < t_L < t_H$）．t が高能力タイプ t_H である事前確率 $p(t_H)$ を本章では p と略して記し，低能力タイプ t_L である事前確率は $1-p$ とする．式 (2-1) の関数形ならびに t_H, t_L, p の値は共有知識である．しかし自然が t のどちらの値を選んだか，つまりその個人の生まれつきの能力は私的情報であり，その人自身のみが知っているとする．

教育を受けるコスト $c(\cdot, \cdot) \geq 0$ には金銭的なもの（授業料など）や非金銭的なもの（娯楽を我慢する苦痛など）が含まれうる．この教育コストが具体的に何を測っているかは上記の m の解釈にも左右されるだろう．もしどの個人も同じ授業料の学校に行っており m がそこでの成績を測っているなら，授業料などは m から独立になり，$c(\cdot, \cdot)$ は主に非金銭的なコスト（勉強に伴う苦痛など）を測っていることになるかもしれない．この教育コストについて以下の仮定を置く（下付き文字は偏微分を表す）．

仮定 2-1： (1) $c_m > 0$；(2) $c_{mm} > 0$；(3) $c(0, \cdot) = 0$；(4) $m > 0$ に対しては $c(m, t_H) < c(m, t_L)$；(5) $c_m(m, t_H) < c_m(m, t_L)$．

この中で (1) と (2) は教育水準を上げるほど——つまり良い成績をとろうとするほど——コスト（苦痛）と限界コスト（追加的苦痛）が上昇する，という一般的な仮定である．(3) は全く教育を受けなければコストがかからないという仮定である．(4) は能力が高いほど同じ教育を受けてもそのコストが少なくて済むことを表す．(5) は高能力タイプの方が成績を上げるのに伴う追加的苦痛をあまり感じずに済むことを意味する．上の仮定 2-1 を満たす教育コスト関数の一例は

$$c(m, t) = (1-t)m^2 \qquad (2\text{-}2)$$

である[3]．本章では折に触れてこの具体的関数形を用いるが，その際にはコストが負にならないよう，$0 < t_L < t_H < 1$ を仮定する．特に言及しない場合は仮定2-1の一般的な場合を想定して話を進める．

次に，上記の個人を雇うことにより企業（R）が得る利得を

$$v = t \cdot m - a \qquad (2\text{-}3)$$

とする．右辺の1項目は個人が雇われたら企業にもたらす生産性であり，それは「その個人の生まれつきの能力」に「その個人が受けた教育の水準」を乗じたものになっている．前段落の仮定とも考えあわせると，個人の能力が高いということは「教育を受ける（限界）コストが少なくて済むこと」と「企業に大きな生産性をもたらすこと」の2つの意味を持つことになる．式（2-3）の右辺第2項目は企業がその個人に払う賃金を引き算している．

企業は，就職試験を受けにきた個人の能力を正確には知らないが，その教育水準 m を成績証明書などから観察し，「送り手のタイプ t が t_H である確率」を事前確率 p から事後確率 $\mu\langle t_H | m \rangle$ へと改訂する．本章ではこの事後確率を μ_H と略記し，それを「観察されたメッセージの関数」としてとらえる時は $\mu_H(m)$ と書くことにしよう．すると，能力について企業が信じる事前信念 $\bar{t} = pt_H + (1-p)t_L$ は，m の観察後，事後信念 $\hat{t} = \mu_H \cdot t_H + (1 - \mu_H) \cdot t_L$ へと改訂される．バー " ¯ " は事前信念，ハット " ^ " は事後信念を表すものとする．本書では「信念」という言葉を「送り手のタイプに関する確率分布」および「それをもとに計算したタイプの期待値」，両方について用いる．

通常のシグナリング・ゲームであれば，受け手である企業は事後信念に基づいて自らの期待利得を単純に最大化するはずである．それは「シグナリング・ゲームにおける PBE の定義」（第1章の定義1-1）の（条件R）に相当する．しかしここでは Spence のモデルにならい，企業は期待利得 $E(v) = \hat{t} \cdot m - a$ をゼ

---

[3] 厳密には $m = 0$ の時には仮定2-1 (1) と (5) の条件を破るが，解を導くのにこれは障害にならない．本章のモデルでは結果的に $m = 0$ という解が現れないからである．

ロにする賃金[4]，すなわち

$$a = \hat{t} \cdot m \tag{2-4}$$

を個人に対して提示すると「仮定」される．この仮定の背後にあるゲームの設定は，企業が2つ存在し，メッセージを観察したのち賃金提示のベルトラン競争を繰り広げる，というものである．また個人の側は，高い賃金を提示した方の企業に就職し，両企業とも同じ賃金を提示したら1/2ずつの確率でどちらかに就職するものとする．こうすると，もし一方の企業が$E(v)>0$となるような低い賃金を提示すると，ライバル企業がそれよりわずかに高い賃金を提示して確率1で正の利益を勝ち取ってしまうだろう．メッセージを受けた2つの企業が同時に賃金を提示するなら，式(2-4)がベイジアン・ナッシュ均衡の解になる．

このように受け手が2人存在すると仮定したため，このゲームは第1章で説明したシグナリング・ゲームの範囲をやや逸脱している．このような時には第1章のPBEの定義（定義1-1）に次の条件B′を加えることが多い．

(条件B′)：　複数の受け手が存在する場合，彼らは仮に均衡経路上にないメッセージを観察した場合，送り手のタイプについて同一の（つまり受け手ごとに異なったりしない）事後信念を形成する．

均衡経路上の信念の形成の仕方については何ら条件を加える必要はない．なぜならそれは送り手の実際の戦略とベイズ・ルールによって決定されるためどの受け手も同じ信念を形成するのが当然だからである[5]．

上の2つの段落をまとめると，Spenceの就職市場モデルは通常のシグナリング・ゲームを逸脱する面を持つが，PBEの定義（定義1-1）のうち（条件R）

---

[4] 企業の期待利得を丁寧に書くと$E(v) = \mu_H \cdot (t_H \cdot m - a) + (1 - \mu_H)(t_L \cdot m - a)$となる．これは$\hat{t}$の定義式を使って本文のように書き直すことができる．
[5] 実はPBEが存在するために条件B′は絶対必要というわけではなく，均衡経路外の信念形成についてはある程度の柔軟性が許容されることもある．それでも特にゲーム理論の応用論文では単純化のため条件B′を仮定して複数の受け手を1人のように扱うことが多い．

を「受け手は式 (2-4) の反応を選ぶ」によって置き換え，さらに定義 1-1 に条件 B' を追加すれば，通常と同様に解くことができる．

上でみたようにこの就職市場モデルでは複数の企業をあたかも 1 人のプレイヤーのように扱うことが可能であるため，それも踏まえてゲームのタイミングを以下のようにまとめておこう．

就職市場ゲームのタイミング

ステージ 0：自然が個人（S）のタイプ（t_H または t_L）を選ぶ．これは私的情報である．

ステージ 1：個人が自分の教育水準 m を選ぶ．これはメッセージに当たる．

ステージ 2：企業（R）は m を観察したうえで信念を $\bar{i}$ から $\hat{i}$ へと改訂し賃金 $a = \hat{i} \cdot m$ を提示する．これは受け手の最適反応に当たる．個人はその提示された賃金を受け入れ就職する[6]．

すでに式 (2-4) によって，事後信念を所与とした受け手の最適反応は求めてあるため，残りの作業は PBE の定義（定義 1-1）における条件 B と条件 S を満足する送り手の戦略を求めるだけである．特に送り手の各タイプが「そこから逸脱するインセンティブを持たない」ような状態を求めることが均衡を導くうえで重要になる．これは概念的には 1.2 節で行った手順と同じであるが，連続的行動を仮定しているために使用すべき図やテクニックが異なる．それを次節以降で紹介しよう．

2.3 受け手の最適反応線

このような離散的タイプおよび連続的行動を伴うシグナリング・ゲームを解

---

6) 厳密には個人が賃金を受け入れるか拒否するかのステージを分析する必要があるがここでは省略される．なぜならこのモデルでは，企業が提示した賃金を受け入れることによって個人は正の利得を得るからである．結果的に 2 つの企業が同じ賃金を提示するので，個人はランダムにどちらかを選んで就職することになる．

く際によく用いられるのは，図2-1のように，横軸に送り手のメッセージ，縦軸に受け手の反応をとった（メッセージ，反応）平面の図である．

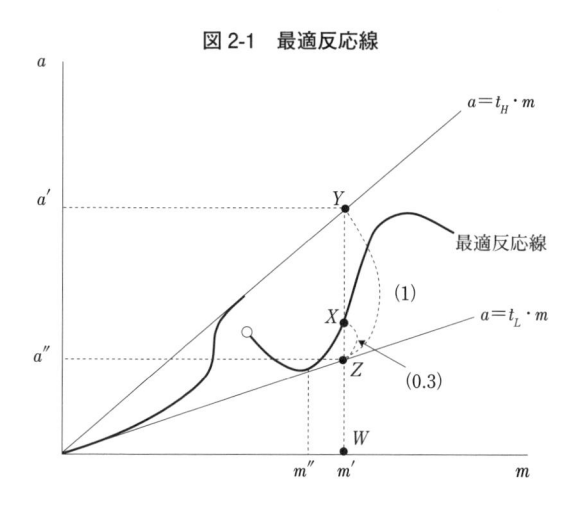

図2-1　最適反応線

企業Rは，mを観察した後，tについての事後信念 $\hat{t} = \mu_H \cdot t_H + (1 - \mu_H) \cdot t_L$ を形成しそれに従って $a = \hat{t} \cdot m$ を選ぶわけだが，μ_H が0以上1以下の事後確率であることを考えると，企業が合理的ならその反応は直線 $a = t_H \cdot m$ と直線 $a = t_L \cdot m$ の間の領域に入るはずだ．この「間の部分」が第1章の式（1-2）で定義した最適反応集合に当たる．例えば図2-1で m' が観察されたなら，$\Theta = \{t_L, t_H\}$ に対して最適反応集合は $BR(\Theta, m') = \{a: a'' \leq a \leq a'\}$ となる．$BR(T, \cdot)$ というのは，送り手のタイプの集合を T としたうえで，あらゆる信念を想定しつつ受け手が選ぶ最適反応の集合であることを思い出していただきたい．本章では特に断らない限り，メッセージ m を特定化せずとも，単に上の2つの直線の間の領域（直線自体も含む）を受け手の最適反応集合と呼ぶことにする．

PBEの定義（定義1-1）の条件Bにあるように，事後信念 $\hat{t}$ は均衡経路上にあるかどうかにかかわらずすべてのメッセージ m に対して形成されねばならない．事後信念を $\hat{t}(m) = \mu_H(m) \cdot t_H + [1 - \mu_H(m)] \cdot t_L$ のように m の関数と考えたうえで，そのような事後信念を反映した最適反応 $a = \hat{t}(m) \cdot m$ の一例が図2-1に太線で描かれている．このような線を本書では受け手の「最適反応線」と呼ぶことにする．図2-1にあるのはPBEを解く以前の，全く任意の最適反

応線の例である．図にあるようにこの線は必ずしも連続的である必要はないが，どの m に対しても最適反応集合内の何らかの a が対応していなければならない．この図の例では，R はメッセージ m' を観察したら事後確率 $\mu_H(m')=0.3$ を信じ，それに応じた最適反応（点 X の高さ）を選んでいるとしよう．線分の比 $\overline{XZ}/\overline{YZ}$ はその事後確率 0.3 に等しいはずである（点を表す2つの記号の上にバーをつけた場合，線分を表すものとする）．なぜなら，

$$\frac{\overline{XZ}}{\overline{YZ}} = \frac{\overline{XW}-\overline{ZW}}{\overline{YW}-\overline{ZW}} = \frac{[0.3t_H+(1-0.3)t_L]m'-t_Lm'}{t_Hm'-t_Lm'} = 0.3$$

であるから．また m'' を観察したら $\mu_H(m'')=0$ を信じ，$a=t_L\cdot m''$ を選ぶように描かれている．

均衡 (PBE) においてはこの最適反応線は上のように自由に描けるわけではなく，いくつかの条件を満たしていなければならない．こうした点を以下の数節でみていこう．

2.4 送り手の無差別曲線

PBE の定義（定義1-1）の条件Sにあるように，送り手は受け手の信念と戦略を所与として自分の利得を最大にするメッセージを選ぶ．それは，送り手の各タイプが，受け手の最適反応線を制約条件として最適化を行うことを意味する．

その送り手の戦略をみるために送り手の各タイプの無差別曲線を（メッセージ，反応）平面に描いてみよう．個人（送り手S）の効用関数として式 (2-1) を仮定し，その中の教育コスト関数として式 (2-2) を仮定すると，個人の効用関数は

$$u = a-(1-t)m^2, \quad ただし\ t=t_L\ または\ t_H; \quad 0<t_L<t_H<1 \qquad (2\text{-}5)$$

となる．各タイプの無差別曲線を描くと，右上がりで下に凸の，図 2-2 のような形になる．これは式 (2-5) を $a=u+(1-t)m^2$ としたうえで，u に何らかの定数を代入し（無差別とは利得を一定に保つことである），t を t_L か t_H どちらかに指定したうえで (m,a) 平面に描かれる．

2.4 送り手の無差別曲線

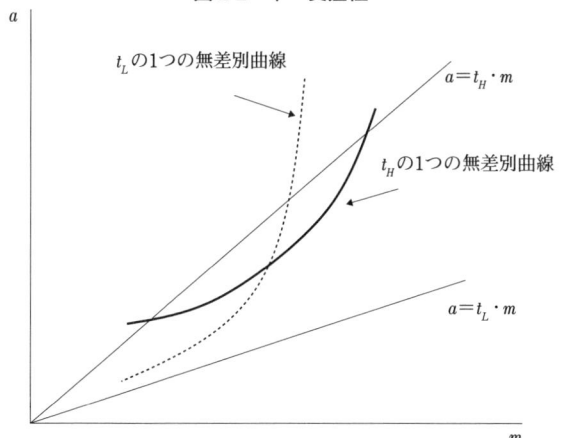

図 2-2 単一交差性

注：これ以降の図ではカーブにラベル付けされた「…の1つの無差別曲線」の語句を往々にして省略する．

式 (2-5) から分かるように，a を増やせば u が増えるから，高い位置にある無差別曲線ほど高い効用に対応していることが分かる．また u を一定としてこの式を a と m について全微分すると $da/dm = 2(1-t)m$ であるから，どの点をとっても，そこを通るタイプ t_L の無差別曲線（図の破線--）の傾きは，その同じ点を通る t_H の無差別曲線（図の実線）の傾きよりも大きくなる[7]：

$$\left.\frac{da}{dm}\right|_{t=t_L} > \left.\frac{da}{dm}\right|_{t=t_H} \tag{2-6}$$

以上の事実を考えあわせると，次の条件が満たされていることが分かる．

単一交差性（single-crossing）条件

（メッセージ，反応）平面においてタイプ t_H と t_L の無差別曲線を1つずつ任意に選んだ場合，その2つの線は，最適反応集合（直線 $a = t_H \cdot m$ と直線 $a = t_L \cdot m$ の間の領域）において最大でも1回しか交わらない．

---

[7] 本章を通じて，t_L の無差別曲線は破線で，t_H の無差別曲線は実線で描くことにする．

図2-2のどの点でも式（2-6）が成り立つ時には2つの無差別曲線が決して2回以上交わらないことは，2回交わるケースをあえて描いてみると分かるだろう．その時には必ずどちらかの交点で式（2-6）が破られるはずである．教育コスト関数が式（2-2）の形でなくても仮定2-1を満たす限り，無差別曲線のこの単一交差性は満たされる．それは結局，「高能力タイプほど教育の限界コストが小さくて済む」という仮定（仮定2-1の（5））に由来している．この条件が，後の均衡の精緻化において大きな役割を果たすことになる．

2.5 完備情報下での均衡

まずベンチ・マークとして完備情報下での教育水準と賃金を求めよう．つまり，個人のタイプ t が自然によって t_H か t_L に決められるが，そのどちらなのかが共有知識である（誰もが知っている）場合である．これは，就職試験を受けに来た個人の能力を，企業があらかじめ知っていることを意味する．

この場合，後ろ向き推論法（backward induction）によって解を求めることができる．仮に高能力タイプ $t=t_H$ の個人が m を選んだら，企業はそれに応じてステージ2で賃金 $a=t_H \cdot m$ を提示するはずだ．ステージ2でそれが起きることを予期しつつ，タイプ t_H はステージ1において $u=a-c(m, t_H)=t_H \cdot m - c(m, t_H)$ を最大化する m を選ぶ．具体的には $\partial u/\partial m=0$ を解けばよい．教育コスト関数が式（2-2）の形なら部分ゲーム完全均衡における解は $m_H^C=t_H/[2(1-t_H)]$ となる．ここで上付き文字 C は完備情報（complete information）を表すものとする．その結果，この高能力タイプは賃金 $a_H^C=(t_H)^2/[2(1-t_H)]$ を得ることになる．この解は図2-3の点 B に当たる．

この図2-3で企業の最適反応線は直線 $a=t_H \cdot m$ に一致し，それが太線で描かれている．つまり，企業はどの教育水準を観察してもそれによって信念を改めることなどせず，もともと $t=t_H$ と知っており，それに m を乗じた賃金を提示するわけだ．個人の側はその太線を制約条件として自らの利得を最大化する．その結果，「自らの無差別曲線が直線 $a=t_H \cdot m$ に接する点（点 B とする）」に相当する m_H^C を選び，賃金 a_H^C を得ることになる．

個人の能力が低タイプ t_L なら，企業の最適反応線は直線 $a=t_L \cdot m$ に一致す

図 2-3 完備情報下での解

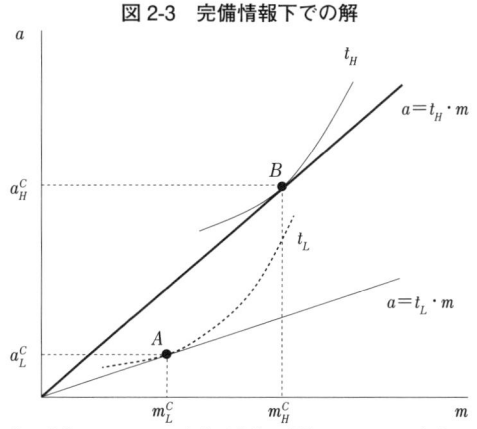

注：実線カーブは t_H の無差別曲線，破線カーブは t_L の無差別曲線を表す（本章の以下の図でも同様である）．

るよう切り替わる．そしてタイプ t_L は「自らの無差別曲線が直線 $a = t_L \cdot m$ に接する点（点 A とする）」に相当する教育水準（教育コスト関数が式 (2-2) なら $m_L^C = t_L / [2(1-t_L)]$）を選び，それに対応する賃金（同 $a_L^C = (t_L)^2 / [2(1-t_L)]$）を得るだろう[8]．

以上の完備情報の場合に特徴的なことは，企業が相手のタイプを知っているため，そのタイプに応じて最適反応線の位置が切り替わる点だ．しかし不完備情報下では企業は相手のタイプに応じて最適反応線を切り替えることができない．最適反応線（太線）を m の関数として図に1つ描くしかない．これによって，不完備情報の導入が上の結果に変化をもたらしうるのだが，その点を次節以下でみていこう．

2.6　不完備情報：ねたみの生じるケース

個人の能力が企業に正確には知られていないという不完備情報の場合に戻る．

---

[8] われわれは m_H^C も m_L^C も正の値になる，つまりコーナー解にならないと仮定する．それは，$c_m(0, t)$ が大きすぎないと仮定することと同値である．

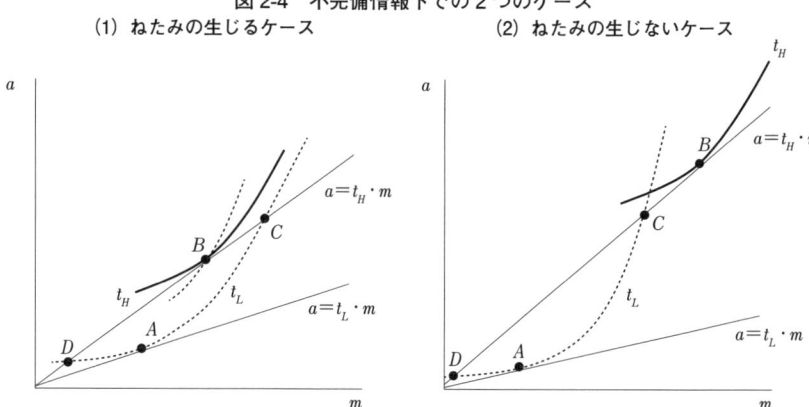

図 2-4　不完備情報下での 2 つのケース
(1) ねたみの生じるケース　　　　　　(2) ねたみの生じないケース

この場合，モデルのパラメータの仮定に応じて大きく 2 つのケースに分かれる（図 2-4 参照）．

点 A を通る t_L の無差別曲線が直線 $a = t_H \cdot m$ と交わる点を原点に近い方から点 D，点 C とする[9]．図 2-4 にあるように，（前節で定義した）点 B が，点 C より (1)「左に来るケース」と，(2)「右に来るケース」の 2 つが考えられる．その (1) のケースを Gibbons (1992) にならって「ねたみの生じるケース」と呼ぶことにしよう．なぜなら，不完備情報下で点の位置関係が図 2-4 (1) のようになっている中で，もし完備情報下と同様に t_L が点 A に対応する教育と賃金を，t_H が点 B に対応する教育と賃金を選び続けるなら[10]，t_L が t_H をねたむ状況が生じるからである．

上の点を詳しく考えよう．そもそも今から行う PBE を求めるという作業は，この図 2-4 (1) に最適反応線を描き入れたうえで次の状態を探すことである：『個人の各タイプが最適反応線上のいずれかの点を選び，そこから逸脱しない

---

9)　本章を通じて，図が変わっても同じ記号で書かれた点は同じ意味を表し続けるものとする．例えばいずれの図でも，点 A は低能力タイプが完備情報下で選ぶ点である．
10)　正確には個人の各タイプは教育水準のみを選ぶのだが，企業の信念と戦略（つまり最適反応線）を所与として教育を選ぶので，「自ら賃金も選んでいる」とみなすことができる．これ以降，単純化のため「個人が教育と賃金を選ぶ」という言い方を多用する．

2.6 不完備情報：ねたみの生じるケース

ようになっている状態』．仮に t_H が点 B を選んでいるなら，そこに最適反応線が来ていることになり，図から分かるように t_L は点 A から点 B へと逸脱したくなるはずだ（その方がより上方の無差別曲線に乗ることができるから）．よって，「ねたみの生じるケース」では，PBE の結果が完備情報下の均衡結果と同じになることはありえないのである．他方，点の位置関係が図 2-4 (2) のような場合，逸脱のインセンティブが生まれないのでそれを「ねたみの生じないケース」と呼ぶ[11)12)]．

最終的な結論を先取りして述べると，PBE の導出と精緻化を行った後に得られる結論は次のとおりである．

(1) ねたみの生じるケースでは，個人 t_L は点 A（に当たる教育水準と賃金）を選び，個人 t_H は点 C を選ぶ．つまり t_H は完備情報下で選ぶ水準（点 B に対応）に比べ上方バイアスのかかった教育水準を選ぶ．

(2) ねたみの生じないケースでは，個人 t_L は点 A を，個人 t_H は点 B を選ぶ．つまり完備情報下と同じ教育水準が選ばれる．

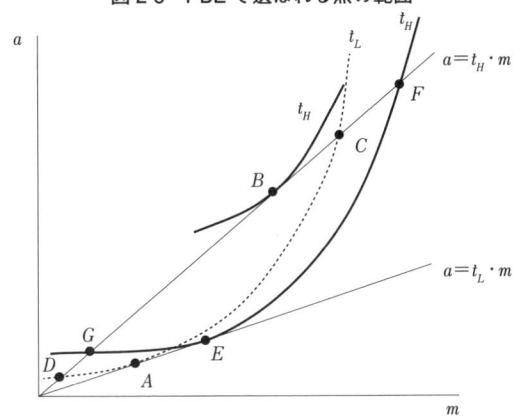

図 2-5　PBE で選ばれる点の範囲

---

11) 点 B と点 C が一致するケースは (2) のケースに含めて考えることにする．
12) 一般に，t_H と t_L の値の差が小さいほど「ねたみの生じるケース」になりやすい．例えば教育コスト関数が式 (2-2) の形であると仮定し，$t_L = 0.3$ に固定すると，t_H が（0.3 より大きく）約 0.627 以下のときに「ねたみが生じるケース」になる．

以下では，より興味深い (1) のケースに焦点を当てて上の結果を導いていこう．

まず，PBE を求めるのに有益な補題を述べる．そのために，点 A, D, C を前と同様に定義し，またそれと似た3点をタイプ t_H についても定義しよう．つまり，個人 t_H の無差別曲線が直線 $a = t_L \cdot m$ と接する点を点 E とし，その無差別曲線が直線 $a = t_H \cdot m$ と交わる点を原点に近い方から順に点 G, F とする（図 2-5）．

すると

補題 2-1： PBE で選ばれる点の範囲
- タイプ t_L の個人が均衡において正の確率で選ぶ教育水準と賃金の組み合わせは，点 A を通る自らの無差別曲線と線分 $\overline{DC}$ で囲まれた弓形の領域 CAD（その内部と輪郭両方を含む）の中に入らねばならない．
- タイプ t_H の個人が均衡において正の確率で選ぶ教育水準と賃金の組み合わせは，同様に弓形の領域 FEG の中に入らねばならない．

（証明）タイプ t_L が均衡で選ぶ教育と賃金が弓形の領域 CAD に入っていないとする．PBE の定義（定義 1-1）の条件 B により，どのメッセージに対しても信念とそれに基づく最適反応が形成されねばならないから，受け手の最適反応線は必ず弓形の領域と少なくとも1点は共有点を持つはずである．すると t_L はその共有点に逸脱すれば自らの利得を増やせるが，これは元の状態を均衡としたことと矛盾する．タイプ t_H についても同様の議論が成り立つ． □

以下では上の補題を用いつつ，分離均衡，一括均衡，混成均衡の順に PBE を求めていく．

2.7　分離均衡

第1章でみたように，異なるタイプの送り手が異なるメッセージを選ぶ均衡を分離均衡という．また PBE の定義（定義 1-1 の条件 B）にあるように，均衡

2.7 分離均衡

経路上の信念は送り手の戦略とベイズ・ルールから決定される．よってこのSpenceモデルの文脈で言えば，分離均衡では，均衡経路上の教育水準が観察されれば，それをどちらのタイプが選んだかがはっきりと特定化され，企業はそれに対応した賃金を選ぶはずである．ゆえに，t_L が実現する教育と賃金の組み合わせは直線 $a = t_L \cdot m$ 上に，t_H が実現する組み合わせは直線 $a = t_H \cdot m$ 上に来るはずである．

これと補題2-1を考えあわせると，分離均衡において t_L が実現する組み合わせは図2-5の点 A しかありえず，また t_H が実現する組み合わせは線分 GF 上のどこかになる．さらに「t_L が t_H をねたんで逸脱する」事態を防ぐためには，t_H の選ぶ教育水準は点 C に対応する教育水準（それを m^* とする）より低くてはいけない．つまり t_H の選ぶ点は線分 $\overline{CF}$ 上のいずれかの点でなければならない．

今述べた「あるタイプがほかのタイプをねたんで逸脱するようになっておらず，各タイプが自分の最適化を図っている」ことは分離均衡が成り立つための重要な条件である．送り手の利得を $u(m, a, t)$ と一般的な関数で表し（Spenceモデルでは先の式（2-1）の右辺に対応する），その条件をまとめておく．これは誘因両立性（incentive compatibility）条件と呼ばれることがある．

誘因両立性条件

一般に2タイプ (t_L, t_H) の送り手が存在するシグナリング・ゲームの分離均衡においてタイプ t_L が実現する「メッセージ」と「受け手の反応」の組み合わせを (m_L, a_L) とし，タイプ t_H が実現する組み合わせを (m_H, a_H) とすると，それらは次を両方満たさねばならない．

t_H にとって　$u(m_H, a_H, t_H) \geq u(m_L, a_L, t_H)$；
t_L にとって　$u(m_L, a_L, t_L) \geq u(m_H, a_H, t_L)$．

ここで1つ目の不等式は「t_H が t_L を真似しない」ための条件であり，2つ目の不等式は「t_L が t_H を真似しない」ための条件である．このSpenceモデルでは1つ目が成り立つかどうかを心配する必要はない（必ず成り立つ）．図2-5で点 A が領域 FEG の外にあるため，t_H が t_L を真似るインセンティブを持つ

ことはないからである.しかし2つ目は満たされるよう注意する必要があり，そのために前述のように t_H の選ぶ点は点 C より右（点 C も含む）に来なければならないのだ.

逆に上記のように t_L が点 A を，t_H が線分 CF 上のいずれかの点を選べば，それを支える最適反応線を描くことは可能であり1つの PBE を形成する. その一例が図 2-6 に描かれている.

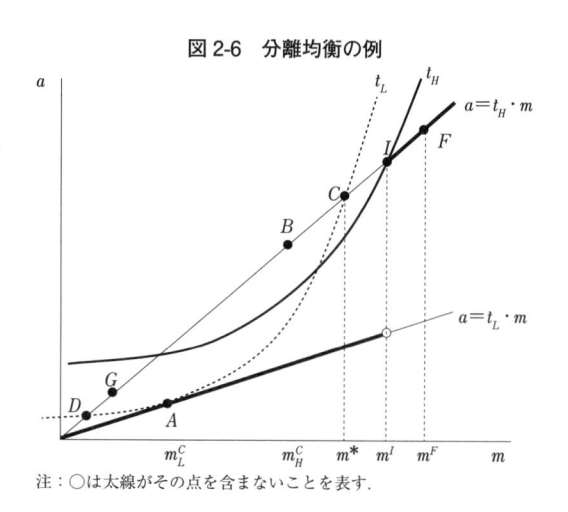

図 2-6 分離均衡の例

注：○は太線がその点を含まないことを表す.

t_H が選ぶ点を点 I とし，それに対応する教育水準を m^I としよう. この図 2-6 に対応する PBE を正確に述べると次のようになる：

図 2-6 に対応する PBE：

（個人の戦略）： 個人がタイプ t_L ならば教育水準 m_L^C を選び，タイプ t_H ならば教育水準 m^I を選ぶ.

（企業の戦略）： 企業は賃金 $a = \hat{t}(m) \cdot m$ を選ぶ. ここで $\hat{t}(m)$ は個人のタイプに関する事後信念を表す.

（企業の形成する事後信念）： $\hat{t}(m) = \mu_H(m) \cdot t_H + [1 - \mu_H(m)] \cdot t_L$ である. ここで $m < m^I$ ならば $\mu_H(m) = 0$； $m \geq m^I$ ならば $\mu_H(m) = 1$ とする.

2.7 分離均衡

第1章で学んだように PBE はプレイヤーの戦略と信念の組み合わせによって表現される．上の枠内では「事後信念」が「均衡経路外も含めて」完全に記述されていることに注意．特に「企業の戦略」と「企業の形成する事後信念」は図 2-6 における最適反応線（太線）に対応している．図において太線が m^I を境に位置を変えるのも上の枠内の「事後信念」に対応していることが分かるだろう．この太線を制約としつつ t_H と t_L は自らの利得を最大化している．つまり可能な限り高い位置の無差別曲線に対応する利得を実現しているため，これが実際に均衡であることが分かる．

図 2-6 において均衡経路上の点は点 A と点 I のみである．ベイズ・ルールを満たすため点 A は直線 $a = t_L \cdot m$ 上に，点 I は直線 $a = t_H \cdot m$ 上に載っている必要がある．しかし最適反応線（太線）はその2点さえ通ればそのほかの場所（均衡経路外）ではある程度の柔軟性を持ちうる．もちろん逸脱を招いてはいけないため，図中の t_L や t_H の無差別曲線より上に位置する部分を持ってはいけない．しかし例えば m^* 付近で太線が多少上にせりあがっていても全く問題ないし，太線が点 F を通る必要もない．厳密には均衡経路外の信念が少しでも変わっていれば「均衡」としては異なるものとして分類されるべきだが，均衡経路上で選ばれる行動（図 2-6 では点 A と点 I）さえ同じであれば均衡経路外の信念には目をつぶって同じような均衡とみなすことが一般的である．今後は必要がない限り均衡経路外の信念を記述することは省略し，均衡経路上で選ばれる行動（と信念）のみ記す．そうした表現の仕方をしたものを「均衡結果 (equilibrium outcome)」と呼ぶ．

上から分かるように t_H が選ぶ点 I は線分 CF 上のいずれの点であってもよい．点 C と点 F に対応する教育水準をそれぞれ m^*，m^F とすると次の補題が得られる．

補題 2-2： Spence モデル（ただし「ねたみの生じるケース」）の分離均衡結果において，個人の選ぶ教育水準は次のように特徴付けられる：
　タイプ t_L は教育水準 m_L^C を選ぶ（点 A に対応）．
　タイプ t_H は教育水準 $m \in [m^*, m^F]$ を選ぶ（線分 CF 上の1点に対応）．

今，われわれは「ねたみの生じるケース」を仮定しているため，$m^* > m_H^C$ である（つまり点 C が点 B の右側に位置する）．よって高能力タイプ t_H は，完備情報下で自らが選ぶ教育水準 m_H^C に比べ，高水準の教育を選ぶことになる．これがいわば「受験戦争」のような状況を描写していると解される（もちろん「受験」がモデル化されているわけではないが）．つまり実際に高い能力を持つ個人が，その本当の能力を企業にシグナルするために自分のベストの水準よりも背伸びをして高い教育を受ける状況だ．しかしここで問題なのは t_H の選ぶ教育水準に幅があり，現実を予見する力が弱い点である．そこで第1章と同様に均衡の精緻化を行うことによりリーズナブルな均衡を絞ることにしよう．

1つ目に適用する精緻化の基準は1.4節で出てきた「支配基準」（定義1-2）である．この基準は Spence モデルでは図 2-7 の太線のところに最適反応線が来ることを要求するのだが，理由は以下のとおりである．

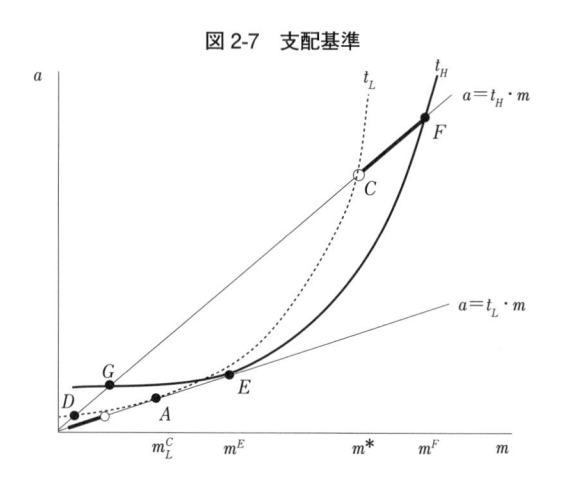

図 2-7 支配基準

タイプ t_L にとっては m^* より大きいメッセージは m_L^C によって支配されている．なぜなら $m(>m^*)$ に対して $\max_{a \in BR(\Theta, m)} u(m, a, t_L) < \min_{a \in BR(\Theta, m_L^C)} u(m_L^C, a, t_L)$ が成り立つから（ここで $\Theta = \{t_L, t_H\}$）．つまり図から分かるように，t_L は $m(>m^*)$ を選んでしまうと，企業の最適反応の如何にかかわらず，m_L^C を選んだ時より小さな利得しか得られない．よって間違ってもそのようなメッセージを選ぶはずがないと考え，支配基準は $m(>m^*)$ に対してタイプ t_L に確率0を割り当て

2.7 分離均衡

るのである[13].

さらに点 E に対応する教育水準を m^E としてタイプ t_H について同様に考えると，t_H にとって $m (>m^F)$ は m^E によって支配されている．両タイプに確率 0 を割り振ることはできない（確率は足して 1 にならねばならない）ため，$m (>m^F)$ に対して支配基準は何も要求しない．ゆえに $m \in (m^*, m^F]$ に対してのみ，最適反応線（太線）が $a = t_H \cdot m$ 上に描かれるのである．同様の理屈から点 D と点 G の間のメッセージに対しては最適反応線が $a = t_L \cdot m$ 上に来る（ただし以下で分かるようにこちらは均衡を取り除くうえで重要ではない）．

補題 2-2 で求めた分離均衡のうち，上の支配基準を通過するものはどれだろうか？ それはタイプ t_H が図 2-7 の点 C に当たるメッセージ m^* を選ぶものだけに限られる．なぜなら t_H が m^* より大きいメッセージを選ぶと，そこで実現される無差別曲線の上に線分 $\overline{CF}$ が入り込み，t_H 自身がより小さなメッセージに逸脱するインセンティブを持ってしまうからだ．実はすぐ下でこれと同じ

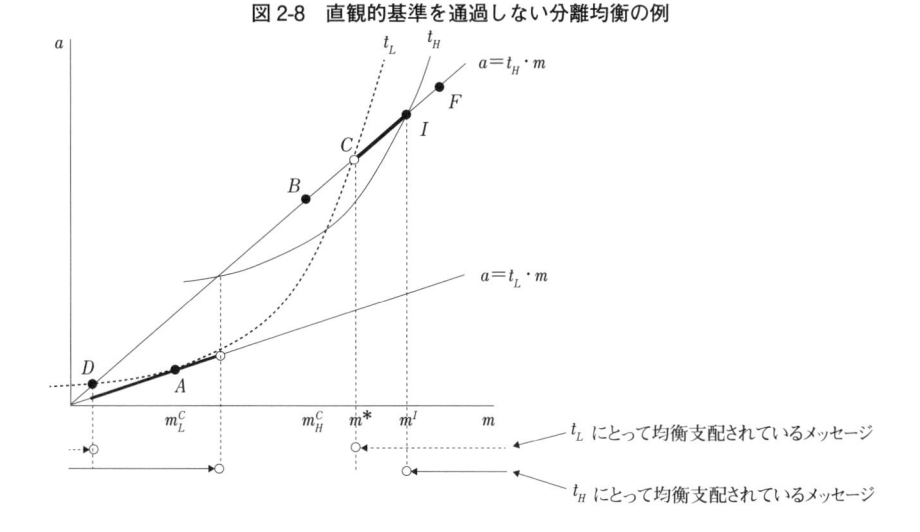

図 2-8 直観的基準を通過しない分離均衡の例

---

13) 第 1 章の定義 1-2 をもう 1 回参照していただきたい．ここで送り手の利得を比べる際に，受け手の最適反応集合 $BR(\Theta, m)$ 内で（つまり 2 つの直線 $a = t_H \cdot m$ と $a = t_L \cdot m$ の間の領域で）考えている点に注意．受け手がとるはずのない反応を考えても無意味だからである．

分離均衡結果が直観的基準を用いても選びだされるので，直観的基準を適用した後にこの均衡結果をまとめることにする．

1.5節で紹介した「直観的基準」（定義1-3）を用いて補題2-2の分離均衡を精緻化してみる．支配基準と異なり，直観的基準では何か1つ均衡を固定するところから話が始まる．図2-6と同様に，t_H が m^* より大きいメッセージを選ぶ分離均衡を固定する（図2-8参照）．

t_H は図2-8の点 I に当たる教育（それを m^I と記す）を選ぶものとする．この均衡で t_L が得る利得 $u^*(t_L)$ は図の破線の無差別曲線に対応し，t_H が得る利得 $u^*(t_H)$ は実線の無差別曲線に対応することになる．すると，m^* を超えるメッセージは t_L にとって「均衡支配されている」ことが分かる．なぜなら，$m > m^*$ なら $u^*(t_L) > \max_{a \in BR(\Theta, m)} u(m, a, t_L)$ であり，そのようなメッセージを選んでも t_L は決して自分の均衡利得以上を達成できないためだ．図2-8の横軸の下に「t_L にとって均衡支配されているメッセージ」の範囲を矢印付きの破線の直線で示してある．

同様に，m^I を超えるメッセージは t_H にとって均衡支配されている．よって $m \in (m^*, m^I]$ は t_L のみにとって均衡支配されているため，このメッセージの範囲で直観的基準は，t_L に確率0を割り当て，最適反応線を直線 $a = t_H \cdot m$ 上に要求するのである[14]．同様の議論により m_L^C 付近のメッセージについても直観的基準が要求する最適反応線を太線で示してある（ただし以下で分かるようにこちらは精緻化にとって重要ではない）．

上の議論をもとにすると，図2-8の分離均衡は直観的基準を通過しないことが分かる．なぜなら，均衡利得 $u^*(t_H)$ に当たる無差別曲線（図2-8の実線カーブ）より上に最適反応線（太い線分 $\overline{CI}$）が入り込み，t_H が元の均衡から逸脱するインセンティブを持ってしまうからだ．分離均衡の中で直観的基準を通過するのは，図2-9のような，t_H が点 C（つまり教育水準 m^*）を選ぶ均衡に限られる．

---

[14] $m \in (m^*, m^I]$ では定義1-3の集合 $J(m)$（取り除かれるタイプの集合）が $\{t_L\}$ に当たるわけだ．$m > m^I$ に対しては，$J(m) = \{t_L, t_H\}$ となり，定義1-3の式 (1-5) における $\Theta \setminus J(m)$ が $\emptyset$（空集合）になるが，式 (1-3) によりこの時はどちらのタイプも取り除かない．第1章の脚注14も参照していただきたい．

2.7 分離均衡

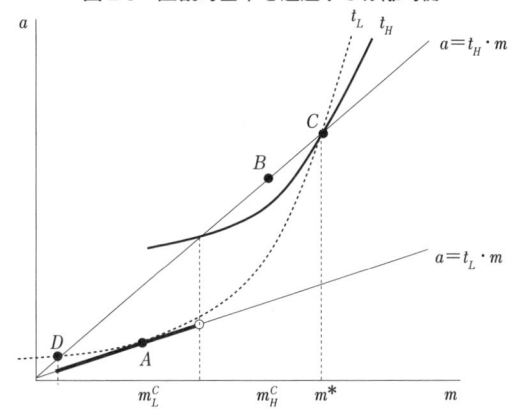

図 2-9 直観的基準を通過する分離均衡

この図に最適反応線を書き込む際に注意すべきは次の 2 点だけである：(1) PBE の定義にあるベイズ・ルールにより，その線は点 A と点 C を通らねばならない；(2) 直観的基準によりその線は図 2-9 の太線部分を通らねばならない（t_H のみにとって均衡支配されているメッセージの部分）．しかし残りの部分では，両タイプの逸脱を招かない範囲で自由に最適反応線を書き込むことができるため，この図 2-9 は直観的基準を通過する均衡結果として成立することが分かる．以上の結論を次の補題にまとめよう．

補題 2-3： Spence モデル（ただし「ねたみの生じるケース」）の分離均衡のうち，直観的基準を通過するものにおいては，個人の各タイプは次の行動をとる．

t_L は教育水準 m_L^C を選ぶ（点 A に対応）[15]；
t_H は教育水準 m^* を選ぶ（点 C に対応）．

この均衡結果は前述の支配基準が選びだすものと同一である．つまり分離均衡だけを考えれば，均衡を絞る力に関して，直観的基準と支配基準の間で差は

---

15) t_L は点 C と点 A の間で無差別だが確実に点 A を選ぶと「仮定」される．

ないのだ．しかし分離均衡以外（すなわち一括均衡や混成均衡）も考えると支配基準では十分に均衡を絞りきれない．その点を次の2つの節でみていこう．

2.8 一括均衡

次に Spence モデルで一括均衡を求める．第1章で説明されたように，一括均衡とは「どのタイプも同じメッセージ（それを m_P とする）を選ぶ PBE」のことである．両タイプが同じ行動をとるため，その m_P を観察した企業はベイズ・ルールを用いても信念を改訂することはできない．ゆえに事前信念をそのまま事後信念として持ち続け（つまり $\hat{t}(m_P) = \bar{t} \equiv p \cdot t_H + (1-p)t_L$），賃金 $\bar{t} \cdot m_P$ を提示することになる．この賃金を a_P とする．

補題2-1から分かるように，点 (m_P, a_P) は図2-5の2つの弓形の領域 CAD と FEG の共通部分のどこかに入らねばならない．図2-5から分かるように，p（個人が高能力タイプである事前確率）が極めて0に近い場合，点 (m_P, a_P) がその共通部分に入りえない状況が生じるので，この場合には一括均衡が存在しない．しかし p がある程度高ければ一括均衡は数多く（事実上無数に）存在するし，下にみるように p がさらに高ければ，支配基準を通過する一括均衡も存在する．図2-10にはそのような一括均衡の例を挙げている．

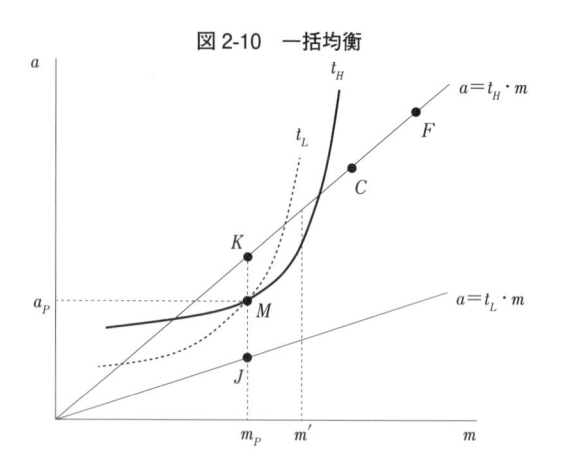

図 2-10　一括均衡

この均衡では両タイプが点 M の教育水準 m_P を選んでいる．また点 M を通る垂直線が作る線分の比 $\overline{MJ}/\overline{KJ}$ が p に等しくなっているはずである．これは上でみたように企業が最適反応 $a_P = \bar{t} \cdot m_P$ を選ぶためだ．2本の無差別曲線（実線と破線）をいくらか動かして似たような均衡の点を M の近くに無数に作ることができることは自明だろう．

さて図 2-10 のような均衡は支配基準を通過するのだが，そのポイントは t_H の均衡利得に対応する無差別曲線（図の実線カーブ）と直線 $a = t_H \cdot m$ との交点が点 C の左側に来ていることである．図 2-7 でみたように支配基準は最適反応線が線分 $\overline{CF}$ 上に来ることを要求するが，図 2-10 ではそれが逸脱の問題を引き起こさないのだ．このような一括均衡は p が高めなら存在する．

しかし，支配基準を通過するか否かにかかわらず，すべての一括均衡は直観的基準を通過せず排除される．問題は図 2-10 のメッセージ m' において生じる．前節の議論を適用すると分かるように，この m' はタイプ t_L にとっては均衡支配されているが，t_H にとっては均衡支配されていない．ゆえに直観的基準は信念 $\mu_H(m') = 1$ を要求し，最適反応線は (m', a') ［ただし $a' = t_H \cdot m'$］上を通らねばならない．すると t_H による逸脱を招くので直観的基準を通過しないのである．2.4 節でみた単一交差性条件により，この Spence モデルで一括均衡を1つ固定すると，必ず図 2-10 の m' のようなメッセージがみつかることが分かるだろう．よって次の補題が導かれる．

> **補題 2-4**： Spence モデルにおける一括均衡の中で直観的基準を通過するものは1つもない．

2.9 混成均衡

最後に Spence モデルで混成均衡を求めよう．混成均衡とは，一方のタイプが何か1つのメッセージ（m'_P とする）を確率1で選ぶが，ほかのタイプが「その m'_P」または「それとは別のメッセージ（$\widetilde{m}$ とする）」をそれぞれ一定の確率でランダムに選ぶような均衡である．つまり，$\widetilde{m}$ は1つのタイプだけが

独自に一定の確率で選びうるメッセージ，m'_P は2つのタイプがともに選びうるメッセージである．混成均衡には2種類考えられる：「t_L がランダムな戦略をとるケース」と「t_H がランダムな戦略をとるケース」である．

まず t_L がランダムな戦略をとるケースを考えよう．つまり，t_H は必ず m'_P を選ぶが，t_L は m'_P か $\tilde{m}$ をランダムに選ぶケースである．そのような混成均衡の一例が図 2-11 に描かれている．この図で t_H は点 M' を確実に選び，t_L は点 M' か点 A を一定の確率でランダムに選ぶとする．なぜこのような送り手の戦略が混成均衡を構成するのか考えよう．

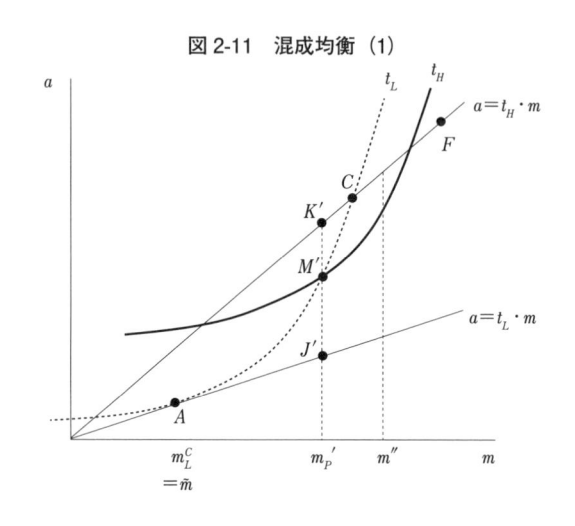

図 2-11　混成均衡（1）

最初に言えるのは $\tilde{m}=m_L^C$ である．つまり t_L が正の確率で独自に選ぶ点は図の点 A（完備情報下で選ぶ点）に一致するのだが，その理由は以下のとおりである．そもそも $\tilde{m}$ は t_L だけが選ぶ（t_H は決して選ばない）教育水準と定義されているので，$\tilde{m}$ を観察した企業は正しくそれを信じ $a=t_L \cdot \tilde{m}$ を提示するはずである（PBE の定義の条件 B により）．ゆえにその教育水準と賃金の組み合わせは直線 $a=t_L \cdot m$ 上に乗っていなければならない．この事実と補題 2-1 を考えあわせると，その組み合わせは点 A と一致するはずだ．

次に点 M' は「点 A を通る t_L の無差別曲線（図 2-11 の破線カーブ）」の上に乗っていなければならない．なぜなら t_L は点 A と点 M' をランダムに選ぶため，

2.9 混成均衡

その2つの点の間で無差別になっているはずだからだ。さらに点 M は両タイプが共通に選ぶ点だから，補題 2-1 の2つの弓形の領域 CAD と FEG の共通部分に位置する必要がある。よって点 M が例えば点 A より左側の破線カーブの上に来ることはありえない。

最後に，点 M を通る垂直線が作る線分の比 $\overline{MJ}/\overline{KJ}$ は事前確率 p より大きくなければならない。この点は少し説明を要するのでじっくり考えよう。まず $\overline{MJ}/\overline{KJ}$ は m'_P を観察した後に企業が信じる事後確率 $\mu_H(m'_P)$ に相当する。企業は自らの信念に基づいて最適反応を選ぶからである。ベイズ・ルールにより，

$$\frac{\overline{MJ}}{\overline{KJ}} = \mu_H(m'_P) = \frac{\sigma\langle m'_P|t_H\rangle \cdot p}{\sigma\langle m'_P|t_H\rangle \cdot p + \sigma\langle m'_P|t_L\rangle \cdot (1-p)} = \frac{p}{p + \sigma\langle m'_P|t_L\rangle \cdot (1-p)} \quad (2\text{-}7)$$

である。ここで t_H が m'_P を選ぶ確率 $\sigma\langle m'_P|t_H\rangle$ は1であることに注意。式 (2-7) から分かるように，t_L が m'_P を選ぶ確率 $\sigma\langle m'_P|t_L\rangle$ が0に近づけば，この $\mu_H(m'_P)$ は1に近づく。この時，点 M は点 C に近づき，この混成均衡は分離均衡に近づくことになる。反対に $\sigma\langle m'_P|t_L\rangle$ が1に近づけば，この $\mu_H(m'_P)$ は p に近づく。この時，点 M は曲線 AC に沿って下に移動し，一括均衡に近づくことになる。

$\sigma\langle m'_P|t_L\rangle$ が0と1の間なら，$\mu_H(m'_P)$ は p より大きく1未満の値をとるはずである。これは感覚的には次のように理解されるだろう。タイプ t_L は2つの教育水準をランダムに選ぶ一方 t_H は確実に m'_P を選ぶため，その m'_P を観察した企業は，そこでのタイプ t_H の確率は p より高いと信じるはずだ。つまり比喩的に言えば m'_P を選ぶ t_H の「濃度が高い」と信じるのである。

この種の混成均衡は無数に存在する。それをみつけるには図 2-11 の曲線 AC 沿いに $\overline{MJ}/\overline{KJ} > p$ を満たすような点 M をとり，その $\overline{MJ}/\overline{KJ}$ の値を式 (2-7) に代入して $\sigma\langle m'_P|t_L\rangle$ を求めればよい[16]。

しかし上の混成均衡はいずれも支配基準を通過しない。なぜなら支配基準は図 2-11 の線分 $\overline{CF}$ 上に最適反応線を要求し，t_H による逸脱を招くからだ。

---

16) もちろん逆に $\sigma\langle m'_P|t_L\rangle$ を0から1の間に仮定し，それを式 (2-7) に代入して点 M の位置をみつけてもよい。

また上のような混成均衡は直観的基準も通過しない．問題は図2-11のメッセージ m'' の周辺で発生する．この周辺のメッセージは，タイプ t_L にとっては均衡支配されているが，t_H にとっては均衡支配されていないので，信念は t_H に確率1を割り当て，それが t_H による逸脱を招くのである．送り手の無差別曲線が単一交差性条件を満たす限りこの m'' のようなメッセージが必ずみつかるため，この種の混成均衡はすべて直観的基準によって排除されるだろう．

最後に2つ目のタイプの混成均衡すなわち「t_H が混合戦略を選ぶケース」を考える．図2-12にそのような混成均衡の一例を描いている．ここでタイプ t_L は確率1で点 M'' を選ぶが t_H は点 N もしくは点 M'' を一定の確率でランダムに選ぶとしよう．

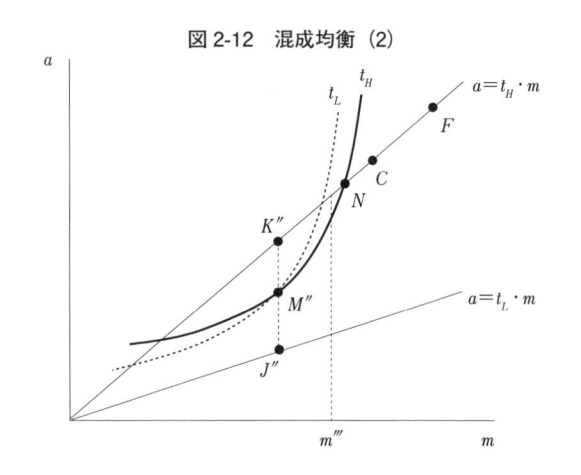

図2-12 混成均衡（2）

点 M'' を通る垂直線が作る線分の比 $\overline{M''J''}/\overline{K''J''}$ は事前確率 p より小さくなければならない．なぜなら上と同様に比喩的に言えば点 M'' を選ぶ t_H の「濃度が薄まっている」から．しかしそれさえ満たせば，点 M'' をある程度自由に指定することができる．t_H が点 N もしくは点 M'' をどのような確率で選ぶかは，点 M'' の位置を指定した後に式（2-7）に似た式を用いて算出すればよい．

図2-12の混成均衡は支配基準を通過するように描いてある．ここでのポイントは，t_H の均衡利得に対応する無差別曲線（図2-12の実線カーブ）が点 C の左側を通っていることだ．支配基準は線分 CF に最適反応線が来ることを要

求するが（図2-7参照），図2-12の場合はこれがt_Hの逸脱を招かず，問題とならない．ただしこのような支配基準を通過する混成均衡は，pがある程度高いと仮定されていないと存在しない．pが低いと，$\overline{M'J'}/\overline{K'J'}<p$を満たしつつ点$N$が点$C$の左に来る状況をみつけられないからだ[17]．

しかし支配基準を通過するかどうかにかかわらず，この種の混成均衡の中で直観的基準を通過するものは1つも存在しない．なぜなら，単一交差性条件が満たされている限り図2-12のm'''のようなメッセージが必ずみつかり問題を引き起こすからだ．詳しくは図2-11のm''に関する議論と同様である．よって次の補題が導かれる．

> **補題2-5：** Spenceモデルにおける混成均衡の中で直観的基準を通過するものは1つもない．

2.10 Spenceモデルのまとめ

補題2-3，2-4，2-5により次の命題が導かれる．

> **命題2-1：** Spenceモデル（ただし「ねたみの生じるケース」）のあらゆる均衡結果の中で直観的基準を通過する唯一のものにおいては，各タイプの個人は次の行動をとる（図2-9参照）：
> 　t_Lは完備情報下と同じ教育水準m_L^Cを選ぶ．
> 　t_Hは完備情報下より高い教育水準m^*を選ぶ．

この結論はSpenceモデルに厳密なゲーム論的解釈を与えた前述のCho and Kreps (1987)のセクションVで述べられているものと同じだ．

以上PBEを求める作業とその精緻化を行ってきた．説明が長くなった理由

---

17) 支配基準を通過しなくてもよいのなら，pが極端に0に近くない限り，この種の混成均衡は無数に存在する．補題2-1における2つの弓形の領域CADとFEGの共通部分に点M''が位置すればよく，図2-12で点Nと点Cの位置関係を気にしなくてよいからである．

の1つは，本書のテキストとしての位置付けから，支配基準と直観的基準を両方説明しようとした点にあった．通常経済学の論文では，送り手の無差別曲線が上のように単一交差性を満たすシグナリング・モデルの場合，直観的基準だけによって均衡結果を1つに絞ることができるため[18]，支配基準には言及せず直観的基準のみを用いることが多い．

さてこのモデルの全体的ストーリーを振り返ろう．今，図2-4 (1) の「ねたみの生じるケース」を仮定しているため，仮に送り手の個人が完備情報下と同じ戦略を（つまり低能力タイプが図2-4 (1) の点 A を，高能力タイプが点 B を）選んだ場合，低能力タイプは高能力タイプをねたんで真似するインセンティブを持つ．これは，高能力タイプとみせかけた方が高い賃金を得られるからである．不完備情報下で高能力タイプは，「本当に自分の能力が高い」ことを企業にアピールするには，点 C 以上の教育水準を選ぶ必要がある．つまり受験競争に耐えて自らを差別化する，言い換えると低能力タイプから真似されないよう「逃げる」必要があるのである．どれくらい逃げるかというと，精緻化を生き残る唯一の均衡結果においては，「必要最低限の分だけ逃げる」ことになる．つまり高能力タイプは点 C に対応する教育水準 m^* を選ぶことになる（図2-9）．このように行動のバイアスが最小である分離均衡結果のことを一般に Riley outcome（Riley 1979）と呼ぶ．

この Riley outcome における各プレイヤーの利得を図2-9 によってみてみよう．タイプ t_H の送り手の利得は図2-9 の点 C を通る実線の無差別曲線によって表される．完備情報下でこの t_H は点 B を通る無差別曲線に対応する利得を得るから（図2-3），不完備情報の存在は t_H の利得を低下させることになる．しかし上でみたように Riley outcome は，数ある分離均衡結果の中で行動のバイアスが最小のものだから，この利得低下も最小で済んでいる．他方タイプ t_L の送り手は図2-9 の点 A を選ぶため，完備情報下と全く同じ利得を得ることが分かる．また，受け手の得る利得はどちらのタイプに直面しようともゼロである．なぜなら分離均衡では企業は個人のタイプがはっきり識別でき，ベルトラ

---

[18] 例外は第3章で解説する3個のタイプを伴うシグナリング・モデルである．この場合直観的基準では均衡結果を絞り切れず，もう一段（絞る力が）「強い」精緻化基準を用いる必要が出てくる可能性がある．

ン競争の結果，自らの利得がゼロになるような賃金を提示するからである．

この「t_H のみが不完備情報による利得低下を（必要最小限の幅とはいえ）経験する」という結論は少し意外かもしれない．不完備情報下では送り手が正確な情報を持ち，受け手は持っていない．その情報を持つ送り手のうち能力の高いタイプがかえって損をすることになるからだ．しかしこの損は自分の能力を企業に識別させるために必要不可欠なものであり，高能力タイプの方がこのコストの負担能力が高いためにそれを負担する側に回るのである．このようにコストのかかるシグナル（costly signal）が利用され，そのコストのかかり方に差があるがゆえに正しい情報を伝達できるのである．

最後に「ねたみの生じないケース」について簡単に触れておこう．本章の脚注 12 でも記したように，2 つのタイプ（t_H と t_L）の値が大きくかけ離れている場合は図 2-4 (2) のような「ねたみの生じないケース」が生じる．この場合もさまざまな PBE が存在するが，その中で直観的基準を通過する唯一の均衡結果は，t_L が点 A を選び t_H が点 B を選ぶものである．一括均衡や混成均衡がすべて直観的基準によって排除される理由は，上の「ねたみの生じるケース」における理由と同様なので繰り返さない．ここでは分離均衡結果の中で直観的基準を通過するのが上のものただ 1 つに絞られる理由を図 2-13 によってみよう．

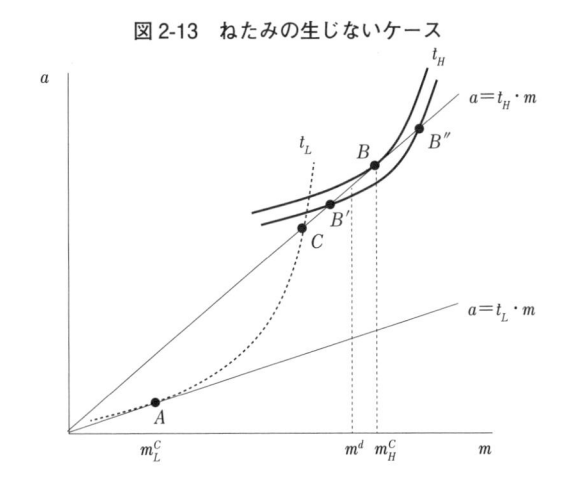

図 2-13 ねたみの生じないケース

まず，どの分離均衡においても t_L が点 A を必ず選ぶことは，「その点が直線 $a = t_L \cdot m$ 上になければならないこと（ベイズ・ルール）」と補題2-1により明らかである．問題は t_H の選ぶメッセージだ．精緻化を行わないのであれば，t_H は点 C より右の（点 C も含む）直線 $a = t_H \cdot m$ 上の点であればどれを選んでも PBE の条件を満たしうる（ただし補題2-1による上限は存在する）．例えば図 2-13 において，「t_H は点 B' を確実に選ぶ」としたうえで，この PBE を支える最適反応線を書き込むことは可能であるし，あるいは「点 B'' を選ぶ」としてもそれは可能だ．しかしこのような「t_H が点 B 以外の点を選ぶ PBE」は直観的基準を通過できない．

問題は点 B' と点 B'' の間にはさまれたメッセージ（例えば図 2-13 の m^d）で生じる．これらのメッセージは，タイプ t_L にとっては均衡支配されているが，t_H にとってはされていないので，直観的基準は信念 $\mu_H(m^d) = 1$ を要求し，最適反応が直線 $a = t_H \cdot m$ 上に来る．すると t_H はその点に逸脱するインセンティブを持ってしまうのである．そのような問題が生じないのは t_H が点 B を選ぶ均衡結果のみである．以上まとめると，この「ねたみの生じないケース」で直観的基準を通過する唯一の均衡結果は，各タイプが完備情報下と同じ教育水準を選ぶものになる．

2.11 （メッセージ，信念）平面による分析

以上で Spence の就職市場シグナリング・ゲームの分析はいったん終わりであるが，分析上のテクニックについての説明を付け加えておきたい．上の説明では横軸にメッセージ (m)，縦軸に受け手の反応 (a) をとった図を用いて PBE をみつけた．しかしシグナリング・ゲームを解く際に，同じくらいの頻度で横軸はメッセージのままだが縦軸に信念 $(\hat{t})$ をとった図も用いられる．

今まで用いてきた図をこの新しい図に変換するのは容易である．送り手の利得関数は式 (2-1) の a に，受け手の最適反応を表す式 (2-4) を代入したものになる[19]：

$$u = \hat{t} \cdot m - c(m, t). \tag{2-8}$$

つまり今までは送り手の戦略を分析するために $u(m, a, t)$ という形の利得関数（式 (2-1)）を用いていたが，この変換後は $u(m, \hat{t}, t)$ という関数を用いるのである[20]．この新しい送り手の利得関数 $u(m, \hat{t}, t)$ は3つの変数「送り手自身の選ぶメッセージ」「受け手の形成する信念」「送り手の真のタイプ」の関数形として表されており，ここには「受け手が信念を基に選ぶ最適反応」も組み込まれている．のちに連続タイプのシグナリング・ゲームを分析する際にはこの変換後の利得関数が重要な出発点になる．

式 (2-8) を信念で微分すると $\partial u/\partial \hat{t} = m \geq 0$ である．この符号に「t_L が t_H を真似する」潜在的なインセンティブが表れている．つまり，企業が高い信念を持つほど高い賃金を提示してくれるため個人の利得が増えるわけだ．

上の変換を具体例でみよう．Spence モデルで教育関数が式 (2-2) という特殊形を持つ場合，送り手の利得関数は $u = u(m, a, t) \equiv a - (1-t)m^2$ であり，ここに式 (2-4) を代入すると $u = u(m, \hat{t}, t) \equiv \hat{t} \cdot m - (1-t)m^2$ となる．これを

$$\hat{t} = \frac{u}{m} + (1-t)m$$

と書き換えれば $(m, \hat{t})$ 平面に送り手の無差別曲線を描くことができる（ただし u には何か定数を代入し，t は真のタイプだから t_H または t_L を指定して描く）．

Spence モデルの分析をこの（メッセージ，信念）平面の図によって行う場合，図 2-14 のような図を描くことができる．

これは「ねたみの生じるケース」（図 2-9）に対応する（図 2-14 の点 A', B', C' はそれぞれ図 2-9 の点 A, B, C に対応）．前に出てきた受け手の最適反応集合に当たるものはここでは2本の水平線 $\hat{t} = t_L$ と $\hat{t} = t_H$ の間の領域になり，

---

[19] 2.2節で解説したように，この式 (2-4) は Spence モデルでは少し特殊で，「2つの企業がベルトラン競争を行う」との仮定により，受け手の期待効用をゼロにするよう導かれていた．しかし受け手が1人という一般的なシグナリング・ゲームでは，この式 (2-4) に当たる式は受け手の最適化問題（$\hat{t}$ を所与として a を選ぶ）を普通に解いて導かれる．通常はそれを送り手の利得関数に代入するのである．

[20] ここで利得の水準を表す u と関数 $u(\cdot)$ で同じ記号を用いており，また変数の変換によって関数の形が変わっても同じ $u(\cdot)$ を用い続けていることに注意．これは厳密性を欠くが記号の数を増やさないための便宜上の表現である．

図 2-14 （メッセージ，信念）平面による分析

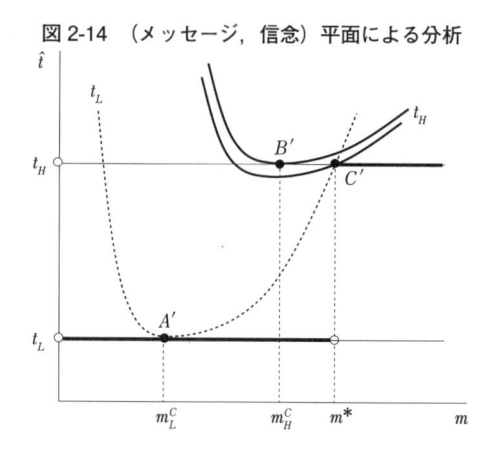

太線は受け手の形成する信念 $\hat{t}(m)$ を表している．また図 2-14 にあるように，変換後の利得関数（式 (2-8)）を用いて各タイプの無差別曲線を図示してもそれらは単一交差性を満たし続ける．なぜなら変換の際に代入した式 (2-4) $a = \hat{t} \cdot m$ において a と $\hat{t}$ は単純な一対一対応の関係にあるからである．ゆえに PBE の導出およびその精緻化を前と全く同様に行うことができる．得られる結論も当然同じである：『直観的基準を通過する唯一の均衡結果においては，t_L は m_L^C（図 2-14 の点 A'）を選び，t_H は m^*（点 C'）を選ぶ．』

　また，場合によっては縦軸に「タイプに関する信念（$\hat{t}$）」ではなく「タイプが t_H である事後確率（μ_H）」をとって分析することもある．$\hat{t} \equiv \mu_H t_H + (1 - \mu_H) t_L$ であるから送り手の利得関数を $u(m, \mu_H, t)$ の形に変換することもまた容易である．この場合，前に受け手の最適反応集合と呼んでいたものを (m, μ_H) 平面に描くと 2 本の水平線 $\mu_H = 0$，$\mu_H = 1$ の間の領域になる．この図に送り手の無差別曲線を描くと図 2-14 とそっくりの形状を持つ図となり，今までと同じ結論を得ることができる．

2.12 （メッセージ，利得）平面による分析[†]

　タイプの数が 2 つで行動が連続的なシグナリング・ゲームで均衡を求めるに

2.12 (メッセージ, 利得) 平面による分析

は別のやり方もある．それは送り手の利得関数を（メッセージ，利得）平面に描くやり方である．具体的には，まず前節で行ったように，反応 a を信念 $\hat{t}$ に変換して送り手の利得関数 $u(m, \hat{t}, t)$（式 (2-8)）を導く．そしてその関数に t_L や t_H を代入することによって $u(m, t_L, t_L)$, $u(m, t_H, t_L)$, $u(m, t_H, t_H)$, $u(m, t_L, t_H)$ の 4 つの関数を導く．これらの関数を (m, u) 平面に描いたのが図 2-15 である．例えば $u(m, t_H, t_L)$ は，真のタイプ $t = t_L$ の送り手が「$\hat{t} = t_H$」と受け手に信じさせた時に得る利得を m の関数として表している．

この図と前に用いていた（メッセージ，反応）平面図との対応を示したのが図 2-16 である．真のタイプが t_L である場合に，$u(m, t_L, t_L)$ は図 2-16 の●に対応する利得と m の関係を，$u(m, t_H, t_L)$ は■に対応するその関係をプロットして描いたものであり，図 2-15 (1) に示されている．t_H の利得も同様に図 2-15 (2) で示されている．

図 2-15 において，当然 $u(m, t_L, t_L)$ は $m = m_L^C$ で，$u(m, t_H, t_H)$ は $m = m_H^C$ で最大値をとる．完備情報下で選ばれる教育水準だからである．

図 2-15 を用いて分離均衡を求めてみよう．そのためにはこの図に信念を表

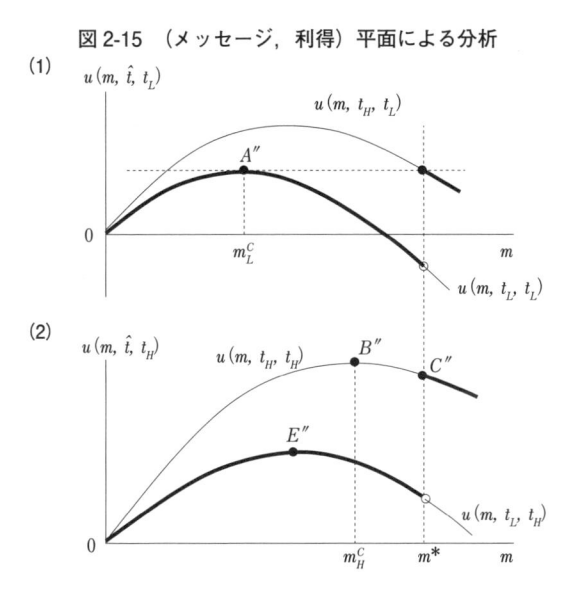

図 2-15 （メッセージ，利得）平面による分析

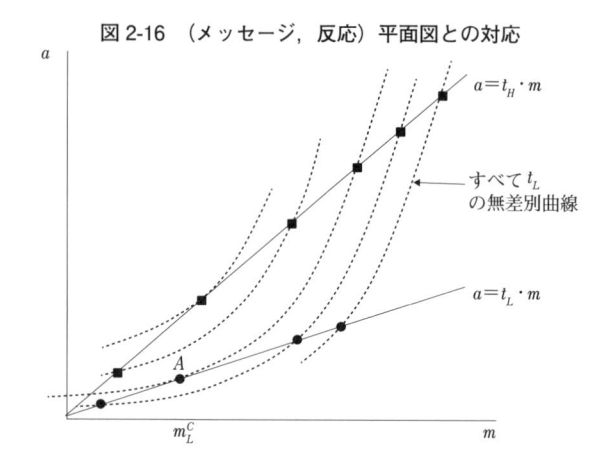

図 2-16　（メッセージ，反応）平面図との対応

す太線を m の関数として書き入れ，どのタイプもその太線の中で自分にとって最高の点を選んでいる必要がある．またベイズ・ルールにより，分離均衡では t_L の選ぶ点は曲線 $u=u(m, t_L, t_L)$ 上に，t_H の選ぶ点は曲線 $u=u(m, t_H, t_H)$ 上に乗っていなければならない．

最初に言えるのは t_L が m_L^C（図 2-15 の点 A''）を必ず選ぶということである．なぜなら t_L が曲線 $u=u(m, t_L, t_L)$ 上で点 A'' 以外の点を選んでいると仮にすれば，m_L^C に逸脱することにより（信念に関係なく）それより大きな利得を達成できるからである．この議論は前の補題 2-1 の議論に対応し，この点 A'' は今までの図（例えば図 2-9）でいえば点 A に対応する．

次に言えることは t_H が完備情報下と同じ m_H^C を選んではいけないということである．t_H が図 2-15 (2) の点 B'' を選ぶと仮にした場合，信念を表す太線が点 B'' 上に来ていることを意味する．しかしそもそも受け手は相手のタイプを知らずに m のみを観察して信念を形成するから，図 2-15 の上下 2 つの図において信念の形成のされ方（太線の形のパターン）は同一でなければならない．もし図 2-15 (1) において点 B'' に対応する位置に太線が来るなら t_L は点 A'' から逸脱して t_H を真似したくなってしまう．すなわちこの図 2-15 は「ねたみの生じるケース」を描いているのである．

分離均衡ではこのような「真似」が起きてはいけない．言い換えると t_L が

2.12 (メッセージ,利得) 平面による分析

均衡で選ぶ教育水準を m_L (これは結局 m_L^C だが),t_H が均衡で選ぶ教育水準を m_H とすれば,$u(m_L, t_L, t_L) \geq u(m_H, t_H, t_L)$ となっていなければならない.つまり t_L が m_H という背伸びした教育水準を選んで $\hat{i} = t_H$ と(誤って)思われるよりも,正直に m_L を選んで $\hat{i} = t_L$ と正しく認識される方を好むようになっていなければならない.この不等式は 2.7 節で出てきた誘因両立性条件の 2 つ目の不等式と本質的に同じである.

t_L が t_H を真似しないようになっているためには t_H の選ぶ教育水準にバイアス(完備情報下と比べた違い)が生じている必要がある.バイアスの程度を知るためには,図 2-15 (1) において点 A'' を通る水平線を描き,それが $u = u(m, t_H, t_L)$ 線と交差する点に対応する教育水準 m^* をみつける.そして t_H は m^* 以上(つまり図 2-15 (2) の点 C'' より右)を選ぶはず,と結論付けられる[21].

以上の分析は 2.11 節以前の分析を違う角度から行ったものにすぎず,全く同じ結論が得られる.すなわち,このモデルで送り手の無差別曲線が 2.4 節で述べた単一交差性を満たすことがあらかじめ分かっていれば,直観的基準を通過する唯一の均衡結果は図 2-15 で t_L が点 A'' を,t_H が点 C'' を選ぶという Riley outcome になるだろう.それを支える信念の一例が図 2-15 に太線で描かれている.

ただし注意すべきは,単一交差性が満たされているかどうか不明の時,この図のみを用いて分析するのは危険であることだ.例えば次章で紹介する Kolev and Prusa (1999) のシグナリング・ゲームのように単一交差性ではなく二回交差性が満たされる場合には,直観的基準だけでは均衡結果を 1 つに絞りきれない可能性がある.その場合には前に用いた(メッセージ,反応)平面,あるいは(メッセージ,信念)平面の図で慎重に分析する必要が生じる.しかし単一交差性が自明ならば,この図 2-15 の方が各タイプの利得が図の中で「高さ」によって示される点で,前に用いた一連の図より分かりやすいという意見もあるかもしれない.

---

21) 点 A'' を通る水平線が曲線 $u = u(m, t_H, t_L)$ と交差する点はもう 1 つ,点 A'' の左側にもあるが,t_H の選ぶ m がそれ以下になることはありえない.なぜなら t_H は図 2-15 (2) の点 E'' の高さより低い利得に甘んじることはないからだ.ここは補題 2-1 の議論と同じである.

第3章

連続的行動のシグナリング・ゲーム：さまざまなモデル

3.1　Spence モデル：教育が生産性を上げないバージョン

　第2章では，タイプが離散的だが行動が連続的なシグナリング・ゲームの代表例として Spence の就職市場モデルを解説した．この Spence モデルにはいくつかのバリエーションがあるので第3章では最初のいくつかの節でそれらを紹介しよう．その後本章の残りの部分では，就職市場モデルの設定からは離れるがいくつかのモデル——引き続き離散的タイプと連続的行動を仮定したもの——を解説する．

　Spence モデルの1つのバージョンには「教育が生産性を上げない」と仮定したものがあり本節ではそれを紹介する[1]．このバージョンでもプレイヤーは個人（S）と企業（R）である．個人の利得 u は前章の式 (2-1) と同様に

$$u = a - c(m, t) \tag{3-1}$$

で表されるものとする．ここで a は賃金，m は教育水準，t は個人の能力である．t は自然によって高能力タイプ t_H または低能力タイプ t_L のどちらかに決められる（2タイプ・モデル）．教育コスト関数 $c(\cdot)$ は 2.2 節の仮定 2-1 のすべてを満たすとしよう．すると式 (3-1) を用いて (m, a) 平面に送り手（個人）の無差別曲線を描いた場合，2.4 節でみたような単一交差性条件が満たされることになる．

　ここまでは第2章のモデルと全く変わらないが，次の企業（R）の利得が式

---

[1]　第2章で紹介したモデルは Spence（1974）（を Cho and Kreps（1987）がゲーム理論を用いて定式化したもの）に対応し，この 3.1 節で紹介するのは Spence（1973）に対応する．

(2-3) と異なり次の関数形を持つと仮定される：

$$v = t - a. \tag{3-2}$$

ここで「個人が就職後に企業にもたらす生産性」を表す1項目が $t \cdot m$ ではなく t になっていることに注意．つまり，高い教育 m を受けても実社会での生産性向上にはつながらず，生まれながらの能力だけが生産性を決める，という（教育産業に身を置く者にとっては皮肉な）仮定が置かれているのだ．このバージョンの面白いところは，このような仮定の下でも教育を受けることには自分の能力をシグナルするという意味がある，という結論が得られる点である．以下ではそれを簡単にみていこう．

第2章と同様，受け手である企業は2社存在して賃金提示のベルトラン競争を行うとする．すると，企業は期待利得 $E(v) = \hat{t} - a$ をゼロとするように次の賃金を提示するだろう：

$$a = \hat{t} \tag{3-3}$$

ここで $\hat{t} = \mu_H \cdot t_H + (1 - \mu_H) \cdot t_L$ は能力に関する事後信念であり，この中の μ_H は m を観察した後に企業が信じる「個人がタイプ t_H である確率」である．2.2節の条件B'を仮定することによって，ここでも2つの企業が1人の受け手として扱われる．

ゲームのタイミングも第2章と同様だが，記憶を呼び戻すため再びまとめておこう．

就職市場ゲーム（教育が生産性を上げないバージョン）のタイミング
ステージ0：　自然が個人（S）のタイプ（t_H または t_L）を選ぶ．これは私的情報である．
ステージ1：　個人が自分の教育水準 m を選ぶ．
ステージ2：　企業（R）は m を観察したうえで信念を $\hat{t}$ へと改訂し賃金 $a = \hat{t}$ を提示する．個人はその提示された賃金を受け入れ就職する．

3.1 Spenceモデル：教育が生産性を上げないバージョン

このバージョンは図3-1を用いて分析される．式 (3-3) から分かるように，企業は $\mu_H = 0$ と信じれば $a = t_L$ を，$\mu_H = 1$ と信じれば $a = t_H$ を選ぶため，受け手の最適反応集合はそれら2つの水平線にはさまれた領域（線上も含む）になる．

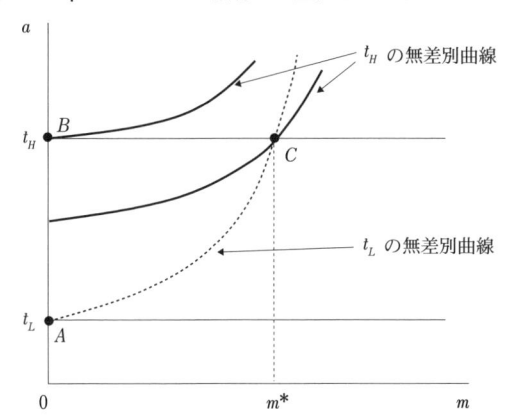

図3-1 Spenceモデル：教育が生産性を上げないバージョン

2.5節と似た議論により，完備情報の下ではタイプ t_L は図の点 A を，タイプ t_H は点 B を選ぶことが分かる．つまり，教育に生産性を上げる効果がないという仮定の下で，企業が個人の能力をあらかじめ正確に知ることができるなら（完備情報），個人は教育投資を無駄と考え全く行わないことになるのである．

しかし企業が個人の能力を直接には観察できないという不完備情報の下では，教育に一定の役割が出てくる．前章の2.6〜2.10節と同様の議論により，直観的基準を通過する唯一の均衡結果においては，t_L は点 A（つまりゼロの教育水準）を選ぶが，t_H は点 C（つまり m^* の教育水準）を選ぶという結論を導くことができる．つまり，このバージョンでは常に「ねたみの生じるケース」が出現し，高能力タイプは低能力タイプからの「ねたみ」をかわすために正の教育投資を行うようになるのである．この不完備情報がつくりだす行動の歪み，m^* が「シグナリングが行動にもたらすバイアス」に相当する．

3.2 Spence モデル：3 タイプのバージョン

これまでの就職市場モデルでは個人の能力のタイプは2つ（t_L と t_H）のうちのどちらかであると仮定されていた．この仮定の下では，直観的基準を通過する唯一の均衡結果が Riley outcome ——バイアスが最小の分離均衡結果——になることが導かれた．しかし，ありうるタイプの個数が3つになるとそれはもはや真ではなく，Riley outcome ではない均衡が直観的基準を通過しうることを Cho and Kreps（1987）は示している．

それをここでは前節に引き続き「教育が生産性を上げない」仮定の下で解説しよう．個人の能力は3つのタイプ t_L, t_M, t_H に分かれるとする．ここで t_M を「中能力タイプ」と呼び，$t_L < t_M < t_H$ とする．個人が高能力タイプである事前確率 $p(t_H)$ を p_H と略記し，同様に中能力タイプの事前確率を p_M とすると，低能力タイプの事前確率は $1 - p_H - p_M$ となる．

個人が負担する教育コストに関する仮定（第2章 2.2 節の仮定 2-1）を次のように書き換えよう．

仮定 3-1： (1) $c_m > 0$；(2) $c_{mm} > 0$；(3) $c(0, \cdot) = 0$；(4) $m > 0$ に対しては $c(m, t_H) < c(m, t_M) < c(m, t_L)$；(5) $c_m(m, t_H) < c_m(m, t_M) < c_m(m, t_L)$．

つまり，t_M の教育コストやその限界コストが t_H や t_L のそれらの間に来るというごく自然な仮定だ．この場合も前と同様に単一交差性条件が満たされることになる．中能力タイプを導入することを除けば，利得関数の形（式 (3-1) と式 (3-2)）やゲームのタイミングは前節のものと同じとする．

図 3-2 には t_L と t_M がどちらも点 D（つまり教育水準 m^P）を選び，t_H が点 J（教育水準 m^*）を選ぶという半一括均衡が描かれている[2]．t_M の無差別曲線は一点鎖線カーブで表すことにしよう．図に描かれている3本のカーブは各タイ

---
[2] 第3章以降では，複数の図で用いる記号に一貫した意味は持たせない．1つの統一したモデルを解説した第2章とは異なり，さまざまなモデルを紹介するためである．

3.2 Spence モデル：3 タイプのバージョン　　　　75

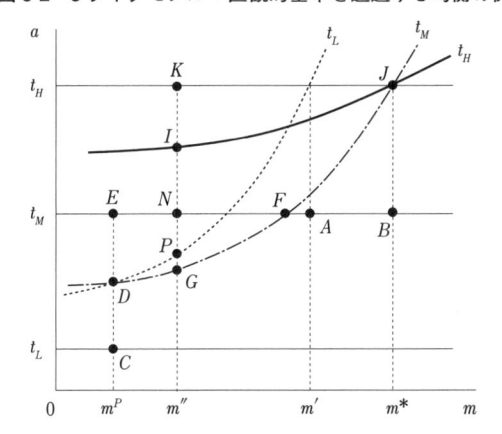

図 3-2　3 タイプモデル：直観的基準を通過する均衡の例

プの均衡利得に対応する．また点 D の位置は事前信念を反映しているはずである．つまり，線分の比 $\overline{DC}/\overline{EC}$ はベイズ・ルールを用いて

$$p|_{\{t_L, t_M\}}(t_M) = p_M/[p_M + (1-p_H-p_M)] = p_M/(1-p_H)$$

と計算される．ここで $p|_T(t)$ とは，タイプを集合 T に絞ったうえでの t の確率（ただし事前確率を反映したもの）と定義する．

　これは Riley outcome ではないが直観的基準を通過することが次の議論から分かる．均衡経路上にないメッセージ $m^0 \in (m', m^*)$ に注目しよう．このメッセージは「タイプ t_L にとっては均衡支配されている」が「t_M と t_H にとっては均衡支配されていない」ことが無差別曲線の位置関係からみてとれる．よって直観的基準によると m^0 を選ぶはずのないタイプは t_L であり，第 1 章の定義 1-3 の記号を用いれば $J(m^0) = \{t_L\}$ となる．この t_L を全タイプの集合 $\Theta \equiv \{t_L, t_M, t_H\}$ から消し，残ったタイプの集合 $\Theta \setminus J(m^0) = \{t_M, t_H\}$ に信念を限定すると，最適反応集合は 2 本の水平線 $a = t_M$ と $a = t_H$ の間（線上も含む）になる．この中で送り手の利得を最小にする反応 a を求めるとそれはなるべく下の方，つまり線分 AB 上に来る．

　しかし，この反応は元の均衡からの逸脱を招かない（定義 1-3 における不等式 (1-5) がどのタイプに対しても成り立たない）ため，この均衡は直観的基

準を通過するのである．

　ここでのポイントは図の点 F が点 A の左に来ていることである．もし右に来るのならこの均衡は直観的基準によって排除されることになる．しかし場合によってはこの**図 3-2** のような均衡が複数，直観的基準を通過してしまうわけである．

　しかしながら，**図 3-2** の PBE は D1 基準を通過しない．問題は m^P より少し大きなメッセージ（点 E と点 F の間のメッセージ）で発生する．例えば図の m'' を考えよう．直観的基準はこのメッセージ上の信念に何の制約も加えないが，D1 の考えに従って「強いて言えば」どのタイプがこのメッセージに逸脱したがるかを考えると次のようになる．

　m'' 上で t_M に均衡利得より大きい利得をもたらす反応の集合は線分 $\overline{KG}$（点 G を含まない）に当たる：これは 1.8 節の式（1-7）の表記を用いれば $D(t_M, \Theta, m'')$ に相当する．他方，m'' 上で t_H に均衡利得以上の利得をもたらす反応の集合は線分 $\overline{KI}$（点 I を含む）に当たる：これは記号では $D(t_H, \Theta, m'') \cup D^0(t_H, \Theta, m'')$ に相当する．図から明らかなように $\overline{KG} \supset \overline{KI}$ だから，定義 1-4 の式（1-9）により，このメッセージ m'' からタイプ t_H が消去される．

　消去した後のタイプの集合 $\{t_L, t_M\}$ に注意を限定して同じことを行えば m'' 上からタイプ t_L も消去され，このメッセージに最も逸脱したがるのは「強いて言えば」t_M ということになる．すると信念は点 N 上に来ることになるが，これはタイプ t_M（と t_L）の逸脱を招いてしまう．よって**図 3-2** の PBE は D1 基準を通過しないという結論が導かれるのである[3]．

　上の議論をまとめると，次のようなルールが導かれる．これは無差別曲線の形状にもよるのでやや不正確な表現を含むのだが，連続的行動を伴う多くのシグナリング・ゲームに（繰り返し）D1 基準を適用する際に使われる手法である．

---

[3] 第 1 章 1.8 節では D1 基準を定義する際，受け手の最適反応を確率付きの戦略にまで広げて考えた（記号で MBR のところ）．しかし連続的行動を仮定しているここでは，式（3-3）にあるように信念が決まれば最適反応が一意に決まるため，確率付きの戦略まで考える必要がない．

3.2 Spence モデル：3 タイプのバージョン

> **D1 基準： よく使われる手法**
> まず 1 つの PBE を固定し，すべてのタイプについて均衡利得に対応する無差別曲線を (m, a) 平面もしくは $(m, \hat{\imath})$ 平面に描く．そして均衡経路上にないメッセージにおいて，そこで「最もふくらんでいる」無差別曲線を持つタイプがあれば，そのタイプに確率 1 を割り当てる．そうした信念によって支持されない PBE は D1 基準を通過しない．そのような問題を持つ均衡経路外メッセージが 1 つもなければその PBE は D1 基準を通過する．

ここで「最もふくらんでいる」とはやや曖昧な表現だが，その均衡経路外メッセージにおいて，当該タイプに均衡利得より大きい利得を実現する反応の範囲が，ほかのタイプに均衡利得以上の利得を実現する反応の範囲よりも広く，それらを包含していることを指している．**図 3-2** で言えば線分 $\overline{KG}$ が線分 $\overline{KI}$ と $\overline{KP}$ の両方を包含していることを指している．

もう 1 つの例を**図 3-3** でみよう．この図で 2 つの曲線は各タイプの均衡利得に対応しているものとする．ここではどのようなモデルからこの図が生まれるかは問わず，単に曲線の形だけをみる．またタイプを所与として曲線が左に位置するほど高い利得に対応するものとする．すると 1 つの均衡経路外メッセージ m' ではタイプ t_H の無差別曲線の方がタイプ t_L のそれよりも「ふくらんでいる」と言える．しかし m'' ではそのような関係性はみられない．そこでは均衡利得以上の利得を達成する線分を考えた時，あるタイプの線分がほかのタイプの線分を一方的に包含しているような関係が存在しないからである．他方 m''' では，t_L にとって均衡利得より大きい利得を実現する反応は存在するが，t_H にとって均衡利得以上の利得を達成する反応は存在しない（空集合）．このような場合でも t_L の無差別曲線が t_H のそれよりも「ふくらんでいる」と称することにする．この場合 D1 基準は m' 上ではタイプ t_H に確率 1 の信念を，m''' 上ではタイプ t_L に確率 1 の信念を割り当てるが，m'' では何もいえないということになる．ちなみに直観的基準を用いると，この 3 つのメッセージの中では m''' でのみ t_L に確率 1 の信念が割り当てられるが，m' や m'' では何もいえない

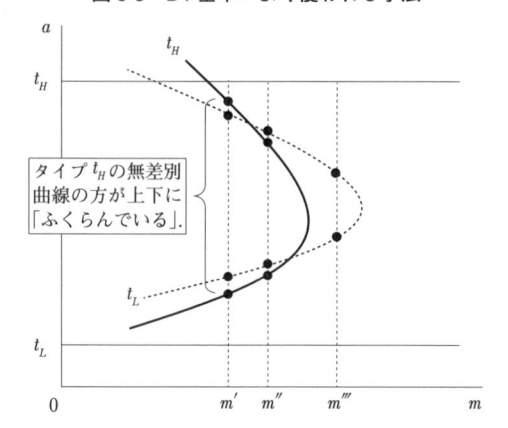

図 3-3　D1 基準：よく使われる手法

タイプ t_H の無差別曲線の方が上下に「ふくらんでいる」．

ということになる．

3 タイプの Spence モデルに戻ると，Cho and Kreps (1987) は D1 基準を通過する唯一の均衡結果が図 3-4 のようなものであると結論付けている．これは t_L が点 A を，t_M が点 B を，t_H が点 C を選ぶような分離均衡であり，これも必要最小限のバイアスを伴う分離均衡結果であるから Riley outcome と呼ぶことができる．上の「よく使われる手法」によると D1 基準は図 3-4 の太線のような最適反応線を要求するが，これは均衡を支持することが分かる．

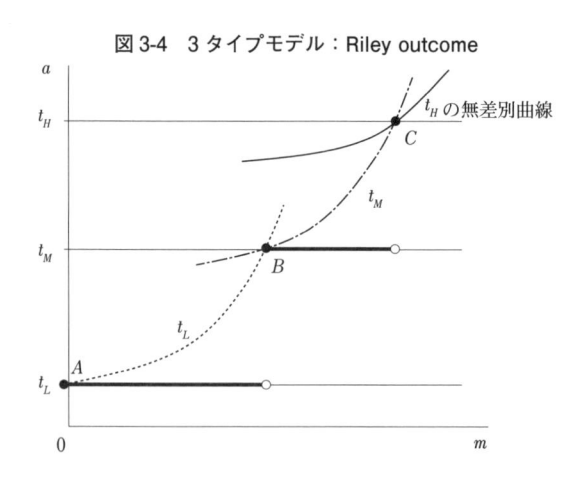

図 3-4　3 タイプモデル：Riley outcome

3.3 天才はシグナルしない

Spence モデルの1つの発展形として興味深いモデルが Feltovich, Harbaugh, and To (2002) によって発表されている．これまでの Spence モデルの結論は「能力の高い人が自らを差別化するために自分のベスト以上の教育を受ける」というもので，いわば「受験戦争」を暗示するようなものだった．しかし Feltovich et al. の導いた結論は「本当に優秀な人は自らを差別化することなどに労力を使わないかもしれない」，つまり「天才は能力をシグナルしないかもしれない」というものである．

この結論を導くために，1つの仮定が加えられる．それは，就職試験を受けに来た個人について，企業は「その人が受けた教育」だけでなく「ある程度正確な評判」も観察する，というものだ．この評判は例えば単なる「うわさ」かもしれないし「その個人を知る第三者によって企業あてに書かれた推薦状」かもしれない．ただし推薦状の書き手が戦略的に行動することはないと仮定される．また個人は推薦状の存在自体は知っているが，その内容を直接知ることはできない（封をしたまま企業に届けられる）とする．

それ以外のモデルの仮定は前節の「3タイプ（t_L, t_M, t_H）」でかつ「教育が生産性を上げない」バージョンの Spence モデルが踏襲される．つまり，個人の利得は式 (3-1) で表され，教育コストについては前節の仮定 3-1 が置かれる；また企業の利得は式 (3-2) でその最適反応は式 (3-3) によって与えられるものとしよう．

さて，上の「ある程度正確な評判」は次のように定式化される．推薦状にはその個人のことを高く評価した良い推薦状 G (Good) と，高く評価しなかった悪い推薦状 B (Bad) の2種類があり，

$$\Pr\langle G|t_H\rangle > \Pr\langle G|t_M\rangle > \Pr\langle G|t_L\rangle$$

と仮定される．ここで例えば $\Pr\langle G|t_H\rangle$ はタイプ t_H が推薦状 G をもらう確率を表し，これらの確率は共有知識とする．上の不等式は要するに能力の高い人ほど良い推薦状をもらいやすいことを表しているわけである．

このゲームのタイミングは次のようになる．

就職市場ゲーム（天才はシグナルしないバージョン）のタイミング
　ステージ0：　自然が個人（S）のタイプ（t_H, t_M, t_L のいずれか）を選ぶ．これは私的情報である．
　ステージ1：　個人が自分の教育水準 m を選ぶ．
　ステージ2：　企業（R）は m を観察し，さらに推薦状（G または B）を読んだうえで信念を $\hat{i}$ へと改訂し賃金 $a=\hat{i}$ を提示する．個人はその提示された賃金を受け入れ就職する．

このゲームには D1 基準を通過する均衡結果が複数存在しうる．1つ目は前節の図 3-4 と全く同じ Riley outcome でありこれは常に存在する．この均衡において企業は推薦状の内容を全く無視することになるのだが，その理由はこれが完全な分離均衡であり，個人のタイプがその人の選んだ教育水準によって完全に明らかになるためである．

しかし Feltovich et al. は，これに加えて図 3-5 のような均衡も存在しうることを示した[4]．

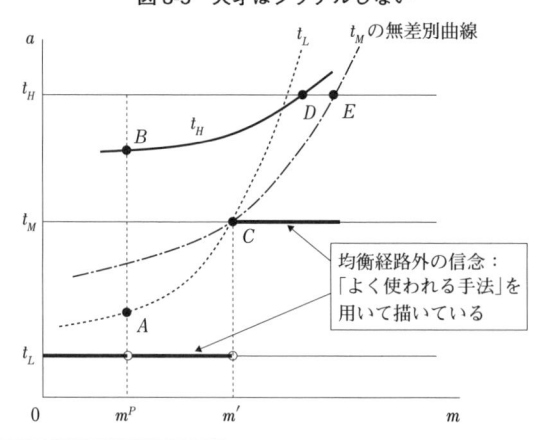

図 3-5　天才はシグナルしない

[4)　この図 3-5 では Feltovich et al. の Figure 1 と異なり，低能力タイプと高能力タイプがともに正の教育水準を選ぶ均衡を描いている．また均衡経路外の信念を明示している．

ここで t_L は点 A（つまり教育水準 m^P）を，t_H は点 B（つまり m^P）を，t_M は点 C（つまり m'）を選ぶとしよう．注目されるのは t_L と t_H が同じ教育を受けているのに，自分が受け取ると期待される賃金に違いが出ている（点 A と点 B の高さが異なる）点だ．これは企業が教育だけを観察するモデルではありえなかった現象だが評判が加味されるとありえるのである．

例えば企業がある個人について (m^P, G) を観察したとする．すると企業は次のように考えるだろう：『この人は m^P の教育を受けたのだから t_L か t_H のどちらかだ．しかも推薦状が良い（G）ので t_H である確率が高い．』ゆえにこの企業は (m^P, B) を観察した時よりも高めの賃金を提示するだろう[5]．もちろん企業は「確率が高い」と思うだけではっきりと個人のタイプを特定できるわけではない．しかしタイプ t_H の側からみると自分の能力は高いのだから「自分についての推薦状が高い確率で G になること」ゆえに「自分に高めの賃金が提示されやすいこと」が分かる．逆にタイプ t_L は「自分に低めの賃金が提示されやすいこと」を知っており，その差が点 A と点 B の高さの違いにつながるのである．

図 3-5 の均衡では企業は m^P 以外の教育を観察したら推薦状の中身を気にしない．m' を観察したら「それを選んだのは t_M だ」と確実に分かるため推薦状は無視してよいのである．また，均衡経路上にない信念については，前節の「よく使われる手法」用いて，D1 基準が要求する最適反応線を図に太線で書き込んである．この線がこの均衡を支持することは図より明らかである．

ただしこのような「t_L と t_H が同じ教育水準を選ぶ均衡」は常に存在するとは限らない．例えば t_M は，仮に m^P を選んだ場合に得ると期待される賃金が高いなら点 C から逸脱するため，このような均衡自体が存在しなくなる．また例えば図 3-5 の点 D が点 E の右側に来る場合には PBE が存在しても直観的基準や D1 基準を通過しなくなる．

しかし一定の条件の下では Riley outcome に加え図 3-5 のような均衡も存在して D1 基準を通過し，その場合 m^P の水準にはいろいろなものがありうる．

---

[5] その賃金水準はベイズ・ルールを用いて計算される．詳しくは Feltovich et al. の論文を参照していただきたい．

例えば $m^P = 0$, つまり t_L と t_H が全く勉強しない均衡ですら存在しうるのである.

ゲーム理論に多大な貢献をした数学者 J. Nash の半生をもとに作られた映画「ビューティフル・マインド」の中で, 大学院生の主人公 (Nash) が「君はなぜ授業に出ないのか」と問われて「出ると創造性が失われるから」などと答えるシーンがあったと記憶している. Nash が実際にそのような学生だったのか, あるいは仮にそうだったとしてそれはモデルが暗示するように「自分についての推薦状が良いものになりそう」という計算に基づいた行動だったのか筆者には定かではない. しかしこの Feltovich et al. の論文は, 天才といわれる人の行動の一面を鋭く突いているように思われる. またこの論文の後半部分では, 実験経済学の手法を用いてモデルの正当性が確かめられており, これも興味深い. シグナリング・ゲームに関心のある人にとって必読の論文と言える.

3.4 メッセージに上限がある時[†]

前節のような「評判」「うわさ」は存在せず, ゆえに受け手は送り手が意識的に送るメッセージのみを受け取る, という 3.2 節以前の設定に戻ろう. Cho and Sobel (1990) は, 離散的タイプ (ただし 2 つ以上, 有限個であればいくつでもよい) を伴う一般的なシグナリング・モデルにおいて, D1 基準を通過する均衡結果が一意に (たった 1 つに) 決まるための十分条件を与えている.

その条件には送り手の利得関数の連続性, 単一交差性などが含まれるのだが, 詳しいことは彼らの論文を参照していただきたい. Cho and Sobel (1990) の面白いところはメッセージ空間に「上限」が存在するケースも考えている点であり, それをここでは解説しよう.

メッセージに上限があるというのは, 現実において往々にして起こりうることである. 例えば Spence のモデルでいえば, 個人の選びうる教育水準 (メッセージ) には, 時間的な制約, 単位数の制約, 成績評価上の制約 (「優」より優れた評価をつけようがない) などにより, 一定の上限が存在するかもしれない.

そのような時にどのような均衡が現れるかを, 3.2 節と同じ設定の下でみて

3.4 メッセージに上限がある時

みよう．すなわち，3つのタイプ（t_L, t_M, t_H）を伴い，「教育が生産性を上げない」バージョンのSpenceモデルを仮定する．唯一の新しい仮定は，教育水準が$m\in[0,\overline{m}]$，つまり上限$\overline{m}$の閉区間から選ばれるというものである．

詳細はCho and Sobelの論文を参照していただくとして，ここでは均衡をみつける手順を（理屈に深入りせず）機械的に述べる．まず，タイプの集合を$T(\subset\Theta\equiv\{t_L,t_M,t_H\})$に絞ったうえでの事前確率を反映した信念を$p|_T(t)$と記すことにする．例えば事前確率が$p_L=0.5$, $p_M=0.4$, $p_H=0.1$と仮定されるなら，

$$p|_{\{t_M,t_H\}}(t_L)=0, \quad p|_{\{t_M,t_H\}}(t_M)=\frac{0.4}{0.4+0.1}=0.8, \quad p|_{\{t_M,t_H\}}(t_H)=\frac{0.1}{0.4+0.1}=0.2$$

と計算される．

図3-6において，点Aの高さは$BR(p,\overline{m})$に，点Bの高さは$BR(p|_{\{t_M,t_H\}},\overline{m})$に，点$C$の高さは$BR(p|_{\{t_H\}},\overline{m})$に対応するものとする．ここで1つ目の$BR(p,\overline{m})$とは，タイプを絞らずに事前的な確率分布に基づいて企業が選ぶ最適反応を表し，このSpenceモデルでは式（3-3）により

$$BR(p,\overline{m})=p_L\cdot t_L+p_M\cdot t_M+p_H\cdot t_H$$

となる．あとの2つはタイプを絞った時の最適反応であり，

$$BR(p|_{\{t_M,t_H\}},\overline{m})=[p|_{\{t_M,t_H\}}(t_M)]\cdot t_M+[p|_{\{t_M,t_H\}}(t_H)]\cdot t_H$$
$$BR(p|_{\{t_H\}},\overline{m})=[p|_{\{t_H\}}(t_H)]\cdot t_H=t_H$$

である．

以上の準備をふまえて**図3-6**をみよう．まず，タイプt_Lが完備情報下で実現する点（点F）を通るt_Lの無差別曲線（図の破線カーブ）を描く．この曲線が垂直線$m=\overline{m}$と交わる点を点Dとすると，その位置に応じて3つの場合が考えられる．1つ目は（**図3-6**とは異なり）点Dが点Aの下に来る場合である．これは$\overline{m}$が非常に小さい時に成り立ちそうである．この場合，3つのタイプがすべて点Aを選ぶという一括均衡が出現することが即座に決まる．

2つ目は（これも**図3-6**とは異なり）点Dが点Aと点Bの間に来る場合である．この場合，タイプt_Lは点Fと点Dのどちらかをランダムに選び，タイプt_Mとt_Hは点Dを確実に選ぶ，という混成均衡が出現する．

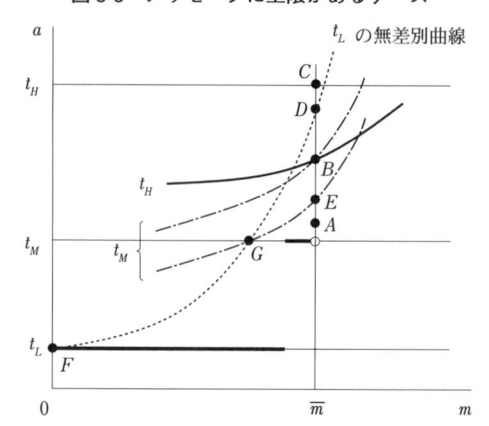

図3-6 メッセージに上限があるケース

3つ目は点 D が点 B より上に来る場合である（**図3-6** はこの場合に当たる）．この時，タイプ t_L は点 F を選ぶことによって自らのタイプを明らかにするという結論が導かれ，次に考察は t_M 以上のタイプの行動に移る．

t_L の均衡利得に対応する無差別曲線（図の破線カーブ）と水平線 $a = t_M$ が交わる点を点 G としよう．メッセージに上限がなければ t_M は点 G を選ぶはずであった（**図3-4** の点 B に当たる．Riley outcome）．この点 G を通る t_M の無差別曲線を描き，それが垂直線 $m = \overline{m}$ と交わる点を点 E とすると，この点の位置に応じて3つの場合に分かれる．1つ目は（**図3-6** のように）点 E が点 B の下に来る場合である．この時，t_M と t_H がともに点 B を選ぶという均衡が生じる．

2つ目は点 E が点 B と点 C の間に来る場合である．この場合，t_M は点 G または点 E をランダムに選び，t_H は点 E を確実に選ぶ均衡が生じる．

3つ目は点 E が点 C より上に来る場合である[6]．この場合，t_M は点 G を確実に選ぶことになる．またその t_M の均衡利得に対応する無差別曲線が水平線 $a = t_H$ と交わる点を点 H とすると（**図3-6** には描かれていない），t_H は点 H を

---

6) **図3-6** では点 D が点 C の下に来ているためその状況はありえないが，もし点 D が点 C の上に位置すれば点 E が点 C の上に来ることはありうる．

確実に選ぶことになる．この最後の均衡は Riley outcome にほかならない．

まとめると，パラメータ条件が図3-6で描かれているようなものなら，タイプ t_L は点 F を，タイプ t_M と t_H は点 B を選ぶという半一括均衡が出現することになる．この Spence モデルは Cho and Sobel（1990）が述べた「D1 均衡結果が一意に決まるための条件」を満たしているので，上の結果が D1 基準を通過する唯一の均衡結果である．実際，3.2 節の「D1 基準：よく使われる手法」に基づいて図3-6に最適反応線を太線で描き入れてあるが，これは均衡を支持することが分かるだろう．

上でみたようにパラメータの仮定によっては，ほかに一括均衡，混成均衡，完全分離均衡（Riley outcome）のいずれかが出現することになる．上で「理屈に深入りしない」と述べたが，ここで述べた均衡が唯一の D1 均衡結果であることを証明するには背理法を多用することだけ指摘しておく．たとえば「複数のタイプが共通の教育水準を選ぶ」という一括行動（pooling）が観察されるのは唯一 $m = \overline{m}$ においてなのだが，これを証明するには「$m < \overline{m}$ で一括行動が起きたら」と仮定し，「そうすると D1 基準がいずれかのタイプの逸脱を招く」ことを示せばよい．このような背理法を多用して外堀を埋めるようにさまざまな可能性を消していき，上述の均衡結果のみが生き残ることを示すのである．

タイプの数が 4 つ以上でも均衡を求めるプロセスは上と同じである．

$$t \in \{t_L \equiv t_1, t_2, \ldots, t_n \equiv t_H\}$$

という n 個のタイプが存在しうるなら t_1 から順に考えていくことになる．すると一般的に次のような D1 均衡結果を得る：上限 $\overline{m}$ が極端に低ければ完全な一括均衡が生じるが，$\overline{m}$ が比較的高ければ，t_1 を含むいくつかの（1～数個の）下位タイプが自らを差別化し，t_n を含むいくつかの上位タイプが上限 $\overline{m}$ を選ぶ均衡が生じる（場合によっては境目のタイプが混合戦略をとることもある）．

こうした均衡は「秀才たちが自らを差別化したいが，教育制度の制約によりそれができない状態」にたとえられるかもしれない．一括行動という表面的な行動は似ているが，前節の「天才はシグナルしない」状況とは全く異なる理由

でそれが起きていることが分かるだろう.

そして最後に, $\overline{m}$ が十分高ければ Riley outcome が生じることになる.

また Cho and Sobel (1990) はメッセージ m の集合 M が多次元である場合も扱っているのだが, それは次節で Milgrom and Roberts (1986) のモデルによってみることにしよう.

3.5 メッセージが2次元のケース[†]

Milgrom and Roberts (1986) はメッセージが2次元であるシグナリング・ゲームを分析している. 2次元というのは「選択できるメッセージの水準が2つ」などという意味ではなく,「連続的な変数であるメッセージが2種類ある」という意味である. Milgrom and Roberts のモデルは産業組織論の文脈で展開されており, 企業が自社製品の品質をシグナルするため価格と広告という2種類のメッセージを用いうると仮定している. 彼らのモデルでは, メッセージの送り手である企業は, 受け手である消費者にできるだけ自社製品の質が高いと信じてもらうことを望む. そう信じてもらえれば大きな需要が喚起されるからである. 品質をアピールするため, 企業はあえて高い価格で売り出したり, 派手な広告を流したりするかもしれない.

しかし現実のテレビCMなどでは, 製品の質についての情報を伝えるという観点からはどのような意味があるのか疑問に思われるものも少なくない. 例えば Milgrom and Roberts は「飛んでいる飛行機から車とスカイダイバーが空中に投げ出される車のCM」などを挙げている. 消費者はこのようなCMからは「品質についての具体的情報」よりも「製品の存在・イメージ」や「そのCMに巨額の費用がかかっている事実」のみを知るだけだろう. このような広告であっても企業としては製品の質を伝えるために効果的に用いうる, というのが彼らの論文の結論である.

ここでは Milgrom and Roberts のセットアップではなく, Spence モデルの拡張として2次元メッセージのゲームを考えてみよう. 前と同様, 送り手は個人であり, 受け手は企業である. 今回は, 個人は能力をシグナルする手段として, 教育水準 $m_1 \geq 0$ に加えて課外活動 $m_2 \geq 0$ も選び, 企業はそれらの水準を

観察したうえで賃金を提示するものとする．

　課外活動とは，例えばボランティア活動や海外ひとり旅など，それ自体はその人の（あくまでも企業の収益を上げるという意味での）生産性を高めるかどうか疑わしい活動である．これが Milgrom and Roberts における広告活動に当たるわけだ．

　タイプ $t\ (=t_H, t_L)$ の個人の利得は

$$u = a - c(m_1, t) - m_2$$

と表される．ここで $c(\cdot)$ はこれまで同様に教育コストを表すが，それだけでなく課外活動のコスト m_2 も賃金 a から差し引かれている．

　企業の利得は「教育が生産性を上げる」バージョンのものを用いる：

$$v = t \cdot m_1 - a.$$

すると企業は前と同様にベルトラン競争を経て，期待される生産性に等しい賃金を提示する：

$$a = \hat{t} \cdot m_1.$$

これを上の u の右辺に代入すると個人の利得は

$$u(m_1, m_2, \hat{t}, t) = \hat{t} \cdot m_1 - c(m_1, t) - m_2 \tag{3-4}$$

となり，2つのメッセージ，信念，真のタイプの関数形として表される．ここで課外活動 m_2 は個人の生産性を上げない（右辺1項目に入ってこない）ので，3.1節の「教育が生産性を上げないバージョン」における教育と似ている．しかしそのコスト構造はそのバージョンとは異なり，1次式のコストとして単に利得から差し引かれており能力タイプにも依存しない．つまり課外活動は表面上お金や労力をドブに捨てるような意味しか持たないのである．このような課外活動でも，均衡において正の値をとりうるかどうかがここでの焦点である．

　それを分析するため，水平面に m_1 と m_2，高さに u をとった3次元空間に，$u(m_1, m_2, t_L, t_L)$ と $u(m_1, m_2, t_H, t_L)$ を描いてみよう（**図3-7**）．前者はタイプ t_L が $\hat{t} = t_L$ と正しく認識された時に得る利得，後者はタイプ t_L が $\hat{t} = t_H$ と誤解さ

れた時に得る利得である．式 (3-4) から分かるように，2つのメッセージを所与とすれば後者の利得の方が高くなる．

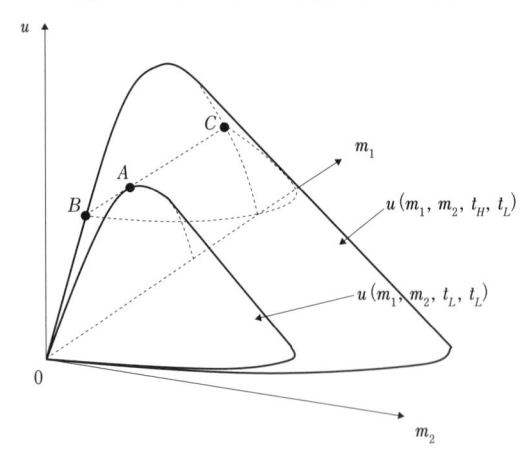

図 3-7　メッセージが 2 次元のケース (1)

完備情報下でタイプ t_L が選ぶ点は $u(m_1, m_2, t_L, t_L)$ の最高点，つまり図の点 A になるだろう．これは式 (3-4) の t, $\hat{t}$ に t_L を代入して最大化問題を解いた結果であり，当然 $m_2 = 0$ となる．その解を m_{1L}^C, $m_{2L}^C (=0)$ とすると，t_L が完備情報下で得る利得は $u(m_{1L}^C, m_{2L}^C, t_L, t_L)$（点 A の高さ）となる．

さて，焦点を分離均衡に絞ると，不完備情報下でもタイプ t_L は点 A を選ぶはずである．なぜなら，これまでと同様 $\partial u / \partial \hat{t} \geq 0$ が成り立つからである．つまり t_L が t_H を真似るインセンティブを持つため，それを阻止すべくメッセージにバイアスをかけうるのは t_H であって t_L ではないのである．

すると問題は t_H が選ぶメッセージになるが，それを分析するうえでカギとなるのが図 3-7 で点 B, C を通る半月型の領域である．この半月型は $u(m_1, m_2, t_H, t_L)$ に当たる曲面を点 A の高さで水平に切った時の切り口，つまり無差別曲線に相当する．式で言えば，$u(m_1, m_2, t_H, t_L) = u(m_{1L}^C, m_{2L}^C, t_L, t_L)$ を満たす m_1 と m_2 の組み合わせである（右辺は定数であることに注意）．

タイプ t_H が分離均衡で選ぶメッセージのペアを (m_{1H}^*, m_{2H}^*) とすると，これはこの半月型の内側の領域に位置してはならない．なぜなら仮にそのペアが

その領域に位置するなら，t_L が t_H を真似るインセンティブを持ってしまうからである．図3-7で言えば，t_L が点 A から逸脱して，それより高い点を選ぶことが可能になってしまう．

分離均衡ではこのような逸脱は阻止されねばならない．式で書けば，m_{1H}^* と m_{2H}^* が

$$u(m_{1H}^*, m_{2H}^*, t_H, t_L) \leq u(m_{1L}^C, m_{2L}^C, t_L, t_L)$$

を満たす必要があるわけである．この不等式は，2.7節で出てきた誘因両立性条件の2番目の不等式と同じ意味を持つ．

図3-8では，図3-7の立体を真上からみたメッセージ平面に，上記の半月型カーブを破線で描いている（点 C, E, B を通る破線）．

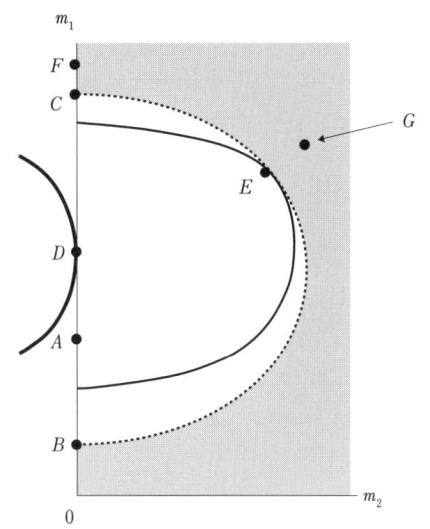

図3-8 メッセージが2次元のケース (2)

上の議論により，t_H はこの破線カーブの外側（網掛けした領域．境界の破線上も含む）を選ばねばならない．そこに t_H の無差別曲線 $u(m_1, m_2, t_H, t_H) = \bar{u}$（定数）を実線カーブで2本描き入れてある[7]．もしその無差別曲線の1つが図3-8のように破線カーブと内側から接するなら，その接点 E を t_H が選ぶ

分離均衡が存在するだろう．ほかにも破線の外側の網掛け部分に入りこんだ点（例えば図3-8の点G）をt_Hが選ぶ分離均衡も存在するだろうが，この点Eを選ぶ分離均衡結果が（t_Hが制約下で最高の利得を実現しているという意味で）Riley outcome に当たる．

もし点Eが図3-8にあるような位置に来るならば，t_Hは Riley outcome において，完備情報下で選ぶ点Dに比べ，高い教育m_1と正の課外活動m_2を選ぶことになる．つまり，一見無駄な投資のようにみえた課外活動にも，企業に対し能力をシグナルする役割が生まれるわけである．ここで重要なのは，「その活動にコストをかけた」という事実と，「そのコストをかける余裕を持つのはt_Hのみ」という事実である．

さらに Milgrom and Roberts（1986）は，単一交差性に相当する3つの条件（彼らの論文の式（8a）～（8c））の1つ以上が満たされれば，上記の Riley outcome が直観的基準を通過する唯一の均衡結果になることを示している．ただしこの単一交差性をビジュアル化するのは難しい．なぜなら水平面にメッセージm_1とm_2をとり，高さに信念$\hat{i}$をとった3次元空間で，無差別曲面（曲線でなく）を考える必要があるからである．詳しくは彼らの論文を参照していただきたい．

また上記のように$m_2>0$となる結果が得られれば面白いのだが，Riley outcome が常にこのような結果を保証するわけではないことに注意が必要である．実際，教育コスト関数として以前に用いた2次式のもの$c=(1-t)m^2$を用いると，Riley outcome は，t_Hが図3-8の点Cか，それより上の点（例えば点F）を選ぶようなものに限られてしまい，これでは$m_2=0$になってしまう．Milgrom and Roberts の広告モデルでは，広告支出が正になるような具体例が解説されているのでそれを参照していただきたい．

最後に，図3-7と第2章の図2-15（1）との類似性を指摘しておこう．これらの図は，メッセージが1次元か2次元かの違いを除けば本質的に同じ種類の図である．図2-15（1）では点A''を通る水平線を描いたが，これは図3-7にお

---

7) 図3-8に描いた無差別曲線（破線や実線のカーブ）は，今までの（メッセージ，反応）平面あるいは（メッセージ，信念）平面に描いてきた無差別曲線とは，本質的に異なる意味を持つことに注意が必要である．信念も固定したうえでm_1とm_2の関係を示している．

ける点 A を通る水平面と同じ意味を持つ．どちらも t_L の逸脱を阻止するメカニズム，すなわち誘因両立性を図解するために用いられている．

3.6　二回交差性（Double Crossing）[†]

　メッセージが1次元のケースに戻ろう．第2章から第3章のここまでのモデルでは，ほとんどの場合で「送り手の無差別曲線が単一交差性条件を満たす」という仮定が置かれてきた．Spence のモデルでみたように，この条件は，（メッセージ，反応）平面や（メッセージ，信念）平面に送り手の2つのタイプ（t_L と t_H）の無差別曲線を1つずつ描いた時，それらが最適反応集合の中で最大でも1回しか交わらないことを表す[8]．Spence モデルでは，この単一交差性条件は教育コストに関する仮定（仮定2-1）に由来していた．また第2章でみたように，タイプの数が2つのシグナリング・ゲームで，「直観的基準がたった1つの均衡結果（Riley outcome）を選びだす」という結論を導くカギとなったのがこの条件だった．

　Kolev and Prusa（1999, 2002）は国際貿易の文脈でこの単一交差性が満たされないシグナリング・ゲームを分析している．彼らのモデルでは，ある条件が揃うと，送り手の無差別曲線が二回交差性（double crossing）条件を満たすことが示されており，その下で面白い均衡が導かれている．彼らのモデルには後で簡単に触れるが，まず一般的な文脈で（特定の状況を想定せず），二回交差性を仮定したゲームでの均衡の導出とその精緻化を機械的に示そう．

　一般的な送り手（S）1人，受け手（R）1人のシグナリング・ゲームを考える．Sのタイプは2つ $t = t_L, t_H$ であり，タイプが t_H である事前確率は $p \in (0,1)$，t_L である確率は $1-p$ である．真のタイプはSのみが知る私的情報だが，事前確率は共有知識である．

　これまでと同様，自然がタイプを選んだ後にSがメッセージ $m \geq 0$ を選ぶものとする．そのメッセージを観察したRは事後信念 $\hat{t} = \mu_H \cdot t_H + (1 - \mu_H) t_L$ を形

---

[8]　2.11節でも述べたように，受け手の反応 a が信念 $\hat{t}$ と単純な一対一の対応関係を持つなら（例えば式 (2-4)），（メッセージ，反応）平面と（メッセージ，信念）平面は一方から他方へ簡単に変換できる．どちらの平面を分析に用いてもよいのだが，本節では後者の平面を用いる．

成し，それを踏まえて最適反応 $a(\hat{t})$ を選ぶ．

送り手の利得関数を $u(m, \hat{t}, t)$，つまりメッセージ，信念，真のタイプの関数として表そう．ここにはすでに，受け手の最適反応 $a(\hat{t})$ が組み込まれている．

送り手の無差別曲線が図3-9に描かれている．これは例えばタイプ t_L についてであれば，$u(m, \hat{t}, t_L) = \bar{u}$ の右辺に何か定数を代入したうえで m と $\hat{t}$ の関係を描いたものである．タイプ t_H についても同様である．図では t_L の無差別曲線を破線で，t_H の無差別曲線を実線で描いている．

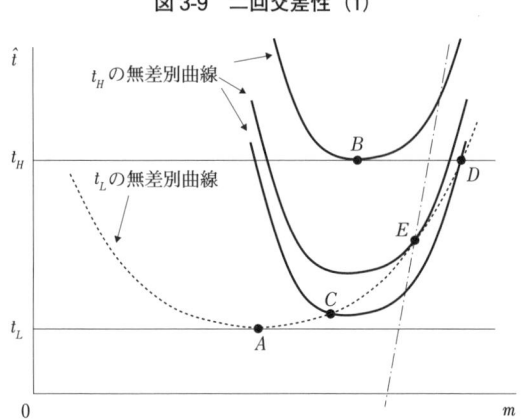

図 3-9　二回交差性 (1)

この図3-9が今までの図と違うのは，t_L と t_H の無差別曲線を1つずつ描いた時に，それらが2点で交わる可能性を持つことである（例えば点Cと点D）．利得関数 $u(m, \hat{t}, t) = \bar{u}$ を m と $\hat{t}$ に関して全微分することによって無差別曲線の傾きを求めると，

$$\frac{d\hat{t}}{dm} = -\frac{u_1}{u_2}$$

となる．ここで u_i は関数 u を i 番目の変数で偏微分することを表す．

図3-9に右上がりで描かれた一点鎖線は

$$\left.\frac{d\hat{t}}{dm}\right|_{t=t_L} = \left.\frac{d\hat{t}}{dm}\right|_{t=t_H} \quad \text{つまり} \quad -\frac{u_1(m, \hat{t}, t_L)}{u_2(m, \hat{t}, t_L)} = -\frac{u_1(m, \hat{t}, t_H)}{u_2(m, \hat{t}, t_H)}$$

3.6 二回交差性（Double Crossing）

を満たす m と $\hat{t}$ の組み合わせを表しているとしよう[9]．するとこの一点鎖線は，t_L と t_H の無差別曲線の接点（例えば点 E）の軌跡と考えられる．この一点鎖線の左の領域では t_L の無差別曲線の傾きが t_H のそれを上回っており（つまり上の等号が不等号＞になっている），右の領域では逆になっている（つまり等号が＜になっている）とする．図 3-9 もそのように描かれている．この仮定の下では，無差別曲線が 2 点で交わる場合，必ず 1 つの点は一点鎖線の左の領域に，もう 1 つの点は右の領域に位置することになるだろう．このように異なるタイプの無差別曲線を 1 本ずつ描いた時にそれらが 2 回交わる可能性を持つ場合，二回交差性が満たされていると呼ばれる．単一交差性と二回交差性のどちらが満たされているかはささいな問題のようにみえるかもしれないが，均衡の精緻化という観点からは以下でみるように大きな違いを生む．

図 3-9 において，完備情報下では t_L は点 A を選び，t_H は点 B を選ぶだろう．不完備情報下では，これまでの議論の自然な流れからは，t_L が点 A を，t_H が点 D を選ぶ均衡結果のみが精緻化を生き残るという予想が成り立つかもしれない．第 2 章の議論を当てはめると，実際この均衡は直観的基準を通過するし，また分離均衡の中では上の均衡結果が直観的基準を通過する唯一のものであることを示すことができる．

しかし分離均衡以外も考えると，直観的基準を通過するのは上の均衡結果のみではない．図 3-10 のような均衡も直観的基準を通過してしまうのである．

この図で両タイプが点 F（メッセージ m_3）を選ぶものとし，さらに線分の比 $\overline{FI}/\overline{GI}$ が事前確率 p に等しいとする．つまりこれは一括均衡である．

前章で図 2-8 を用いて展開された議論を適用すると，図 3-10 におけるメッセージ $m\in[m_1, m_2]$ および $m\in(m_5, m_6]$ は「t_H にとっては均衡支配されている」が「t_L にとっては均衡支配されていない」ことが分かる．よってこのメッセージでは直観的基準は t_L に確率 1 を割り当て，信念を表す太線は図 3-10 にあるように水平線 $\hat{t}=t_L$ 上に来る．しかしこれは上の一括均衡にとって全く障害とならない．ここでのポイントは，t_H の均衡利得に対応する無差別曲線（図 3-10 の実線カーブ）が，二回交差性によって，t_L のそれ（破線カーブ）の内

---

[9] または $-u_1(m,\hat{t},t)/u_2(m,\hat{t},t)$ を t で偏微分したものを 0 と置いても計算できる．

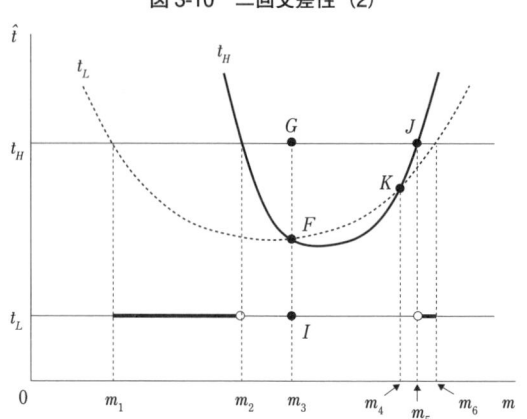

図 3-10 二回交差性 (2)

側（点 J）で $\hat{t} = t_H$ 線と交わることにある．ゆえに前の**図 2-8** と違って直観的基準によって均衡が排除されないのである．

点 F の高ささえ同一に保てば，t_L や t_H の無差別曲線を若干シフトさせることによって，この周囲に無数の一括均衡をみつけられることが分かるだろう．つまり直観的基準を用いたのでは，**図 3-9** の分離均衡も含め，複数の均衡結果が精緻化を生き残ってしまうことがありうるのである．

これに対し D1 基準を用いると，**図 3-10** のような一括均衡は排除される．なぜなら，**図 3-10** の点 F から点 K にかけて t_H の無差別曲線の方が t_L のそれよりも下に大きくふくらんでいるため，3.2 節で紹介した「D1 基準：よく使われる手法」によると，$m \in (m_3, m_4)$ には t_H の方が逸脱しやすいといえるからだ．すると D1 基準はこの範囲のメッセージに対して $\hat{t} = t_H$ の信念を要求し，均衡からの両タイプの逸脱を招くことになる．

図 3-9 で t_L が点 A を選び t_H が点 D を選ぶ分離均衡も排除される．D1 基準が点 C と点 D の間で信念 $\hat{t} = t_H$ を要求するからである．D1 を用いると，他のすべての分離均衡も同様の理由で排除される．

Kolev and Prusa (1999, 2002) は，このような二回交差性が満たされる場合には，**図 3-11** のような均衡結果のみが D1 基準を通過すると結論付けている．

これは両タイプが点 M（メッセージ m_8）を選ぶ一括均衡である．ここで点

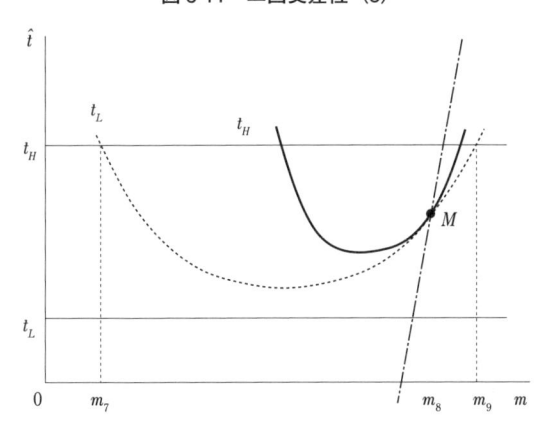

3.6 二回交差性 (Double Crossing)

図 3-11 二回交差性 (3)

M は t_L と t_H の無差別曲線の接点になっており，点 M の高さは事前確率 p に対応しているものとする．D1 基準は $m\in(m_7, m_8)$ と $m\in(m_8, m_9)$ において $\hat{t} = t_H$ を要求するが，これはこの均衡をサポートするのが分かるだろう[10]．

Kolev and Prusa (1999, 2002) は，前述のように国際貿易の文脈でシグナリング・モデルを考えている．そこでは自国と外国の 2 国が存在し，外国企業（送り手）が自社のコスト構造に私的情報を持ちつつ第 1 期目の輸出を自国市場に対し行う．そのメッセージを観察したのちに自国政府（受け手）が貿易政策（反応に当たる）を決める．一旦決めた貿易政策は変更を許されず，それを固定したまま第 2 期以降の貿易が繰り返されると仮定される．

彼らのモデルの面白い点は，外国企業が将来のことをあまり重視しない間は単一交差性が満たされて分離均衡が出現するが，将来を重視するようになると二回交差性が満たされて上記の**図 3-11** に似た一括均衡が唯一の結果として出現することである[11]．つまり，送り手が将来を重視するようになる（つまり割引因子が大きくなる）と，送り手の一方のタイプが同じ送り手の他方のタイ

---

10) 事前確率 p が極端に小さい時は，**図 3-11** のような均衡を描こうとしても t_L の無差別曲線が水平線 $\hat{t}=t_L$ を突き破って下に出てしまう．この時は，**図 3-9** において t_L は点 A か点 E を一定の確率で選び，t_H は点 E を確実に選ぶような混成均衡結果のみが D1 基準を通過することになる．
11) Kolev and Prusa の論文では上の**図 3-11** を上下逆にしたような図が使われているが，本質的には同じ図である．

プを「ねたむ」気持ちが非常に強くなり，後者のタイプがそのねたみから「逃げきれなくなって」一括均衡が起きてしまうのである．詳細は原典を参照していただきたいが，これも感覚に訴えかける興味深い結論を持っており，シグナリングに興味のある人にとって必読の論文といえる．

3.7 文献紹介

第2章から第3章にかけて，タイプが離散的だが行動が連続的なシグナリング・ゲームの解法を解説してきた．この種のゲームはさまざまな経済学の文献に応用されている．すべては無理なのでその応用例の一部をここでは紹介したい．

産業組織論への古典的な応用例として Milgrom and Roberts (1982a) が挙げられる．この論文は，すでに市場に存在する企業（送り手）が新規参入をねらう別の企業（受け手）を市場から閉め出すため「参入阻止価格」を選びうるかどうかについて分析している．まだ精緻化の手法が発展する前の論文であるため，均衡の絞り込みに関しては十分行われていないが，シグナリング・ゲームのさまざまな分野への応用はここから本格的に始まったといえる．

またこの論文の後半では，限定的な条件付きではあるものの連続的タイプを伴うモデルが考察されている．それは後に Mailath (1987) によってより一般的な仮定の下で分析されることになる．そのような連続的タイプのモデルについては，本書では次章で解説される．

国際貿易理論でも 3.6 節で紹介した Kolev and Prusa (1999, 2002) のほか，いくつかシグナリング・ゲームを応用した論文がある．Wright (1998) は自国企業が私的情報を持つ送り手であり，自国政府と外国企業が受け手である貿易モデルを考えており，2.12 節の**図 2-15** に似た図を用いて均衡を導いている．また Miyagiwa and Ohno (2007) では外国企業が自らの技術力をシグナルするためにダンピング（コストを下回る安値での販売）を行いうるモデルが展開されている．

拙著 Sawaki (2008) の国際貿易モデルもシグナリング・ゲームの応用例である．そこでは自国企業（送り手）が第1期の生産量（メッセージ）によって

自国市場の収益性をシグナルした後に，外国企業（受け手）が輸出または FDI（海外直接投資）のいずれかを通じて自国市場に参入し，その後両企業が生産量を選ぶ．ここで受け手である外国企業が，単に生産量という連続変数を選ぶのみならず，輸出または FDI という離散的な選択も行うことがポイントである．受け手が輸出と FDI のどちらを選ぶかは送り手の利得に大きな影響を与えるため，その選択を境にして，送り手の無差別曲線には図 3-12 のような非連続的な部分ができる[12]．これが送り手の選ぶメッセージに大きなバイアスを生み出すという結論が導かれている．

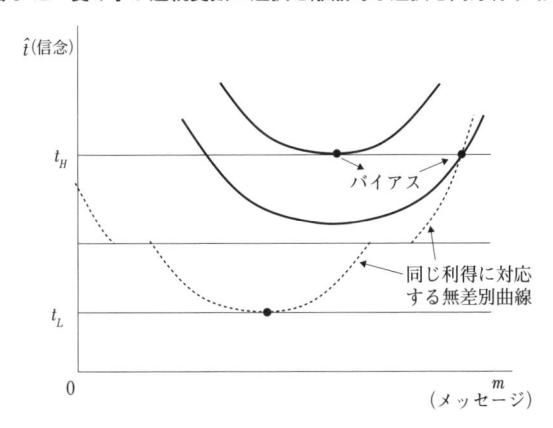

図 3-12　受け手が連続変数の選択と離散的な選択を両方行う場合

また産業組織論と国際貿易論両方の分野において，企業が自らの生産する財の「品質」をシグナルするモデルが，3.5 節で紹介したもののほか数多く発表されている．その一部を紹介すると，企業が品質を消費者に伝達するため広告を用いることを分析した古典的な論文に Nelson（1974）がある．Gal-Or（1989）は，企業が一定期間内なら壊れた製品を新品と取り換えるという保証を付けることが，品質のシグナルとして機能しうることを示している．Bagwell and Riordan（1991）は，品質のシグナルのため企業があえて高い価格を付けると

---

12)　図 3-12 では今までの図に合わせて U 字型の無差別曲線，つまり信念が上昇すると送り手の利得が増えるような無差別曲線が描かれているが，Sawaki（2008）で実際に描かれているのは上下を逆にし（つまり逆 U 字型）さらに左右も逆転させたような図である．

いう可能性を指摘し，製品が消費者に浸透するにつれその価格は下がってくると分析している．このモデルの予見は実証分析とも整合的であると彼らは論じている．Katayama and Miyagiwa (2009) は国際貿易の文脈で，企業が外国市場に参入する際に自社製品の質をシグナルするため，あえてコストのかかるFDI（海外直接投資）を選ぶ可能性を考えている．これは3.5節の Milgrom and Roberts (1986) の応用になっており，そこでの広告がここでは FDI に対応している．

このほかシグナリング・ゲームはさまざまな経済学の分野に応用されている．Vickers (1986) は中央銀行が自らのタイプ（景気浮揚を重視するタイプまたは物価抑制を重視するタイプ）を金融政策によってシグナルするモデルを分析している．このモデルで注目されるのは，不完備情報の存在によって送り手（ここでは中央銀行）の利得が平均的にみれば改善される点である．これは通常送り手の平均利得が，あえてコストをかけてシグナルを送るために低下することに反している[13]．Vickers モデルでは中央銀行がメッセージを選ぶ前に人々がインフレ期待を形成するステージがあるのがポイントである．将来のシグナリングを予期してインフレ期待が低下するために，金融政策が本来持つ動学的不整合（time inconsistency）の問題がある程度解消され，中央銀行の利得が上昇するのである．

また Rogoff (1990) は現職政府が選挙を意識しつつ自らの業務遂行能力の高さをシグナルするために財政政策のサイクルを生み出しうることを示している．このモデルではメッセージが多次元（税と政府支出）である．このほか Severinov (2006) では親が子に対し財産を遺すことによって愛情をシグナルする現象が分析されている．この論文のセクション3では2つのタイプを伴うシグナリング・ゲームが考察されているが，続くセクション4では分析が連続的タイプのゲームに拡張されている．そのような連続的タイプのシグナリング・ゲームが次章の分析対象となる．

---

13) 通常，送り手の1つのタイプは完備情報下と同じ利得を得る一方，もう1つのタイプの利得は低下するため，平均的にみて送り手の利得が低下する．2.10節を参照していただきたい．

第4章

連続的タイプのシグナリング・ゲーム[†]

4.1 Mailath の条件

本書ではこれまで,送り手のタイプが離散的な(多くの場合2つ)シグナリング・ゲームを扱ってきた.しかし現実では経済主体の持つ私的情報(好み,能力,知識などに関する)は,2つの値のいずれかをとるというより,滑らかな値のいずれかをとると考えた方が自然な場合も多いだろう.近年,送り手のタイプを連続的と仮定したシグナリング・モデルが多数分析され,興味深い結論が次々と導き出されている.

Mailath (1987) は,そのような連続的タイプを伴う一般的なシグナリング・ゲームにおいて,分離均衡を求める手法を示している.本章の前半では,その Mailath の手法を Spence モデルによって解説していきたい[1)].

ここでは 2.2 節で紹介した Spence モデルをもととし,教育コスト関数として式 (2-2) にある特別な形を仮定しよう.つまり個人(送り手 S)の利得関数を

$$u = a - (1-t)m^2 \tag{4-1}$$

とする.ここで a は企業から支払われる賃金,$m \geq 0$ は個人が受ける教育であり,右辺2項目は教育を受ける際にかかるコストを表す.$t \geq 0$ はこの個人の

---

1) 本章の 4.1 節から 4.7 節で紹介されるのは,Spence (1973, 1974) のモデルをもとに筆者が連続的タイプを仮定して行った数値計算の例である.また,第2章や第3章では Spence モデルにゲーム理論からの厳密な基礎付けを与えた Cho and Kreps (1987) のバージョン(に微修正を加えたもの)を詳しく紹介した.つまりこれらは厳密には Spence の元のモデルとは異なるが,本書ではその原典に敬意を表してすべて Spence モデルと呼んでいる.

能力タイプを表すが，本章では $t \in [t_{\min}, t_{\max}]$ とする．つまり t はこれまでのように「t_L か t_H のどちらか」と仮定されるのではなく，「下限 $t_{\min}$，上限 $t_{\max}$ の閉区間から（自然によって）抽出される」と仮定されるのである．教育コストが負にならないよう，$0 < t_{\min} < t_{\max} < 1$ と仮定する．これまでと同様，自然が選んだ t の正確な値は私的情報つまり個人自身しか知らないものとする[2]．

企業（受け手 R）が得る利得は $v = t \cdot m - a$ であり，2.2 節と同様に企業はベルトラン競争の結果

$$a = \hat{t} \cdot m \tag{4-2}$$

という賃金を提示するものとする．ここでも $\hat{t}$ は能力タイプに関して企業が形成する事後信念である．ゲームのタイミングも，2.2 節のものと同じとする．

以上の仮定の下で式 (4-2) を式 (4-1) に代入すると，送り手である個人の利得をメッセージ m，信念 $\hat{t}$，真のタイプ t の関数として表すことができる：

$$u(m, \hat{t}, t) = \hat{t} \cdot m - (1-t) m^2. \tag{4-3}$$

この送り手の利得関数が，連続的タイプのシグナリング・ゲームで分離均衡を求めるための重要な出発点になる．

Mailath (1987) は，m, $\hat{t}$, t の関数形として表された一般的な送り手の利得関数が通常満たすことの多いいくつかの条件（通常条件 regularity conditions）を仮定している．その中には

・u がなめらか（2 階連続微分可能）な関数であること

・$u_1(m, t, t) = 0$ が m についての一意な解を導き，かつ $u_{11} < 0$ であること

も含まれる．ここで u_i は関数 u を i 番目の変数で偏微分することを表し，ここでは $u_1 = \partial u / \partial m$ である．また $u_1(m, t, t)$ は，その偏導関数を $\hat{t} = t$ で評価していることを示す．

Spence モデルに当てはめると，式 (4-3) は上のいずれの条件も満たしていることが分かる．特に後者の条件は完備情報下での最適な教育水準を導く 1 階

---

[2] 確率変数 t の累積分布関数を $G(t)$，密度関数を $g(t)$ とする．一般にこうした情報は共有知識とされるが，本章の前半ではこれらの関数は重要ではない．分離均衡に焦点を当てるので，これからみるように，結果的に正確なタイプが受け手に明らかとなるためである．

と 2 階の条件にほかならない．完備情報下では真のタイプは企業にはっきりと知られている（$\hat{t}=t$）から，1 階の条件 $u_1(m, t, t) = t - 2(1-t)m = 0$ を解いて

$$m = m^C(t) \equiv \frac{t}{2(1-t)}. \tag{4-4}$$

ここで上付き文字の C は完備情報を意味するものとする．式 (4-4) より能力が高いほど高い教育を選ぶことが分かる．さらに $u_{11} = -2(1-t) < 0$ であるから 2 階の条件も満たされている．

これ以外で Mailath が仮定した通常条件のうち特に重要なものが次の 2 つである．

・信念単調性（belief monotonicity）条件：
u_2 が正か負のどちらかであり，符号が入れ替わったり 0 になったりしない．
・タイプ単調性（type monotonicity）条件：
u_{13} が正か負のどちらかであり，符号が入れ替わったり 0 になったりしない．

$m > 0$ の下では式 (4-3) は上の条件をどちらも満たしている．なぜなら，

$$u_2 = \frac{\partial u}{\partial \hat{t}} = m > 0 \qquad \text{（信念単調性）} \tag{4-5}$$

$$u_{13} = \frac{\partial^2 u}{\partial m \partial t} = \frac{\partial [\hat{t} - 2(1-t)m]}{\partial t} = 2m > 0 \qquad \text{（タイプ単調性）} \tag{4-6}$$

であるから[3]．よって上の Spence モデルは Mailath (1987) の通常条件を満たしていることになり，分析を次の段階に進めることができる．

その前に式 (4-5)，(4-6) の意味を確認しておこう．式 (4-5) は，送り手である個人が，自分の真のタイプが何であっても，とにかく「自分の能力は高い」（$\hat{t}$ が高い）と企業に信じさせたいことを意味する．それはそう信じさせ

---

[3] m は教育水準であり非負と仮定されるが，$m = 0$ の時が少し心配である．しかし後に解を導いた時に，$m > 0$ に焦点を絞って差しつかえないことが判明する．

ることができれば高い賃金を得られるからである．

　他方，式（4-6）は教育コスト関数 $c(m, t) = (1-t)m^2$ が $c_{12} = -2m < 0$ を満たすことに由来している．ここでも下付き文字は1番目と2番目の変数で偏微分していることを表す．これは離散タイプの場合，2.2節の仮定2-1（5）に対応するもので，能力の高いタイプほど教育水準を上げるのに伴う追加的苦痛を比較的感じない（c_1 が t の上昇によって下がる）ことを意味する．

4.2　送り手の最適化問題

　次に不完備情報下で送り手の最適化問題を解くステップに移ろう．これはタイプ t の送り手Sが $u(m, \hat{t}, t)$ を最大化すべくどのようなメッセージ m を選ぶかを問うことにほかならない．つまりわれわれのゴールは上の u を最大化する m を t の関数形として表すことである．その解を $m = f(t)$ と書き，メッセージ関数と呼ぼう．ここでの焦点は $f(t)$ が完備情報下の解 $m^c(t)$ と比べてどのような違いを持つか，つまり不完備情報がメッセージにもたらすバイアスを調べることである．

　完備情報下でその $m^c(t)$（式（4-4））を導いた時と決定的に違うのは，不完備情報下では信念が「観察されたメッセージ」をもとに形成されるため，$\hat{t}$ を m の関数としてみる必要があることだ：$\hat{t} = \hat{t}(m)$．われわれはこれを信念関数と呼ぶ．送り手は「自分の選ぶ m がこの信念関数を通じて受け手の信念に影響を与えること」を自覚しつつ m を選ぶため，信念関数を u に代入し，$u(m, \hat{t}(m), t)$ を最大化することになる．その1階の条件は

$$\frac{du}{dm} = u_1(m, \hat{t}, t) + u_2(m, \hat{t}, t)\frac{d\hat{t}(m)}{dm} = 0 \qquad (4\text{-}7)$$

である．ここで第1項目の u_1 は完備情報下で式（4-4）を導いた時と同じく，m の変化が利得に与える直接的影響を測っている．他方第2項目は，m の変化が信念関数を通じて受け手の行動に変化を与え，それが送り手自身に返ってくる部分であり，m のシグナリング効果を測っている．

　さてわれわれは分離均衡に注目する．すると事後的に（メッセージの観察後に）次が成り立つはずである[4]．

4.2 送り手の最適化問題

$$\hat{t} = t; \tag{4-8}$$
$$\hat{t}(m) = f^{-1}(m). \tag{4-9}$$

つまり分離均衡では各タイプが互いに異なるメッセージを選ぶので，m を観察した受け手は正確な信念を形成するのである．特に式（4-9）は信念関数がメッセージ関数の逆関数になると言っている．すると逆関数の導関数を求める公式により[5]，

$$\frac{d\hat{t}(m)}{dm} = 1 \bigg/ \left(\frac{df(t)}{dt}\right). \tag{4-10}$$

式（4-8）と（4-10）を式（4-7）に代入すると，

$$u_1(m, t, t) + u_2(m, t, t) \bigg/ \left(\frac{df(t)}{dt}\right) = 0$$

となり，$m = f(t)$ であることを思い出しつつこれを整理すると，

$$\frac{dm}{dt} = \frac{-u_2(m, t, t)}{u_1(m, t, t)} \tag{4-11}$$

という微分方程式を得る．

上の議論を Spence モデルに当てはめてみよう．まず式（4-7）に相当する 1 階の条件を求めると

$$[\hat{t} - 2(1-t)m] + m\frac{d\hat{t}(m)}{dm} = 0.$$

これに式（4-8），（4-10）を代入し整理すると，

$$\frac{dm}{dt} = \frac{-m}{t - 2(1-t)m} \tag{4-12}$$

という微分方程式を得る．

こうして導いた微分方程式を解くことによってメッセージ関数 $m = f(t)$ を求

---
4) この条件は，第 1 章で与えた完全ベイジアン均衡（PBE）の定義に戻ると，定義 1-1 あるいは定義 1-1′における（条件 B）に当たる．つまり信念はベイズ・ルールによって決定される．
5) 逆関数をとるということは大雑把に言えば「横軸→縦軸」という関数のグラフの見方を「縦軸→横軸」へと変換することである．よって逆関数の導関数の値（接線の傾き）は元の導関数の逆数になることが理解されるだろう．

めるのであるが，一般的に微分方程式の代数的な解を求めることがいつも可能とは限らない．上のSpenceモデルの式 (4-12) の場合，幸いなことに逆関数の形でなら解くことができる[6]：

$$t = \frac{-C - (1/2)e^{2m} + me^{2m}}{me^{2m}}. \tag{4-13}$$

ここで C は初期値条件を与えれば決まる定数である[7]．微分方程式を解けない時の対処法については 4.5 節で解説する．

4.3 初期値条件と2階の条件

次に初期値条件を考えよう．もし信念単調性が正の符号で成り立つ（$u_2 > 0$）なら，送り手は自分のタイプを偽りなるべく $\hat{t}$ を大きくみせかける潜在的なインセンティブを持つ．分離均衡ではそのようなインセンティブは抑制されねばならない．送り手が受け手を偽る状況は完全ベイジアン均衡（PBE）になりえないからである．そのために，少しでも高めのタイプは自分より低いタイプから真似されないよう次々とメッセージにバイアスをかけていく（つまり完備情報下と異なる m を選ぶ）必要がある．

そのようなバイアスをかける必要のない唯一のタイプは下限タイプ $t_{\min}$ である．なぜならそのタイプを真似しようと思うタイプは存在しないから．よって初期値条件は $f(t_{\min}) = m^C(t_{\min})$，つまり「下限タイプが完備情報下と同じメッセージを選ぶ」というものになる．逆に信念単調性が $u_2 < 0$ で成り立つなら，$f(t_{\max}) = m^C(t_{\max})$ が初期値条件となる．

Spenceモデルでは式 (4-5) により $u_2 > 0$ なので

$$f(t_{\min}) = m^C(t_{\min}) = \frac{t_{\min}}{2(1 - t_{\min})} \tag{4-14}$$

が初期値条件になる．この $t = t_{\min}$，$m = m^C(t_{\min})$ を式 (4-13) に代入して定数

---

6) 微分方程式の解法を解説した本にはさまざまなものが出ている．経済学部生にも取り組みやすい本としてドウリング (1995) が挙げられる．この下巻第15章の手法を用いると式 (4-13) を導くことができる．
7) 式 (4-13) は（均衡経路上では）信念関数と一致する．

4.3 初期値条件と2階の条件

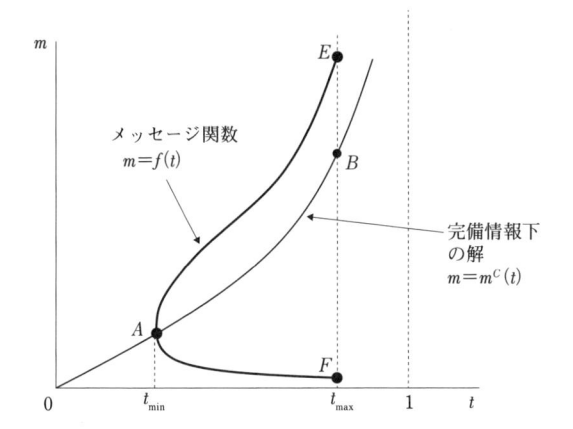

図 4-1 連続的タイプ・モデル

C を求めたうえで式 (4-13) をグラフに描くと図 4-1 のようになる．

ここで点 A, B を通る曲線が完備情報下での解（式 (4-4)）を表す．他方，不完備情報下のメッセージ関数としては，初期値条件（点 A）から出発し，点 E へ向かう右上がりの曲線と点 F へ向かう右下がりの曲線の2つが考えられる．

その2つの曲線のうちどちらが真の解であるかは，Mailath (1987) にある次の2階の条件から求めることができる：

$$\left(\frac{dm}{dt}\right)\left(u_{13}(m,\hat{t},t) - \frac{u_1(m,\hat{t},t)}{u_2(m,\hat{t},t)}u_{23}(m,\hat{t},t)\right) \geq 0. \quad (4\text{-}15)$$

ここで完備情報下では u_1 がゼロになるため（式 (4-4) の導出を思い出すこと），点 A 付近では $u_1 \approx 0$ であることに注目しよう．これを上の左辺に代入すると，メッセージ関数の傾き dm/dt は u_{13} と同じ符号を持たねばならないことが分かる．Spence モデルでは，タイプ単調性により $u_{13}>0$ だったので，右上がりの曲線のみが解であると分かる．よって曲線 AF ではなく曲線 AE が不完備情報下での解 $m=f(t)$ を表すと結論付けられる．

直観的には，タイプ単調性が正の符号で満たされている時には，送り手のタイプが大きいほど，メッセージを追加的に増加させた時の限界コストが少なくて済むことを表している．これが右上がりのメッセージ関数を生むのである．

符号が負の時には逆になる．

さて次の議論に進む前に，この「解の傾きとタイプ単調性の符号が密接に結びついていること」を別の角度からみておこう．本段落の以下の議論は，上の $c=(1-t)m^2$ のような特殊形でなく，一般的な教育コスト関数 $c(m,t)$ を用いてできるため，それを仮定する．つまり送り手の利得関数は $u(m,\hat{t},t)=\hat{t}\cdot m - c(m,t)$ であるとする．$t'<t''$ という2つのタイプを取り出して考え，$m'\equiv f(t')$，$m''\equiv f(t'')$ と定義しよう．$m=f(t)$ が非負の傾きを持つという上の結論によると $m'\leq m''$ のはずであるが，仮にそれに反して $m'>m''$ である（小さなタイプが大きな教育を選ぶ）と仮定してみよう．2.7節で出てきた誘因両立性条件を書き出すと

$$t'\cdot m' - c(m',t') \geq t'\cdot m'' - c(m'',t');$$
$$t''\cdot m'' - c(m'',t'') \geq t''\cdot m' - c(m',t'')$$

の両方が成り立たねばならないことが分かる．1つ目の不等式は「タイプ t' があえて m'' を選んで t'' を真似するインセンティブを持たないこと」，2つ目は「t'' があえて m' を選んで t' を真似するインセンティブを持たないこと」を表す．2つの不等式を辺々足すと

$$[c(m',t'')-c(m'',t'')]-[c(m',t')-c(m'',t')]\geq 0$$

となるが，この左辺は次のように変形できる：

$$\int_{m''}^{m'}[c_1(x,t'')-c_1(x,t')]dx = \int_{m''}^{m'}\int_{t'}^{t''} c_{12}(x,t)dtdx.$$

式（4-6）直後の段落でみたようにSpenceモデルでは $c_{12}<0$ と仮定されているため，$t'<t''$ かつ $m'>m''$ なら上の値が負になってしまい誘因両立性に反してしまう．よって出発点で $m'>m''$ と仮定したことが誤りということになり（背理法），メッセージ関数の傾きは非負という結論を得る．式（4-6）の下でみたように，$c_{12}<0$ は直接 $u_{13}>0$ と結び付いているから，タイプ単調性の符号が解の傾きを決めていることが分かるだろう．

上のような「誘因両立性条件を辺々足す」というテクニックは連続的タイプのシグナリング・ゲームの文献でしばしば用いられる．また，ありうる均衡の

範囲を背理法によって徐々に狭めていく手法も証明において多用される．

4.4 単一交差性

ところで式（4-15）は大域的な2階の条件であるため，上のような点A付近や$\hat{t}=t$の近傍のみならず，関係する領域全体で満たされなければならない．言い換えれば，式（4-15）の符号は図4-1の曲線AE全体を含む領域で不変に保たれねばならないのである．実はそのことと，前章まで何度か出てきた単一交差性条件とは密接に関係しているのでそれを以下でみよう．

ここで単一交差性というのは，今までと同じ意味，つまり「タイプを2つ取り出してそれらの無差別曲線を1本ずつ（メッセージ，信念）平面に描いた時，それらは最大でも1つの交点しか持たない」という意味を持つ．あるタイプの無差別曲線を式$u(m,\hat{t},t)=\bar{u}$（$\bar{u}$は定数）で表し，これをmと$\hat{t}$に関して全微分すると$u_1 dm + u_2 d\hat{t}=0$となるため，（メッセージ，信念）平面での無差別曲線の傾きは

$$\frac{d\hat{t}}{dm} = -\frac{u_1(m,\hat{t},t)}{u_2(m,\hat{t},t)}$$

と表される．連続的タイプのモデルで単一交差性とは「平面上のある1点を固定してtを増やした時に，上の傾きが大きくなるか小さくなるかのどちらかに決まっており，場所によって逆転したりしない」ことと同値である（図4-2）．

式で言えば$-u_1(m,\hat{t},t)/u_2(m,\hat{t},t)$を$t$で偏微分した時の偏導関数の符号が不変であることを意味する．まとめると

連続的タイプのシグナリング・ゲームにおける単一交差性条件：

$$\frac{\partial(-u_1/u_2)}{\partial t} = \frac{-1}{u_2(m,\hat{t},t)}\left(u_{13}(m,\hat{t},t) - \frac{u_1(m,\hat{t},t)}{u_2(m,\hat{t},t)}u_{23}(m,\hat{t},t)\right) \quad (4\text{-}16)$$

の符号が正か負に保たれ，0になったり符号が変わったりしない．

式（4-16）の等号は商に関する微分のルールを用いているにすぎない．u_2の符号は信念単調性により正か負に決まっていることを思い出しつつ式（4-16）

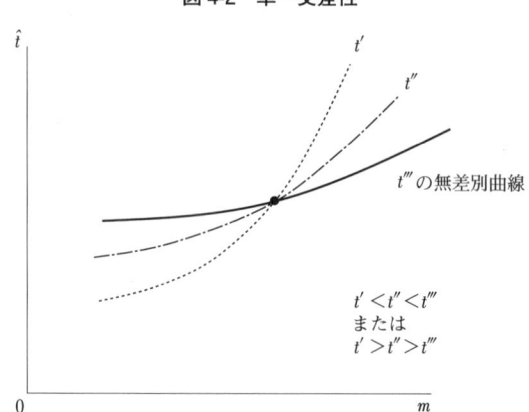

図 4-2 単一交差性

を式 (4-15) と比べると，「式 (4-15) が大域的に満たされていること」と「単一交差性が満たされていること」は同値であることが分かる．よって単一交差性条件は送り手の最適化問題の大域的な 2 階の条件と結び付いているのである．

Spence モデルで単一交差性が満たされているか確かめよう．式 (4-3) を用いて式 (4-16) の右辺を計算すると

$$-\frac{1}{m}\left(2m - \frac{\hat{t} - 2(1-t)m}{m} \cdot 0\right) = -2 < 0$$

なので単一交差性が常に満たされている．

ただしモデルによってはそれが常に満たされるとは限らない．その時には「タイプの上限と下限の差 $t_{\max} - t_{\min}$ が大きすぎない」という追加的仮定を置くことが必要になる．前節でみたように，初期値条件（図 4-1 でいえば点 A）付近では $u_1 \approx 0$ であるため，そこからあまり外れなければ単一交差性が満たされることになる[8]．

---

[8] そのような追加的仮定を置く実例が Mailath (1987) のセクション 5 でみられる．そこでは本書の 3.7 節でも紹介した Milgrom and Roberts (1982a) の参入阻止価格モデルに連続的タイプを導入したモデルが解説されている．

4.5　微分方程式が解けない場合

　式（4-11）の微分方程式が代数的に解けない場合はどうしたらよいだろうか．例えば Mathmatica のような数式処理ソフトウェアを用いて数値解析を行うことも可能であるが，それを行わなくても図を用いて $m = f(t)$ のおおよその形をつかむことができる場合があるので，それを上の Spence モデルで解説しよう．前述のように Spence モデルでは式（4-12）を解いて（逆関数の形で）式（4-13）を導くことができたが，それをせずに図を用いて分析すると以下のようになる．

　微分方程式（4-12）の右辺の分子を N，分母を D とする：

$$\frac{dm}{dt} = \frac{-m}{t - 2(1-t)m} \equiv \frac{N}{D}.$$

式（4-11）と見比べれば分かるように，$N \equiv -u_2(m, t, t)$，$D \equiv u_1(m, t, t)$ である．各々をゼロに等しいと置いた2本の線 $N = 0$ と $D = 0$ を (t, m) 平面上に描くと図 4-3 のようになる．

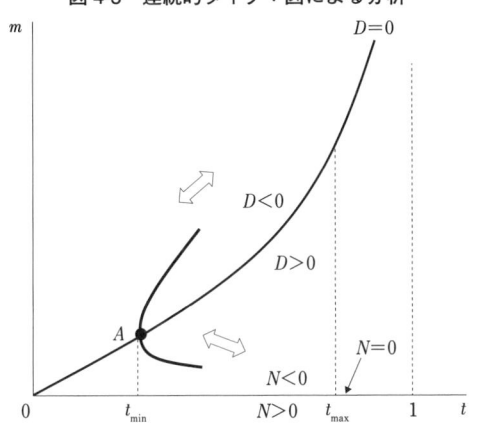

図4-3　連続的タイプ：図による分析

　直線 $N = 0$ はグラフの横軸に当たり，曲線 $D = 0$ は完備情報下の解 $m = m^C(t)$ に当たることに注意．横軸より上の領域では m が正であるから常に N

$=-m<0$ である．一方，曲線 $D=0$ より上の領域では m が高めなので $D=t-2(1-t)m<0$，逆に下の領域では $D>0$ である．以上をまとめると，曲線 $D=0$ を境にして上の領域では N と D がどちらも負なので $dm/dt=N/D>0$ であり $m=f(t)$ が正の傾きを持ち，逆に下の領域では $m=f(t)$ が負の傾きを持つことが分かる（それが図4-3では両向き矢印⇔で表されている）．

ところで前述のように，このモデルでは信念単調性が正の符号で成り立つため，初期値条件はメッセージ関数 $m=f(t)$ が点 A から始まることを要求する．加えて点 A 付近では $D\approx 0$ なので，関数の傾き $dm/dt=N/D$ が $\pm\infty$ に近くなる．以上により $m=f(t)$ の形状としては，図4-3にあるように点 A から始まり右上方向および右下方向に進むものの2つの可能性があることになる．その2つのうち，この Spence モデルでは右上がりのものが選ばれるのであるが，その選ぶ手順は4.3節で解説されたものと同じである[9]．

＊　　　　　　＊　　　　　　＊

以上，本章で述べてきた Mailath（1987）の手法を用いる手順をまとめておこう．

連続的タイプのシグナリング・ゲームで解を導く Mailath（1987）の手法
(1) 元になっているモデルから送り手の利得関数 $u(m,\hat{t},t)$ をメッセージ，信念，タイプの関数として導き，これが4.1節の通常条件を満たしているか確認する．
(2) 特に，u_2 の符号（信念単調性）と u_{13} の符号（タイプ単調性）が正，負のどちらなのかを確認する．
(3) $u_1(m,t,t)=0$ を解いて完備情報下の解 $m=m^C(t)$ を求める．
(4) 微分方程式（4-11）を導く．
(5) これを解いてメッセージ関数 $m=f(t)$ を導く．代数的に解けない場合

---

[9] 場合によっては $m=f(t)$ の形状をさらに特定化できるかもしれない．それは $N=0$ 線と $D=0$ 線の交点に初期値条件が来ると仮定した時に $m=f(t)$ を t の1次式として表すことのできる場合である．その手法は，この Spence モデルで使うことはできないが，Collie and Hviid（1993）の国際貿易モデルなどで使われている．

は図を用いた手法（4.5 節）によって大体の形状を特定化する．
(6) 初期値条件を決める．$u_2>0$ なら $(t_{\min}, m^C(t_{\min}))$ が，$u_2<0$ なら $(t_{\max}, m^C(t_{\max}))$ が初期値条件になる．
(7) 導かれた2つの解のうち，u_{13} の符号によって1つを選ぶ．$u_{13}>0$ なら右上がりの解が，$u_{13}<0$ なら右下がりの解が選ばれる．
(8) 最後に単一交差性条件が満たされているか確かめる．つまり $\partial(-u_1/u_2)/\partial t$ の符号が不変かどうか確かめる．この符号が変わりうるならタイプの範囲 $[t_{\min}, t_{\max}]$ を狭めて符号が変わらないように仮定する．これによって大域的な2階の条件が保証される．

4.6　微分方程式の意味

上の Spence モデルで微分方程式（4-12）を解くことの直観的意味を，**図4-4**を用いてみてみよう．これは**図4-1**や**図4-3**の点 A 付近を拡大した図である．縦軸にはメッセージ m を，横軸には真のタイプ t と信念 $\hat{t}$ の両方をとっている．曲線 AB' は完備情報下でのメッセージ関数 $m=m^C(t)$ を，曲線 AE' は不完備情報下でのメッセージ関数 $m=f(t)$ を描いている．

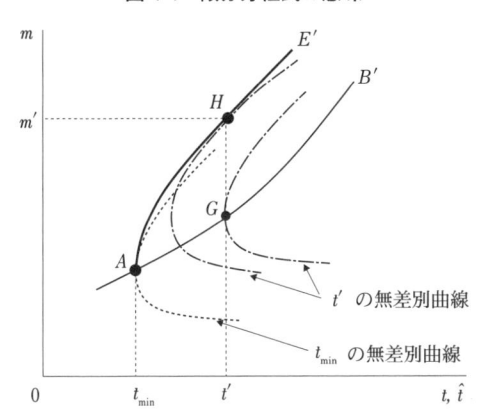

図4-4　微分方程式の意味

点 A を通る破線カーブは $t_{\min}$ の無差別曲線 $u(m, \hat{\imath}, t_{\min}) = u(m^C(t_{\min}), t_{\min}, t_{\min})$ であり（右辺は初期値条件に対応する定数），この時，横軸を $\hat{\imath}$ とみて，$\hat{\imath}$ と m の関係をプロットしている．この無差別曲線は点 A で垂線 $\hat{\imath} = t_{\min}$ に接するはずである．なぜならこの曲線は完備情報下で $t_{\min}$ が選ぶ点であり，情報が完備なら受け手は送り手のタイプを正確に把握し（いわば信念が $\hat{\imath} = t_{\min}$），その制約下で送り手は利得を最大化するメッセージを選ぶはずだからだ．横軸を信念とみなした場合，この図は前章までに何度も出てきた（メッセージ，信念）平面の図（例えば図 2-14，図 3-9 〜 3-11）の縦軸と横軸を交換した図に当たることが分かるだろう．

もちろんここでは連続的タイプのモデルであるため，すべてのタイプの無差別曲線を描くことは不可能であるが，図 4-4 では下限タイプよりやや大きいタイプ t' の無差別曲線を一点鎖線カーブによって 2 本描いている．このうち点 G を通る曲線は t' が完備情報下で得る利得に対応する．上と同様の理由からこの曲線も点 G で垂線に接している．

さて不完備情報下では t' が点 G を選ぶことはありえないことに注目しよう．なぜなら，仮に t' が点 G を選ぶとすると，$t_{\min}$ も（点 A から逸脱して）点 G を選ぶインセンティブを持ってしまうからだ．これは点 G が，$t_{\min}$ の均衡利得に対応する無差別曲線の内側に入り込んでいることから生じている．

よってタイプ t' は真似されることを防ぐために，教育を点 G の水準から点 H の水準（m'）へと増加させねばならない．点 H は必ず点 G の真上に来る．なぜなら PBE の定義により，分離均衡では m' を観察されたら $\hat{\imath} = t'$ と正しく認識される必要があるからである．言い換えればメッセージ関数の逆関数が信念関数になっている．また点 H を通る t' の無差別曲線は点 H で曲線 AE' に接していなければならない．さもなくば t' が信念関数（AE'）を所与として最適化を行っていることにならないからである．

曲線 AE' は，t' に限らずすべてのタイプの無差別曲線の包絡線（接線を共有しつつ包み込むような線）になっている．これを求める作業が微分方程式 (4-12) を解く作業にほかならないのである．

4.7 D1 基準と信念関数

Spence モデルの連続的タイプ・バージョンで均衡を導く最後のプロセスとして，PBE の定義が要求するように，均衡経路上にないメッセージを含めてすべてのメッセージの関数として信念関数を特定化する作業が残っている．それを行うと，今まで本章で求めてきた分離均衡が D1 基準を満たすことが確認できるのだが，それを下でみよう．

3.2 節で出てきた，D1 基準を適用する際によく使われる手法を再掲する．

D1 基準： よく使われる手法

まず1つの PBE を固定し，すべてのタイプについて均衡利得に対応する無差別曲線を (m, a) 平面もしくは $(m, \hat{t})$ 平面に描く．そして均衡経路上にないメッセージにおいて，そこで「最もふくらんでいる」無差別曲線を持つタイプがあれば，そのタイプに確率1を割り当てる．そうした信念によって支持されない PBE は D1 基準を通過しない．そのような問題を持つ均衡経路外メッセージが1つもなければその PBE は D1 基準を通過する．

この手法を連続的タイプのゲームに適用する際に注意すべき点が2つある．1つは1行目に「すべてのタイプについて」無差別曲線を描くとあるがそれは不可能であるため，要となるいくつかのタイプについて考え，残りは類推する点である．2つ目は $(m, \hat{t})$ 平面がここでは縦軸と横軸を入れ替えて描かれているため，「最もふくらんでいる」を例えば図 3-3 のように垂直にみるのではなく，今から解説するように水平方向にみる点である．

D1 基準を考慮した信念関数の例が図 4-5 に太線で描かれている．この太線は逆関数のように（すなわち縦軸→横軸の見方で）みることに注意．

図において点 A と点 E 間の高さの m は均衡経路上のメッセージであり，そこでは信念関数はメッセージ関数の逆関数になっている．次に均衡経路外のメッセージに目を移すと，点 A より下の m に対して D1 基準は $\hat{t} = t_{\min}$（太い垂

図 4-5 信念関数

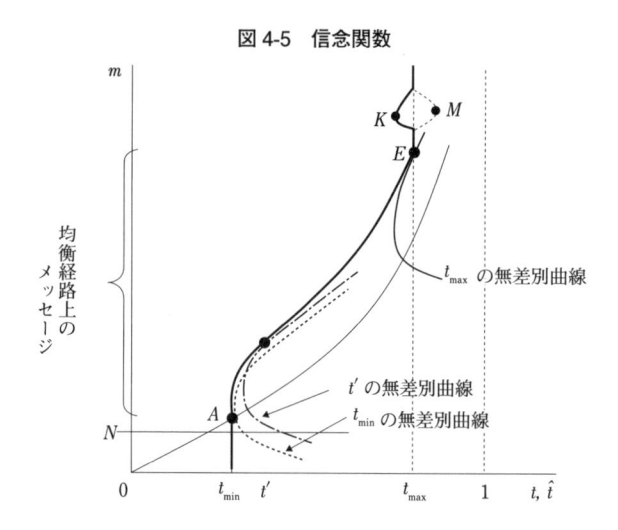

線)を要求する．なぜならこのメッセージでは単一交差性により $t_{\min}$ の均衡利得に対応する無差別曲線がほかのあらゆるタイプのそれより左にふくらんでおり，上の「よく使われる手法」を適用できるからである．例えば図のように高さ N の水平線を描くと分かりやすい．$t_{\min}$ と，それより大きい t' の均衡利得に当たる無差別曲線を順に破線と一点鎖線によって描いているが，水平線に沿って考えると $t_{\min}$ の曲線の方が左にふくらんでいることが分かるだろう．t' 以外のタイプと比べても同様なため，D1 基準は「このメッセージには強いて言えば $t_{\min}$ が最も逸脱しやすい」と考え，$\hat{t}=t_{\min}$ に信念（太線）を割り当てるのである．

一方，点 E より上の均衡経路外メッセージに対して D1 基準は何も要求しない．この範囲のメッセージを選ぶことによって均衡利得よりも大きな利得を達成しうるタイプはいないからである．図から分かるように，たとえ $t_{\max}$ でさえ均衡利得より大きな利得は達成できない．この種の議論においては必ず信念を $[t_{\min}, t_{\max}]$ の範囲に絞って考えることが重要である．

D1 基準が何の制約も課さないため，点 E より上の信念は $\hat{t}\in[t_{\min}, t_{\max}]$ を満たしさえすれば何でもよい．例えば信念が点 K のような位置に来ても，あるいは信念関数が連続的でない点を持ってもかまわない．ただし点 M のような

4.7 D1基準と信念関数

位置に来ることは許されない．

そして図の無差別曲線の形状から判断して，どのタイプも信念関数（太線）を所与として自己の利得最大化を実現できている．言い換えれば，可能な限り右に位置する無差別曲線を達成できている．よって上の分離均衡は D1 基準を通過すると結論付けられるのである．

＊　　　　＊　　　　＊

また均衡経路外のメッセージに対する信念を考えると，前の初期値条件（式 (4-14)）が妥当であることが分かるのでそれをみよう．図 4-6 では本章の今までの図の点 A 付近を拡大している．式 (4-14) を満たしていないメッセージ関数の例として，点 A より真に上方の点 A' から始まる $m=f(t)$ が太線で描かれている[10]．

図 4-6　初期値条件

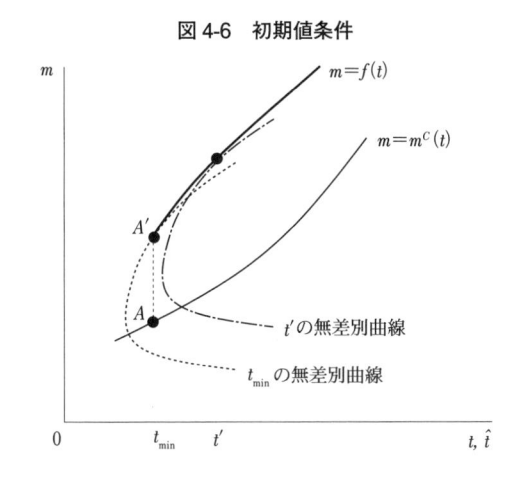

これが分離均衡を構成するためには，点 A' は点 A のちょうど真上になければならない（横軸座標が t_{min}）．なぜなら点 A' の高さの m が観察されたら正しく $\hat{t}=t_{min}$ という信念が形成されねばならないからである．また，4.6 節でみた

---

10)　4.3 節でみたようにメッセージ関数はこの Spence モデルでは右下がりになりえないため，その開始地点が点 A より下に来ることはありえない．

ように微分方程式の意味から考えて，点 A' において $t_{\min}$ の無差別曲線は曲線 $m=f(t)$ に接していなければならない．

すると図4-6にあるように，点 A' を通る $t_{\min}$ の無差別曲線は線分 $\overline{AA'}$ よりも左に来る部分を持つことが分かる．信念は $t_{\min}$ より低くなりえないため線分 $\overline{AA'}$ 上かそれより右側に形成されることを考えると，少なくとも $t_{\min}$ が点 A' から逸脱するインセンティブを持つことが分かる．よってこのような初期値条件は均衡を構成しえないのである[11]．

＊　　　　　＊　　　　　＊

さらにこのSpenceモデルでD1基準を用いると，（たとえ部分的にでも）一括的（pooling）行動を含む均衡は排除されることが分かるのでそれをみよう．

例として $t_{\min}<t_1<t_2<t_{\max}$ となる2つのタイプ t_1 と t_2 を考え，$t\in[t_1, t_2]$ のすべてのタイプが同一の教育水準 m^P を選ぶ（pooling, 一括的行動）が，それ以外のタイプは自らのタイプを正確に明らかにする（separating, 分離的行動）という半一括均衡を考える．図4-7にはその一括的行動の起きる付近を拡大して示してある．

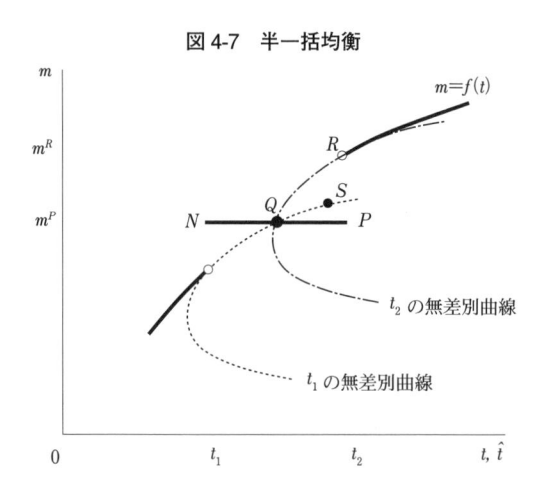

図4-7　半一括均衡

---

11) この議論はD1基準とは関係なくPBEの条件を破るという議論である．

4.7 D1基準と信念関数

この図で太い実線はメッセージ関数 $m = f(t)$ を表している。また点 Q の横軸座標は m^P を観察した後に形成される信念 $\hat{t}(m^P)$ に当たる。もし m^P が観察されたなら，受け手ははっきりとしたタイプは識別できないものの，$t \in [t_1, t_2]$ のタイプがそれを選んだと考えるだろう。事前的な累積分布関数を $G(t)$ とすると，この信念は期待値をとって

$$\hat{t}(m^P) = \frac{\int_{t_1}^{t_2} t dG(t)}{G(t_2) - G(t_1)}$$

と計算される。例えば t の事前的な確率分布として一様分布を仮定すれば，密度関数は $g(t) = 1/(t_{\max} - t_{\min})$ となり，点 Q の横軸座標は $(t_1 + t_2)/2$（線分 NP の中点）になるはずだ。

さて図4-7のような均衡が存在するなら，t_2 より大きなタイプが選ぶ教育水準のスタート点は，点 P の真上でしかも「点 Q を通る t_2 の無差別曲線（図の一点鎖線）」上の点（それを点 R とする）に位置しなければならない。まずスタート点が点 P より下方に来ないのは，t_2 より大きなタイプが分離的な行動をとることからそこでのメッセージ関数（太線）が無差別曲線の包絡線にならねばならないが，点 P より下からスタートするとそのような太線を描くのが不可能になるためである。次にスタート点が点 P と点 R の間に来ると，t_2 が点 Q からそのスタート点に逸脱してしまうため均衡になりえない。実際に図4-7にそのようなスタート点を描き入れると，t_2 の無差別曲線（一点鎖線）の内側に入り込んでしまうことから分かるだろう。最後にスタート点が点 R より上に来ると，本来分離行動を選ぶはずの $t_2 + \varepsilon$（t_2 よりわずかに高いタイプ）が点 Q に逸脱してしまう。

上のようにスタート点が点 R の位置に決まると，点 P と点 R の間 $m \in (m^P, m^R]$ に均衡経路外のメッセージができることになるが，D1基準はそのメッセージにどのような信念を割り当てるだろうか。例えば t_1 の均衡利得に対応する無差別曲線（図4-7の破線）が上のメッセージに対してどのような位置に来ているかをみると，点 S のように，t_2 の無差別曲線より必ず右側に入り込んでいる。それ以外のどのタイプの均衡利得に対応する無差別曲線を描いても，単一交差性の仮定により，それらは点 Q と点 R の間では一点鎖線の右側に来る

ことが分かるだろう.

　すると前の「D1基準：よく使われる手法」により，$m\in(m^P, m^R]$に対する信念はt_2に確率1を割り当てるものになり，信念を表す線を図4-7に書き込むと点Rと点Pを結ぶ直線になるはずである．しかしそうすると，t_2やt_1を含む多くのタイプの逸脱を招くことになり，上の半一括均衡はD1基準を通過しないことになる．

　この半一括均衡のほか，起こりうるさまざまな均衡をD1基準によって排除していき[12]，D1均衡結果の範囲を狭めていく，という手法が最近の論文ではよく用いられている．

　さて前に求めた完全な分離均衡結果（図4-5）はそうしたプロセスを生き残るわけだが，その均衡結果を再びながめてみよう．そこでは下限タイプのみが完備情報下と同じ教育水準を選び，それ以外のタイプはすべて上方バイアスのかかった教育を受けていた．つまり，少しでも能力の高い個人はそれを企業にアピールするため最適な水準より高いレベルの努力を行うといういわば「受験戦争」のような状況が暗示されていた．

　この結論だけをみると，第2章で導いた離散的タイプのSpenceモデルの結論と同じであるため，あえて連続的タイプを仮定する必要性が感じられないかもしれない．しかし近年，連続的タイプならではの面白いシグナリング・ゲームもいくつか生まれてきており，それを4.9節以降で紹介する．その前に次節では，Mailath（1987）の通常条件が満たされない場合の均衡の求め方に触れておきたい．

4.8　送り手と受け手の利得が似ているケース

　4.1節で挙げたMailath（1987）のいわゆる通常条件が破られるケースは存在するだろうか．破られる場合に解を導くことはできないだろうか．本節では1つの例として送り手と受け手の利得が似ているケースを取り上げよう．

---

[12]　例えば，一括的行動をとる上限のタイプt_2が$t_{\max}$に一致する均衡，複数の一括的行動をともなう均衡などさまざまなものが考えられる．それらの分析はここでは省略する．

4.8 送り手と受け手の利得が似ているケース

メッセージの送り手（S）の利得u，受け手（R）の利得vとして次のような形のものを考える：

$$u = -(a-t-\delta)^2 - m ; \qquad (4\text{-}17)$$
$$v = -(a-t)^2. \qquad (4\text{-}18)$$

これまでどおり$m \geq 0$はSの送るメッセージ，aはRの選ぶ反応であり，tはSのタイプであり私的情報である．ここでは連続的タイプを扱うので$t \in [t_{\min}, t_{\max}]$とする．

δは初めて登場する記号で，送り手と受け手の利得のかい離を表すパラメータである[13]．tを所与とすれば，送り手にとって受け手に選んで欲しいベストな反応aは$t+\delta$である．またそのtをはっきり分かっているのであれば受け手が選ぶ最適反応aはtである．送り手が自主的に選ぶメッセージmを無視すれば，$\delta=0$の時に両者の利得が一致することが分かる．

現実にどのような状況で上のような形の利得関数が想定されるだろうか．Grossman and Helpman（2001）では送り手が利益団体，受け手が政治家という設定で上記の関数が仮定されている．利益団体とはロビー活動や広報活動などを通して自己の利益を実現しようとする団体のことである．

例えば送り手が環境保護団体で，tは現在の公害の深刻度を表すとしよう．保護団体はtの値を正確に知っており，ロビー活動への支出mを選ぶことによってその値を政治家に伝えようとしているとする[14]．ここでmはロビー活動に必要な人員を雇ったりプレゼン資料を作成したりする費用と解される．政治家はmを観察したうえで信念$\hat{t}$を形成し公害対策aを選ぶ．

政治家は式（4-18）を最大化するためなるべくtに近いaを選びたい（公害が深刻なら大規模な公害対策を選びたい）と思っているが，保護団体は$t+\delta$という，さらにそれよりも少し大規模な対策を選んで欲しいと思っている（つ

---

[13] 文献においてδは，送り手の利得が受け手の利得と比べどれだけ違うかを表す意味で「利得のバイアス」と呼ばれることがある．しかし本書ではバイアスという言葉を「メッセージにかかる歪み」の意味で用いているため，δのことは「かい離」と呼ぶことにする．
[14] この場合tは送り手S自身の属性（能力，特徴など）を表すのではなく「Sの知っている世界の状態」を表すが，それでも以下ではtを「Sのタイプ」と呼び続ける．

まり$\delta>0$).これは,保護団体が環境破壊を深く憂慮するためである.もちろんあまりに大規模な対策をとられると企業活動やひいては経済全体に悪影響が及ぶだろう.このため,保護団体といえども大きすぎる対策は望まない(δは大きすぎない)と仮定する.本節ではδが正であると仮定するが,負の場合の分析も同様に行うことができる.

以上のような状況では,ある程度両者の利得が似ているケースが想定されるだろう.これは Spence モデルのような「個人がなるべく多くの賃金をもらいたい」という,送り手と受け手の利害が対立する状況とは少し異なっている.

さて,受け手の最適化問題から解き始めると,それは信念$\hat{t}$を所与として式(4-18)の期待値を最大化することであり,次の反応が選ばれる[15]:

$$a=\hat{t}. \qquad (4\text{-}19)$$

送り手はこの反応を踏まえて行動するから式(4-19)を式(4-17)に代入し,送り手の利得をメッセージ,信念,真のタイプの関数形として次のように表すことができる:

$$u(m,\hat{t},t) = -(\hat{t}-t-\delta)^2 - m. \qquad (4\text{-}20)$$

タイプ$t' \in [t_{\min}, t_{\max}]$を1つ指定し$\delta>0$として何らかの値を仮定したうえで,利得をある定数$\bar{u}$に固定し,前章までに数回出てきた(メッセージ,信念)平面に無差別曲線を描くと図4-8のようになる.

これは今までの無差別曲線(例えば図2-14にあるもの)と異なる形状をしており,上に開いたU字型をしていない.また式(4-20)でmが引き算の形で入っていることから分かるように左に位置する曲線ほど高い利得に対応する[16].

---

[15] 受け手は式(4-18)の期待値$E(v) = E[-(a-t)^2] = -a^2 + 2a \cdot E(t) - E(t^2)$を最大化する$a$を選び,この解は$a = E(t)$である.$E(t)$は受け手が$m$を観察した後に形成する信念$\hat{t}$にほかならない.本節ではこれからみるように分離均衡に焦点を当てるので,結果的にベイズ・ルールにより$\hat{t} = t$となる.

[16] この「利得の似ているケース」において,連続的タイプではなく離散的タイプを仮定して第2〜3章と同様の分析を行うと,D1基準をもってしても均衡結果が1つに絞りきれない場合があることを示すことができる.

4.8 送り手と受け手の利得が似ているケース

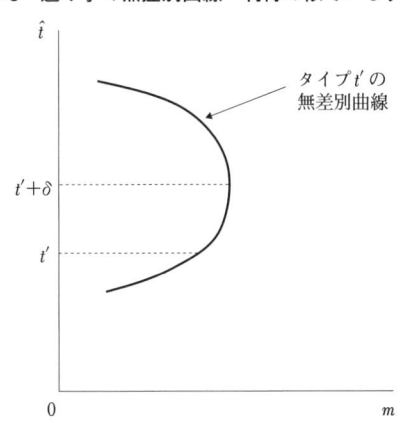

図4-8　送り手の無差別曲線：利得の似ているケース

送り手の利得関数が式（4-20）で表される場合，Mailathの通常条件のいくつかが破られることをみよう．4.1節でもみたように通常は $u_1(m, t, t) = 0$ が完備情報下の一意な解を導くはずだが，式（4-20）では常に $u_1(m, t, t) = -1$ になってしまう．実際，完備情報下での最適なメッセージは $m = m^C(t) = 0$ になる．なぜなら，$u(m, t, t) = -\delta^2 - m$ を最大化する $m \geq 0$ は，その下限 0 に等しいからである．言い換えればこのモデルでメッセージは，私的情報をシグナルする以外，何の役割も果たさない．その意味では3.5節で紹介した2次元メッセージのモデルでの m_2（広告や課外活動）と同じく，一見無意味と思われる支出である．受け手である政治家も，そのメッセージの中身にではなく，その金額にのみ注目する．

次に式（4-20）を信念で偏微分すると $u_2(m, \hat{t}, t) = -2(\hat{t} - t - \delta)$ であり，$\hat{t}$ が t に近いならこれは正であるが，$\hat{t} > t + \delta$ ならば負に転ずる．これはどの送り手も「自分が真のタイプより少し大きなタイプである」と受け手に信じさせたいが，「大きすぎるタイプである」とは信じさせたくないことを意味しており，信念単調性が破られることを示している．さらに $u_{13} = 0$ であるため，タイプ単調性も破られている．

以上のようにMailathの通常条件がいくつか破られているが，このシグナリング・ゲームで均衡を導くことが不可能かというとそうではない．特に1階の

条件の求め方は 4.2 節のやり方と同じである．ここでも分離均衡に焦点を当て，メッセージ関数 $m = f(t)$ を求めてみよう．

不完備情報下では送り手は式 (4-20) を m に関して最大化する．その際，信念関数 $\hat{t} = \hat{t}(m)$ を考慮しつつ行う：

$$\max_m u(m, \hat{t}(m), t) = -(\hat{t}(m) - t - \delta)^2 - m.$$

その最大化の 1 階の条件は

$$u_1(m, \hat{t}, t) + u_2(m, \hat{t}, t)\frac{d\hat{t}(m)}{dm} = -1 - 2(\hat{t} - t - \delta)\frac{d\hat{t}(m)}{dm} = 0.$$

分離均衡での信念は事後的に真のタイプと一致するので

$$\hat{t} = t \quad \text{と} \quad \frac{d\hat{t}(m)}{dm} = 1 \Big/ \left(\frac{df(t)}{dt}\right)$$

を使って 1 階の条件を変形すると次の微分方程式を得る：

$$\frac{dm}{dt} = 2\delta. \tag{4-21}$$

式 (4-20) のように利得関数において信念や真のタイプを含む項からメッセージが分離されている場合は，上の微分方程式に対し，次のような分かりやすい直観的説明を与えることができる：『送り手が信念を真のタイプより少し上に誘導できれば，つまり受け手に「$\hat{t}$ が t より少し大きい」と信じさせることができれば，送り手が得る限界便益は $u_2(m, t, t) = -2(t - t - \delta) = 2\delta$ である．他方，そのように信じさせるためにメッセージにバイアスをかけることに伴う限界費用は dm/dt である．均衡では両者が一致しなければならない．』

さて式 (4-21) は最も単純な形の微分方程式であり，これを解くと

$$m = f(t) = 2\delta t + C \tag{4-22}$$

が得られる．ここで C は何らかの定数である．

その C を決めるための初期値条件は，ここでは $f(t_{\min}) = 0$ となる．なぜならこのモデルではどのタイプも自分を実際よりも大きいタイプとみせかけたいからだ．信念単調性が成り立たないため「できるだけ大きなタイプとみせかけたい」わけではないが，それでも各 t は $\hat{t} = t + \delta > t$ を真似する潜在的な願望を持

4.8 送り手と受け手の利得が似ているケース

っている．分離均衡ではその「真似」を防ぐため，少しでも大きいタイプが順にメッセージにバイアスをかける必要がある．しかしどのタイプからも真似されそうにないタイプ $t_{\min}$ はバイアスをかける必要がないのである．よって $f(t_{\min}) = 2\delta t_{\min} + C = 0$ より得られる $C = -2\delta t_{\min}$ を式 (4-22) に代入すると

$$m = f(t) = 2\delta(t - t_{\min}) \tag{4-23}$$

というメッセージ関数を得る．これが求めたかった解である．

さて問題は 2 階の条件，つまり上が本当に最大化問題を解いていることの確認である．上でみたように，Mailath (1987) のいくつかの通常条件が破られているため式 (4-15) を用いることはできないが，次のようにして確認することができる．

信念関数は（均衡経路上では）メッセージ関数の逆関数であるから，式 (4-23) を変形して

$$\hat{t} = \frac{m}{2\delta} + t_{\min}$$

を得る．これを式 (4-20) に代入すると送り手の利得関数は

$$u = \left(\frac{m}{2\delta} + t_{\min} - t - \delta\right)^2 - m$$

となる．この利得関数を用いて $\partial u / \partial m = 0$ を解くとまさに式 (4-23) が得られる．さらにもう 1 回 m で微分すると $\partial^2 u / \partial m^2 = -1/(2\delta^2) < 0$ と負になるから 2 階の条件も満たされていることが分かるだろう．

この「利得の似ているケース」で，前の図 4-5 に類似した図を描くと**図 4-9** のようになる．ここでは例としてタイプ $t_{\min}$ と $t_{\max}$ について，各々の均衡利得に対応する無差別曲線を描いている．これらの無差別曲線をみる時には，横軸には t ではなく $\hat{t}$ をとっていることに注意．つまり図 4-8 の縦軸と横軸を入れ替えた図になっているわけである．そしてこうしたすべてのタイプの無差別曲線の包絡線がメッセージ関数を表す直線 AE である．この関数をみる時には図の横軸として真のタイプをとる．

この図に，**図 4-5** と同様，信念関数を表す線を描くことも容易だろう．均衡経路外のメッセージは点 E より上のメッセージになるが，その範囲の m に対

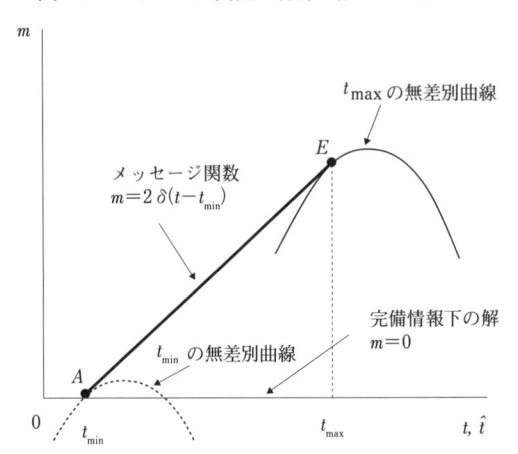

図 4-9 メッセージ関数：利得の似ているケース

$t_{\max}$ の無差別曲線

メッセージ関数
$m = 2\delta(t - t_{\min})$

完備情報下の解
$m = 0$

$t_{\min}$ の無差別曲線

してD1基準は何も制約を課さない．なぜならその範囲の m に対してどのような信念を想定しても，いずれかのタイプが均衡利得を超える利得を実現することはないからである．この種の議論をする時は，必ず信念を $[t_{\min}, t_{\max}]$ の範囲内で考えることに注意していただきたい．

ゆえに図 4-9 の均衡結果はD1基準を問題なく通過する．この均衡結果においては，下限タイプ以外のすべてのタイプがメッセージに上方へのバイアスをかけている．つまり完備情報下での解 $m=0$ よりも大きいメッセージを選んでいる．さらにそのメッセージ関数の傾き 2δ は，送り手と受け手の利得のかい離 δ に比例する．先の環境保護団体の例で言えば，送り手である保護団体の利得が，受け手である政治家の利得からかい離しているほど，保護団体は情報伝達のロビー活動を熱心に行うわけだ．ただし皮肉なことに，分離均衡では事後的に真のタイプ（正確な公害の深刻度）が明らかになるから，保護団体は政治家をだますことはできない．

以上みてくると，Mailathの通常条件が破られていても連続的タイプのシグナリング・ゲームが解ける場合のあることが分かるだろう．特に本節で紹介した「送り手と受け手の利得が似ているケース」は後にチープトーク・ゲームと呼ばれるゲームの分析において再び取り上げられる．

4.9　白人のようなふるまい：アクティング・ホワイト

　前節から話を変えて，Spence モデルの文脈に戻ろう．基本的な Spence モデルでの結論は「能力の高い学生がそれをシグナルするために自分の最適水準より高い教育を受ける」というものだった．これに対し，Austen-Smith and Fryer (2005) はその Spence モデルを拡張し，「学生が仲間の目を気にして勉強の努力を抑制する」現象を説明する興味深いモデルを構築している．

　アメリカの抱える教育・人種問題の1つに，アフリカ系アメリカ人学生の成績が平均的にみて白人学生の成績より有意に低い点があるという．その背景の1つとして，黒人の若者の間で勉強に励む仲間をみると「あいつは白人のようなふるまいをしている ("Acting White")」と揶揄し仲間外れにすることが広まっており，これが修学の妨げになっているとの説がある[17]．この仮説にシグナリング・ゲームを用いて理論的根拠を与えたのが Austen-Smith and Fryer (2005) である．

　Spence モデルと同様に，彼らのモデルにおいてもメッセージの送り手は個人（ここでは黒人学生）であり，そのタイプをシグナルする手段つまりメッセージは教育水準 m である．しかしその送り手のタイプは2次元であり，これまでの能力 t（連続的タイプ）に加え，社交性 $s=s^H, s^L$（2タイプ）も個人の性質として仮定される．ここで s^H は社交的タイプ，s^L は非社交的タイプとする：$0<s^L<s^H$．何をもって社交的と呼ぶのかは後述する．2次元のタイプをまとめて $\tau=(t,s)$ と書く．t と s は独立に自然によって選ばれ，その真の値は個人本人だけが知る私的情報だが，その確率分布は共有知識である．t は累積分布関数 $G(t)$ に従って選ばれ，s は確率 p で s^H が選ばれるものとする．

　またメッセージの受け手としては企業（受け手1：R1）だけではなく黒人仲間のグループ（R2．以下単にグループと称する）も存在すると仮定される．このような2次元のタイプと2種類の受け手の存在が Spence モデルの結論を大き

---

17)　アクティング・ホワイトという言葉はさまざまな解釈を許容するブラック・カルチャーを説明する1つのキーワードであるようだが本書では深入りしない．

く変えることになるのだがそれを以下では簡単にみよう．

企業の行動はSpenceモデルと同様であり，賃金 $a = \hat{t} \cdot m$ を提示する．企業は個人の社交性に一切の関心を持たない．他方グループの行動基準はただ1つ，社交的タイプのみを仲間として受け入れ（その行動を $\alpha = 1$ で表す），非社交的タイプを拒否する（$\alpha = 0$）ことである．個人の社交性について手がかりが全くなく，信念が事前確率のみに基づいて $\hat{s} = ps^H + (1-p)s^L$ と形成される時には，グループはその個人を拒否すると仮定される．一般にグループは排他的なことが多いだろうからこれは現実的な仮定だろう．

ここでグループは「個人が勉強熱心であること」や「個人が経済的成功を収めること」それ自体を憎むわけではないことに注意．こうした仮定の下でもゲームを解くと，グループの目を気にして個人が勉強を抑制しうるという結論が得られるのが興味深い．

送り手たる個人の利得は次のように仮定される：

$$u = (1 + \alpha s)(1 - m) + \hat{t} \cdot m - c(m, t). \tag{4-24}$$

ここで右辺の2，3項目はSpenceモデルと同様，賃金マイナス教育コストである．教育コスト関数には3.2節の仮定3-1と類似の仮定を置く．仮定3-1では能力について離散的タイプが仮定されていたのでそれを連続的タイプに拡張する必要があるが，それは容易なのでここでは省略する[18]．

式（4-24）の右辺1項目がここで新しく加わる部分であり，レジャー $1 - m$ のもたらす効用を表している[19]．その効用はグループがその個人を仲間として受け入れる（$\alpha = 1$）場合に高まり，その高まる度合いはその個人が社交的なほど大きくなる．つまりここで社交性とは，個人がグループに貢献する度合いを測ると同時に（だから社交的タイプのみが仲間として受け入れられる），その個人にとっての仲間と過ごすレジャーの価値を表している．式（4-12）か

---

[18] 加えて，後述のレジャー $1 - m$ を常に正に保つため $\lim_{m \to 1} c_m = \infty$ と仮定し，解を導いた結果 m が $[0,1)$ の範囲に収まるようにする．また能力 t には上限を定めない：$t \in [t_{\min}, \infty)$．

[19] 第2章の冒頭でも議論したように，m は受ける教育の質を表し必ずしも勉強時間を測っているわけではないが，ここでは最上の教育（=1）を受ける努力を惜しんでいるという意味で $1 - m$ をレジャーと称している．

ら分かるように，その個人がグループから拒否される（$\alpha=0$）場合には社交性の違いは効用に違いをもたらさない．

ゲームのタイミングは次のとおりである．

アクティング・ホワイト・ゲームのタイミング
ステージ0： 自然が個人（S）のタイプ $\tau=(t,s)$ を選ぶ．これは私的情報である．
ステージ1： 個人が自分の教育水準 m を選ぶ．
ステージ2： 企業（R1）は m を観察したうえで賃金 $a=\hat{t}\cdot m$ を提示する．他方，グループ（R2）は m を観察したうえで「受け入れ」か「拒否」を選ぶ．

さて以上の設定の下で，まずベンチマークとして「社交性 s は共有知識である（誰にも知られている）が，能力 t は私的情報である（個人のみが知っている）」と一旦仮定を変えて，社交的タイプと非社交的タイプが各々選ぶ教育水準を t の関数形として求めてみよう．社交的タイプの場合，式（4-24）に $s=s^H$ と $\alpha=1$ を代入したうえで連続的タイプのSpenceモデルと同じ要領で微分方程式（式（4-12）に相当するもの）を解くことになる．得られるメッセージ関数を $m=f^1(t)$ としよう[20]．ここで $\alpha=1$ を代入したのは，グループは個人が社交的タイプであると初めから認識したうえで確実に受け入れるからである．関数の上付き文字1はその $\alpha=1$ の意味で用いている．非社交的タイプの場合も同様に，式（4-24）に $s=s^L$ と $\alpha=0$ を代入し微分方程式を解くと，メッセージ関数 $m=f^0(t)$ が得られる．これらの関数が図4-10に示されている．

この図には同時にいくつかの無差別曲線も描いており，破線カーブは非社交的タイプ s^L の，実線カーブは社交的タイプ s^H の無差別曲線を表す．またそれぞれ線の太さによって能力タイプ t の大きさを表している（太い線の方が大きな t に当たる）．これまで同様，無差別曲線をみる時には横軸に t ではなく $\hat{t}$ を

---

[20] ここでは教育コスト関数に具体的な形が与えられていないため特定のメッセージ関数を導けるわけではないが，一般的な関数形のまま話を進める．

とってみることに注意していただきたい．これはちょうど図4-5を2つずらして描いたような図になっている．

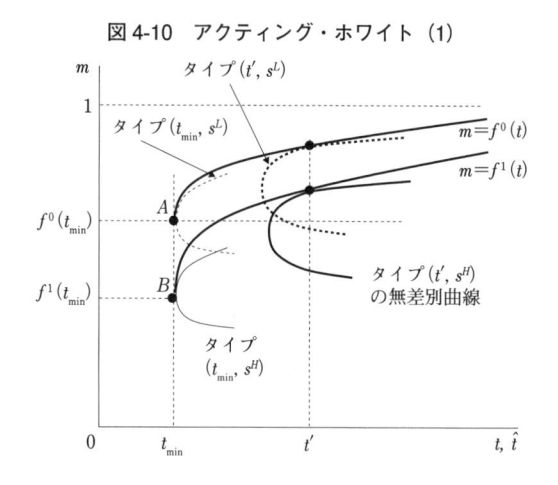

図4-10　アクティング・ホワイト（1）

本章4.1〜4.7節の議論により，これらのメッセージ関数では，初期値条件（点Aと点B）を除き，完備情報下に比べ教育水準に上方バイアスがかかっているはずである．また能力を所与として社交的タイプの方が非社交的タイプより低い教育を選ぶのは，グループから受け入れられる結果，レジャーに高い価値を見出すからである．

さてtだけでなくsも私的情報であるという本来の仮定に戻った場合，上のような完全な分離均衡は存在しえない．なぜなら，$f^0(t_{\min})$以上の教育水準が観察された場合，それを社交的タイプ，非社交的タイプのいずれが選んだのかを区別できないからである．Austen-Smith and Fryer（2005）はこの場合に次のようなD1均衡結果が存在することを示しているのだが，それを図4-11を参照しつつみていこう．

その均衡では個人は次のような戦略を用いる．非社交的タイプはすべてのtに対して$m=f^0(t)$に従って比較的高い教育水準を選ぶ．これは図4-10と同じである．異なるのは社交的タイプの戦略である．社交的タイプは能力が$t \in [t_{\min}, t']$と比較的低いなら一律に低い教育水準$f^1(t_{\min})$（図4-11の点Pの高さ）を選ぶが，能力が$t > t'$と比較的高いなら$m=f^0(t)$という非社交的タイプと同

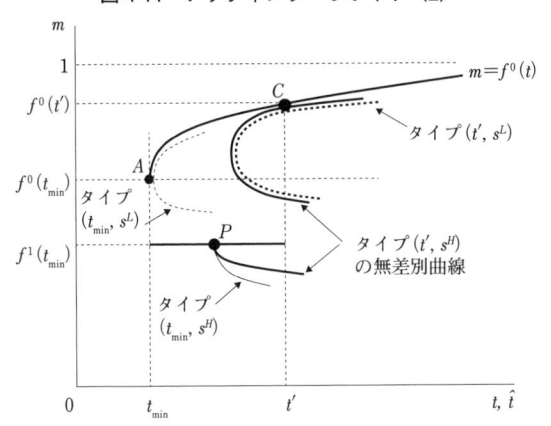

4.9 白人のようなふるまい：アクティング・ホワイト

図 4-11 アクティング・ホワイト (2)

じ戦略をとる．ここで t' は，タイプ (t', s^H) が点 P と点 C の間で無差別になるよう内生的に決まる能力タイプである．

上の均衡結果を支える信念は次のようなものである．

- 図 4-11 の点 C より大きな教育が観察された場合，能力についての信念 $\hat{t}$ は $f^0(t)$ の逆関数として形成され，社交性については見分けがつかないため事前信念が維持される（その結果グループによって拒否される）．
- 点 A, C 間の高さの教育が観察された場合，$\hat{t}$ は $f^0(t)$ の逆関数として形成され，社交性については「確実に s^L」という信念が形成される（その結果拒否される）．
- 点 P, A 間の高さの教育が観察された場合（それは均衡経路外である），$\hat{\tau} = (t_{\min}, s^L)$ という信念が形成される．よっていずれかのタイプがここに逸脱した場合グループから拒否される．
- ちょうど点 P の高さの教育が観察されたら，能力については事前的分布 $G(t)$ を用いて信念 $t_{\min} \leq \hat{t} \leq t'$ が形成される（それが点 P の横軸座標に当たる）．社交性については「確実に s^H」という信念が形成される（その結果グループから受け入れられる）．
- 点 P より下の教育が観察されたら（これも均衡経路外），$\hat{\tau} = (t_{\min}, s^H)$ という信念が形成され，その結果受け入れられる．

上の均衡が実際に D1 基準を通過することの厳密な証明は Austen-Smith and Fryer（2005）を参照していただきたいが，ここでは直観的にみるため図4-11 にいくつかタイプの均衡利得に対応する無差別曲線を描き入れてみた[21]．図 4-10 と同様，破線カーブは s^L の，実線カーブは s^H の無差別曲線を表し，それぞれ太い線の方が大きな t を表している．

図 4-11 で注目されるのは，点 P を通る水平線を境に平面が 2 分割されることである．水平線より上の領域ではグループによって拒否され，水平線上を含む下の領域では受け入れられるため，水平線を境に無差別曲線が不連続的になる．図中の「タイプ (t', s^H) の無差別曲線」とある太い実線は，途中で切れているが，このタイプが均衡で得る同じ利得に対応しているのである．この無差別曲線は水平線の上の領域ではタイプ (t', s^L) の無差別曲線（太い破線）と一致する．なぜなら上の領域ではグループから拒否されるため，前にみたように社交性の違いが効用に違いをもたらさないからである．

このように無差別曲線が不連続的になることが D1 基準の適用に当たって大きな意味を持つ．以前図 4-7 を用いて，部分的にでも一括的行動を含む均衡は D1 基準を通過できないことをみたが，その時起きた問題が図 4-11 では無差別曲線の不連続性により，点 P のすぐ上で生じないのである．ただし図 4-11 は厳密な議論を行うための十分な情報を提供していない．例えば，タイプ $(t_{\min}, s^L)$ の均衡利得に当たる無差別曲線（図の細い破線）の続きが下の領域ではどこに位置するのかを調べて，このタイプが点 A から点 P に逸脱するインセンティブを持たないかなどを丹念に確認する必要がある．それはここでは行わない[22]．

さて上の均衡で注目されるのは，社交的だが比較的能力の低い個人が，低い教育水準（点 P の高さ）を選ぶという一括的行動をとる点である．Austen-

---

21) この論文はかなりテクニカルであり，筆者も理解を詰め切れていない部分がある．図 4-11 に描き入れた無差別曲線の形状もやや不正確である可能性がある．
22) このアクティング・ホワイト・モデルの均衡では，同じパラメータを仮定しても，一括的行動の起きる点 P の高さなどにある程度のバリエーションが認められうる．つまり D1 基準を通過する均衡結果の一意性が保証されないかもしれない．詳しくは原典論文を参照していただきたい．

Smith and Fryer はこの結果がアクティング・ホワイト現象を説明するかもしれないと解釈している[23]．この一括的行動は，3.3 節の「天才はシグナルしない」モデル，3.4 節の「選択できる教育に上限のある」モデルにおける一括的行動とは違う理由によって起きているのが大変興味深い．本節で紹介した論文も，シグナリング・ゲームの応用に関心ある方にとって必読の文献であると言えるだろう．

4.10 協調性の理論

前節のモデルと同様，連続的タイプを仮定しつつ，一括的行動（pooling）に焦点を当てたモデルの1つとして Bernheim（1994）が挙げられる．このモデルは Spence モデルとは全く異なる文脈で展開されており，人々が例えば購入する服のデザインに関して「自分の好みを追求したい」気持ち（生来的好み）と「周りの人の服からあまりかい離したくない」気持ち（評判への関心）の間で揺れ動く状況を描写している．

メッセージの送り手は服を買う一人一人の個人であり，その利得関数は次のように仮定される：

$$u(m, \hat{t}, t) = -(m-t)^2 - \lambda \cdot (\hat{t}-1)^2. \tag{4-25}$$

ここで $t \in [0, 2]$ は服のデザインに関するこの個人の好みを表す．これは私的情報であり，この個人のタイプに当たる．服のデザインは0から2までの範囲で数値化され，$t=0$ は最も地味な服を好むタイプ，$t=2$ は最も派手な服を好むタイプとしよう．$m \in [0, 2]$ は個人が実際に買う服のデザインである．このメッセージを観察したうえで周りの人（受け手）はその個人のタイプについての信念 $\hat{t} \in [0, 2]$ を形成する．

式（4-25）の第1項は生来的好みを反映し，個人は自分の好み t になるべく近い服を買いたいと思う．$m=t$ の時にこの第1項は最大値（ゼロ）をと

---

[23] 誤解の生じないよう再度確認すると，この論文のタイトルにもなっているアクティング・ホワイト現象とは「白人のような振る舞い」そのものではなく「それが牽制となって若者の間に広まる萎縮的な行動」のことである．

る．しかし個人は自分が周りからどう思われるかも気にし，この評判への関心が第2項目によって表されている．この項は $\hat{t}=1$ の時に最大値（ゼロ）をとる．これは中庸な人ほど社会的に高い評価を受けるという仮定に基づいている．その背景には，服の好みが中庸な人はその他の面でも極端な行動をとらず，社会にとって危険ではないという通念がある[24]．$\lambda>0$ は個人が評判への関心に置くウェートを表し，定数かつ共有知識とする．

この個人の無差別曲線を $(\hat{t}, m)$ 平面に描くと図 4-12 のようになる．

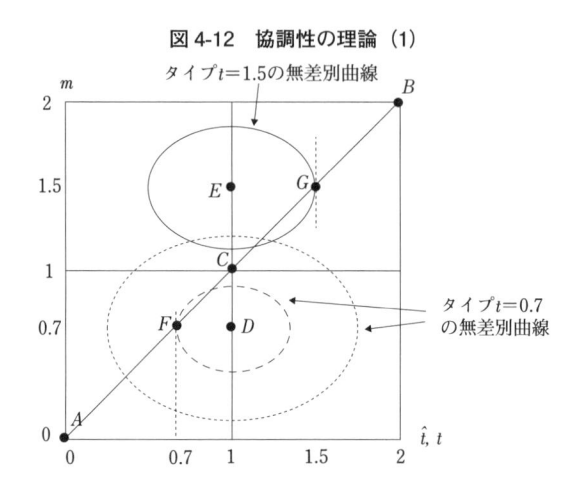

図 4-12 協調性の理論（1）

この図では例としてタイプ $t=0.7$ の個人の無差別曲線を破線の楕円で，$t=1.5$ の無差別曲線を実線の楕円で描いている．いずれも楕円が小さくなるほど高い利得に対応する．例えばタイプ $t=0.7$ の理想点は点 D であり，ここを実現できれば自分の理想の服を買い（$m=t=0.7$），最高の評価（$\hat{t}=1$）を受けることになる．同様にタイプ $t=1.5$ の個人の理想点は点 E である．このモデルでは信念単調性が満たされていない．地味な（派手な）服を好む個人は，評判を気にして自分の理想より少し派手な（地味な）服を好むようにみせかけたい

---

24) この通念はあくまで仮定であり，現実にそれが正しいかどうかはここでは問わない．またこのモデルでは，メッセージの受け手（周りの人）が信念を形成した結果とる反応，およびその反応が個人に与える影響は定式化されていない．$\hat{t}$ が直接個人の利得関数に入っている．つまり評判が直接個人の利得に作用する．

ので,「真似をしたい」方向性が単調でないからである．また図4-12から分かるように単一交差性も満たされていない（無差別曲線の交点が2つできうる）.

まず完備情報下で何が起きるか考えよう．この場合周りの人は各個人のタイプを知っているから，例えばある個人のタイプが $t=0.7$ なら，その周りの人は $\hat{t}=0.7$ と正しく信じる．すると図4-12の点 F を通る垂直線を所与としてこの個人は利得の最大化を行い，点 F を選ぶだろう．同様にタイプ $t=1.5$ の個人は点 G を選ぶだろう．完備情報下でタイプ t が選ぶメッセージは $m=m^c(t)=t$ となり，それは図4-12の線分 $\overline{AB}$ で表されることになる．つまり完備情報下では評判を操作できる余地がないため，個人は自分の生来的好みに忠実に服を買うのである．

不完備情報下でのメッセージ関数 $m=f(t)$ は，上とどのような違いをみせるだろうか？ Bernheim（1994）は完全ベイジアン均衡（PBE）を解き，メッセージ関数が図4-13の点 A, B を起点とする太線カーブから構成されることを示している．特に点 A の周辺は前出の図4-4に似ている．つまりこのモデルでは4.3節で議論した初期値条件が2ヵ所で成り立ち，それらを起点として4.6節と同様に無差別曲線の包絡線を2本描くことによって，メッセージ関数をみつけることができるのである．

さて Bernheim（1994）モデルの本当に面白い点はここからである．λ が比較的小さい場合，つまり個人が自分の評判をあまり気にしない場合，各タイプ

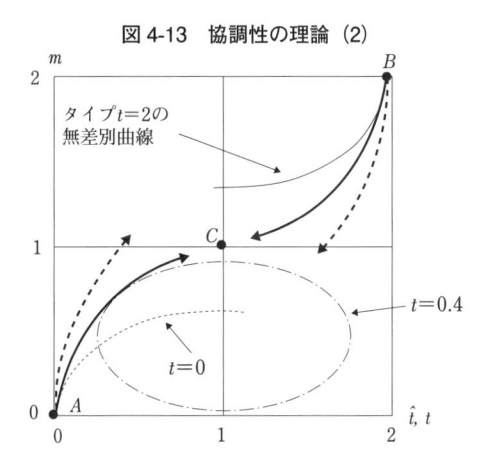

図4-13　協調性の理論（2）

の無差別曲線を表す楕円は横に平たい形をとる．この時，図 4-13 において点 A, B を出発する 2 本の太線カーブは点 C に収束することが示されうる（矢印付きの太い実線）．この場合，完全な分離均衡が出現し，メッセージ関数 $m = f(t)$ は 1 対 1 対応の関数となる．ここでは 3 つのタイプ $t = 0, 1, 2$ は順に点 A, C, B で自分の生来的好みに忠実な服を選び，それ以外のすべてのタイプは自分の好みよりやや中庸に近い服を選ぶが，いずれにせよ各タイプは服の選択によって自分のタイプを正確に明らかにすることになる．

しかし λ が高い場合，つまり個人が評判を大きく気にするようになると，無差別曲線を表す楕円が縦長になってくる．この時，図 4-13 において点 A, B を出発する太線カーブは点 C に収束しなくなり，点 C をはさんですれ違いそうになる（図 4-13 の矢印付きの太い破線）．この時は完全な分離均衡は存在しえない．なぜなら，そのすれ違う所の服が観察された場合に，個人のタイプが正確には分からないからである．Bernheim はこの時次のような半一括均衡が出現することを示している．

① $t = 0$ に近いタイプ（地味な服を好むタイプ）は点 A から出発する太線カーブに従って服を選び自らのタイプを明らかにする．

② $t = 2$ に近いタイプ（派手な服を好むタイプ）は点 B から出発する太線カーブに従って服を選び自らのタイプを明らかにする．

③ しかし $t = 1$ を挟むある区間の中庸タイプは一括的行動をとり，全く同じデザインの服（それを m_P とする）を選ぶ[25]．

つまり極端な好みを持つ①と②の人は各人の好みを服によって正確に表現するが，中庸の好みを持つ③の人は 1 つの固まりとなって全く同じデザインの服を選ぶわけである．Bernheim (1994) はこの③の行動を人々の協調的行動と解釈している．男性のファッションで言えば，この一括的行動は「無難なデザインのスーツとネクタイを身に着けること」に当たるかもしれない．

このモデルにおける一括的行動の出現する理由は，第 3 章の 3.4 節の Cho and Sobel (1990) モデルにおけるそれにやや似ている．Cho and Sobel ではメ

---

[25] この半一括均衡の正確な形状は Bernheim (1994) の Fig. 4 にあるのでそちらを参照していただきたい．その図を本書の図 4-12, 4-13 と比べるときは縦軸と横軸を入れ替えてみる必要がある．

ッセージ空間に天井（上限）があると仮定した場合にその天井で一括的行動が生じる可能性があった．Bernheim では明示的にメッセージ空間の天井が仮定されているわけではないが，λ が大きい場合に地味タイプと派手タイプのメッセージ関数が中央に収束せずにすれ違いそうになり，それが許されないためにそこで事実上の「天井」が生じるのである．

　最後に，この Bernheim（1994）の後半にはモデルを使って「サブカルチャー」を説明する部分もあり，大変興味深い必読の文献と言える．

　Banks（1990）は上の Bernheim（1994）とは全く違う文脈で，似た形状の半一括均衡を導いている（ただし Banks の方が論文の発表時期は前である）．Banks モデルは選挙を舞台に展開されており，2 人の候補者がメッセージ（公約）の送り手であり，有権者が受け手である．候補者は各人理想の政策を心に秘めており（それが送り手のタイプに当たる），選挙に勝たなければそれを実行できない．選挙に勝つため選挙民におもねって自分の理想とはかけ離れた公約を発表することもできるが，それをして勝っても後に明らかとなり，その政治家の評判を傷つけると仮定されている．その設定の違いのほか，Banks モデルは Bernheim モデルと比べていくつかの違いを持つ．Banks モデルでは完全な分離均衡はどのようなパラメータの下でも出現しない．また (t, m) 平面でメッセージ関数の形状が対称的な均衡に注意を限定している．これは Bernheim モデルにたとえて言えば m_P（一括的行動の水準）をはじめから 1 と仮定してモデルを解くことに当たる．Bernheim はそれを仮定せず，m_P が 1 の付近で内生的に決まることを示している．

4.11　文献紹介

　連続的タイプを伴うシグナリング・ゲームを扱った経済学の論文は近年その数を増している．ここではその一部を紹介しよう．

　前に紹介した Mailath（1987）では「誘因両立性条件（つまり送り手の各タイプが最適化を図っていること）と初期値条件が両方満たされれば解の一意性が保証される」ことが示されているが，それは初めから注意を分離均衡に限定したうえでの話だった．これに対し Ramey（1996）は精緻化（D1 基準）の話

にまで踏み込み,一括均衡なども含めて考えたうえでその中で生き残る均衡をみつけている[26]. Ramey はそれを行う際に,「メッセージが多次元である可能性」も許容し,「単一交差性よりも緩い条件」を仮定している. そして「その仮定の下ではどのような D1 (を生き残る) 均衡も分離均衡になること」, また「さらなる仮定を加えると Riley outcome のみが生き残ること」などを示している. しかしこの Ramey (1996) は非常にテクニカルな論文である.

Mailath (1988) は Mailath (1987) を拡張し,次のような n 人シグナリング・ゲームを考えている:『$n \geq 2$ 人のプレイヤーが各自自分のタイプについての私的情報を持ちつつ第1期目に同時にメッセージを送る. それらのメッセージをすべて観察したうえで各プレイヤーは信念を改訂し, 第2期目の反応を全員同時に選ぶ.』つまりこのゲームでは n 人のプレイヤー全員がメッセージの送り手でもあり受け手でもあるわけだ. Mailath (1988) はさらに単純化のため「第1期目のメッセージは第2期目の自分および他人の利得に (シグナリング効果以外の) 直接的影響を与えない」という分離可能 (separable) な利得関数を仮定し, このゲームで分離均衡が存在するための条件を求めている.

ここでのポイントは,送り手が1人の場合 (例えば本書の図 4-4) と異なり,メッセージ関数が全体的にシフトするかもしれない点である. 背景のモデルは特定化せずそのイメージ図が図 4-14 に描かれている.

このようなシフトは,各送り手のほかに $n-1$ 人の送り手が存在し,同時にバイアスのかかったメッセージを送るため,その相互作用によって生じうる. シフトした先で単一交差性条件が保証されるのかなどが分析の焦点になる. Mailath (1989) はこの Mailath (1988) を産業組織論に応用し, 複数の企業が同時に自分のコスト構造についてのシグナルを送り合うモデルを展開している.

産業組織論以外でもさまざまなモデルに, 連続的タイプのシグナリング・ゲームが応用されている. 本章の脚注9でも触れた Collie and Hviid (1993) は国際貿易の第三国市場モデルに不完備情報を導入している. このモデルには自国政府, 自国企業, 外国企業の三者が登場し, 自国企業の正確なコスト構造を

---

[26] よってこの論文の目的は, 離散的タイプ・モデルにおける Cho and Sobel (1990) の目的と並列的である.

4.11 文献紹介

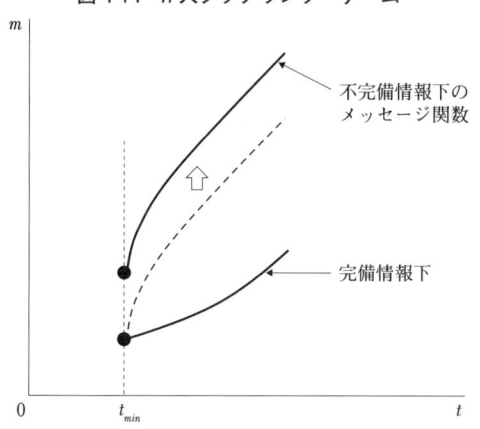

図4-14　n人シグナリング・ゲーム

自国政府と自国企業自身は知っているが，外国企業は知らないと仮定される．第1期に自国政府（送り手）が自国企業に与える補助金を決めることによってそのコストを外国企業（受け手）にシグナルする．第2期では，もともと正確な情報を持つ自国企業と，情報を持たないが補助金の選択をみて信念を改訂した外国企業が第三国でクールノー競争を行う．このモデルを解くと，完備情報下で与えられる補助金よりはるかに大きな補助金が与えられるという結論が導かれる．このモデルでは第2期のクールノー・ゲームを解いて，送り手である自国政府の利得を関数の形で導くところが分析のカギとなる．また脚注9でも触れたように，送り手の最適化によって導かれる微分方程式が代数的に解けない場合の図による対処法が解説されている．

また第3章末でも触れたSeverinov (2006) のセクション4では，親が子に対し財産を遺すことによって愛情をシグナルするモデルが連続的タイプを仮定しつつ展開されている．またRogoff and Sibert (1988) は政府が自らの財政政策の遂行能力をシグナルするために政治的なビジネスサイクルを起こすモデルを分析している．これは第3章末で紹介したRogoff (1990) に設定は似ているが，連続的なタイプを仮定し，メッセージを1次元に絞っている点が異なる．Sawaki (2010) では中央銀行が財政政策当局との駆け引きの中で金融政策にバイアスを生じさせる可能性が検討されている．

Daughety and Reinganum（2008）は，企業が自社製品の質をシグナルする際，「価格にバイアスをかける」か「一定のコストを払ってディスクローズする」のどちらかを選択できる設定を考えている．後者を選ぶ場合，公的機関などにサンプリング検査などを委託することになる．これは必ず真のタイプを明らかにするためメッセージによるシグナリングとは異質の選択肢である．このモデルを解くと，真の品質タイプが低めなら価格に上方バイアスをかけてシグナリングが行われるが，タイプが一定水準を超えるとディスクローズが選ばれる（この時は完備情報下と同じ価格が選ばれる）という均衡が出現することが示される．

　Kremer and Skrzypacz（2007）はダイナミックなバーゲニングの文脈でシグナリング・ゲームを考えている．Spence モデルの設定で言えば，私的情報を持つ個人に対して複数の企業が賃金を提示するが，個人はそれを拒否して決断を遅らせたりすることができる状況である．決断を遅らせることは，受ける教育（メッセージ）にコミットできないことを表す．一般にこのようなコミットメントの欠如は一括均衡につながるが（Swinkels 1999），Kremer and Skrzypacz（2007）は，個人の成績など公的な情報が入手可能なら分離均衡が回復されうることを示している．公的な情報の入手可能な点は第 3 章で紹介した Feltovich, Harbaugh, and To（2002）に似ているが，こちらはダイナミックなモデルであり，分離均衡が再びクローズアップされている点が異なる．

　以上のほかにも連続的タイプを伴うシグナリング・ゲームを応用した文献にはさまざまなものがある．これまでと少し異質なモデルとしては，コストのかかるシグナリングとコストのかからないチープトークの両方の選択肢を考えたモデルがある．それは第 6 章で解説されるが，その準備も兼ねて，次章ではチープトークを紹介することにしよう．

第5章

チープトーク・ゲーム

5.1 夫婦のゲーム（1）：仲の良いケース

これまで解説してきたシグナリング・ゲームでは，情報伝達の際に送り手の側に常にコストが発生していた．例えば Spence の就職市場モデルでは，高能力タイプの個人が，受ける教育の水準を自分の最善レベルより引き上げるという形でコストを負担していた．あるいは 4.8 節の「利得が似ているケース」では送り手がロビー活動への支出という直接的なコストを負担していた．コストがかかるということは送り手の利得関数 u にメッセージ m が明示的に含まれるということである．

これに対し本章で扱うチープトーク・ゲーム (cheap-talk game) では，送り手のメッセージが単に言葉を通して伝えられ，その際にコストはかからず，その真偽を（例えば第三者を通じて）事後的にも確認することができないと仮定される．つまりメッセージ m が送り手，受け手どちらの利得関数にも明示的には含まれない[1]．それ以外の点ではゲームのタイミングも，使われる均衡概念（完全ベイジアン均衡 PBE）も同じである[2]．このようなゲームではどのような情報の伝達が期待されるだろうか？

次のような夫婦のゲームを考えよう．ある夫婦が人里離れた山深い場所に住んでいる．その自宅から，都会にある夫の会社へは2本の道（ルートXと

---

1) これまでは m が受け手の利得に含まれるかどうかはケースバイケースだった．例えば Spence モデルの「教育が生産性を上げないバージョン」では含まれていなかった．しかし送り手の利得には必ず含まれていた．
2) 一般に単にシグナリング・ゲームと言えば前章までの「コストのかかるシグナリング (costly signaling) のゲーム」のみを意味するようである．しかしチープトーク・ゲームもその仲間であることは間違いない．

Y）があり，そのいずれかを通って夫は会社へ行く．昨晩は台風が通過し，ルートXかYのいずれか一方ががけ崩れによって寸断されたらしい．つまりどちらかが安全でどちらかが危険である．これまでの経験からルートXが安全である事前確率は$p=1/2$，Yが安全である事前確率も$1-p=1/2$と分かっており，これらは共有知識である．

さて妻は朝早くからテレビのニュースをみていたため，どちらのルートが安全かを正確に知っている．一方，夫は今目覚めたばかりである．ニュースは終わってしまったが妻がそれをみていたことは夫には分かっており，夫にとって妻が唯一の情報源である．妻は夫にどのようなメッセージ（チープトーク）を送るだろうか？

このゲームでは妻が情報の送り手（S），夫が受け手（R）である．「Xが安全だと知っている妻」を「タイプt_Xの妻」，「Yが安全だと知っている妻」を「タイプt_Yの妻」と呼ぶことにしよう[3]．

夫は妻の発したチープトークを観察することによって「Xが安全である確率」をpから事後信念へと改訂する．その事後信念を踏まえて夫の選びうる反応は次の3つのうちいずれかとする：

a_X：ルートXを通って会社へ行く．

a_Y：ルートYを通って会社へ行く．

a_Z：会社を休み自宅にいる．

ゲームのタイミングは次のとおりである．以下では利得の仮定を変えることによって夫婦のゲーム（1）から（6）まで6つのバージョンを検討するが，タイミングはそのすべてで同一である．

夫婦のゲームのタイミング

ステージ0：　自然が妻（S）のタイプ（t_Xまたはt_Y）を選ぶ．これは私的情報である．

ステージ1：　妻（S）が夫（R）にメッセージmを送る（チープトーク）．

---

[3] ここでも妻自身の性格や能力についてではなく，妻の有する私的情報について「妻のタイプ」と称しているが，ゲーム理論では一般的なことである．

5.1 夫婦のゲーム (1)：仲の良いケース

> ステージ2： 夫 (R) は m を観察したうえで事前信念 p を事後信念へと改訂し，a_X, a_Y, a_Z から1つ反応を選ぶ．

さて，この夫婦の仲が良いと仮定して次のような利得を考える（これを夫婦のゲーム (1) とする）．

表 5-1　夫婦のゲーム (1)：仲の良いケース

反応	タイプが t_X の時		タイプが t_Y の時	
	S の利得	R の利得	S の利得	R の利得
a_X	0	0	-3	-3
a_Y	-3	-3	0	0
a_Z	-1	-1	-1	-1

この表はゲーム理論のテキストでよくみられる戦略型ゲームの利得表ではないので注意が必要である．送り手の選ぶメッセージは利得に影響しないため省略し，S のタイプと R の反応が与えられた時の両者の利得を表示している．例えば妻 (S) のタイプが t_X の時，つまりルート X が安全である時，夫 (R) が a_X を選べば，いつもどおり会社に行くことができ，S も R も 0 を得る．しかし R が a_Y を選べば，危険なルートを行くことになり，通行止めで立ち往生したり場合によっては生命の危険にさらされたりするかもしれない．この時 R の利得は -3 となり，夫の安全を心配する仲の良い妻 (S) の利得も -3 となる．R が会社を休めば (a_Z)，給料が減り夫も妻も -1 を得る．

このゲームを展開型で表現すると**図5-1**のようになる．

この図は複雑にみえるが，第1章で出てきたようなゲームツリーを基本として，メッセージと反応の個数をそれぞれ2つから3つに増やしたにすぎない．白丸○からゲームはスタートし，妻 (S) が2つのタイプに分かれた後にメッセージを次の3つ (m_1, m_2, m_3) の中から1つ選ぶ．

m_1 ＝「『私のタイプは t_X』を意味するメッセージ」とする．例えばこれは次のように定義される：『主語が「ルート X」で，文末に「安全」または「危険でない」が使われる文』and/or『主語が「ルート Y」で，文末に「危険」または「安全でない」が使われる文』．

m_2 は上記の X と Y を交換して定義され，m_2 ＝「『私のタイプは t_Y』を意味

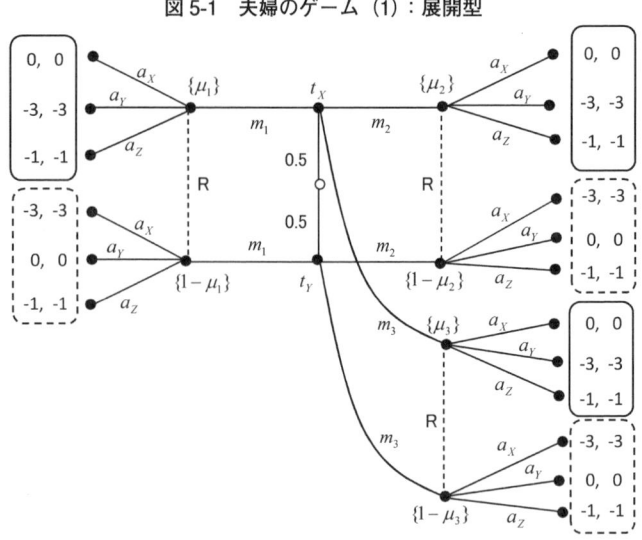

図 5-1　夫婦のゲーム（1）：展開型

するメッセージ」である．また，$m_3 = $「『私は自分のタイプを教えない』を意味するメッセージ」であり，m_1, m_2 以外のすべての文として定義される．

この定義によれば例えば妻が「ニュースでみたけどルート Y は安全よ．ルート X は危険みたいよ」と言えばそれは m_2 のメッセージに当たる．しかし「ルート X も Y も安全よ」は m_3 に入る．どちらかのルートが危険であることは共有知識であり，妻はウソをついていることになるからである．「ニュースをみなかったわ」というのも，「朝食はパンです」などといって頑なにニュースの話をしないのも m_3 として解釈される．

さて前述のようにメッセージがチープトークの場合，それは利得に直接的な影響力を持たないから[4]，**図 5-1** で実線の枠で囲った部分にはすべて**表 5-1** の実線枠の部分と同じパターンの利得が入っている．破線の枠の部分も同様である．すると R はどの情報集合（図 5-1 で R と書かれた破線の線分のところ．3 ヵ所ある）でも同じ利得構造に直面することになる．

---

[4]　もちろん後で分かるように，メッセージは信念に影響を与えるという形で間接的な影響力（シグナリング効果）を持ちうる．

図5-1 をみながら PBE（完全ベイジアン均衡）を求めよう．まず第1章と同様 R の戦略から考える．m_i, $i=1,2,3$ を観察した後に到達される R の情報集合を「情報集合 i」と呼べば，どの情報集合 i でも利得構造が同じだから次の計算が成り立つ．事後信念 μ_i（μ は S がタイプ t_X である事後的確率を表す）を所与として R は a_X を選べば期待利得 $0\cdot\mu_i-3(1-\mu_i)=3\mu_i-3$ を得る．同様に R は a_Y を選べば $-3\mu_i$ を，a_Z を選べば -1 を得る．これをグラフにすると図5-2 になる．

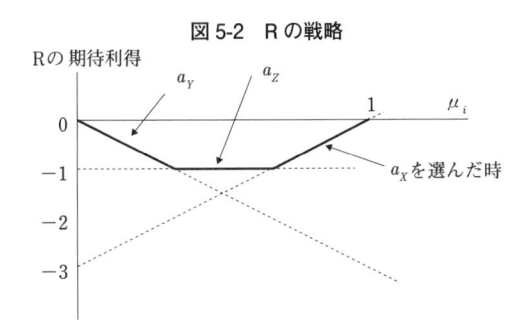

図5-2　R の戦略

このグラフをみながら R の期待利得を最大にする戦略をまとめる．

情報集合 i における R の戦略：
　$0\le\mu_i<1/3$ なら R は a_Y を選ぶ．
　$\mu_i=1/3$ なら R は a_Y と a_Z 間で無差別．
　$1/3<\mu_i<2/3$ なら R は a_Z を選ぶ．
　$\mu_i=2/3$ なら R は a_X と a_Z 間で無差別．
　$2/3<\mu_i\le 1$ なら R は a_X を選ぶ．

次に，S の戦略に仮定を置きつつ均衡の候補を指定し，それが本当に均衡になるか検討する．図5-1 をみながら考えよう．

（均衡の候補1：　タイプ t_X が m_1 を，タイプ t_Y が m_2 を選ぶとする）
　これは妻が夫に真実を語る状況である．この場合ベイズ・ルールにより μ_1

$=1$, $\mu_2=0$ となるので,上のRの戦略に従うとRは情報集合1では a_X を,情報集合2では a_Y を選ぶことになる.するとこの候補1が本当に均衡であるならば,そこでタイプ t_X も t_Y も 0 という均衡利得を得るだろう.情報集合3は均衡経路外であるため,PBE の定義によれば,そこでの信念 μ_3 は任意に決めることができる.

さてこの候補1は実際に PBE なのであるが,それは次のように確かめられる.タイプ t_X は,もし m_1 から逸脱して m_2 を送ると,R によって a_Y を選ばれ -3 を得る.これは均衡利得 0 より小さいのでこのような逸脱をするはずがない.またその t_X が m_3 に逸脱すると,μ_3 に応じて利得は変わるがいずれにせよ 0 か -3 か -1 を得,これは 0 以下なので積極的にこの逸脱をしようとは思わないはずである.タイプ t_Y についても同様に m_2 から逸脱するインセンティブを持たないことを確かめられる.この均衡を,[(t_X の行動, t_Y の行動),(情報集合 1,2,3 における R の行動),μ_1, μ_2, μ_3] の形でまとめると,[(m_1, m_2),(a_X, a_Y, μ_3 次第),$\mu_1=1$,$\mu_2=0$,μ_3 は任意] となる.これは各タイプが自分のタイプをはっきり示す分離均衡である.

(均衡の候補2: タイプ t_X も t_Y も m_3 を選ぶとする)

これはどちらのタイプの妻も夫に「ニュースの内容を教えない」旨のシグナルをする状況である.これが本当に均衡になりうるだろうか?

情報集合3では事前確率($p=1/2$)とベイズ・ルールにより $\mu_3=1/2$ となり,R は a_Z(家にいること)を選ぶ.よってどちらのタイプの S も m_3 を選べば均衡利得 -1 を得る.他方,情報集合1と2は均衡経路外である.ここでは μ_1, $\mu_2 \in (1/3, 2/3)$ と仮定すればよい.そうすればどちらのタイプも,m_1, m_2 のいずれに逸脱しても R によって a_Z を選ばれ -1 を得るため,逸脱の積極的なインセンティブを持たない.よってこの候補2も PBE になり,[(m_3, m_3),(a_Z, a_Z, a_Z),$\mu_1, \mu_2 \in (1/3, 2/3)$,$\mu_3=1/2$] と表現される.これは一括均衡である.

＊　　　＊　　　＊

さて,以上の均衡の求め方は第 1 章で解説したものを踏襲したが,チープト

ーク・ゲームの場合，それに加えて次のような独特の議論が成り立つ．

まず上のように分離均衡が存在する場合には，同時に，メッセージの送り方を逆にした「t_X が m_2 を，t_Y が m_1 を選ぶ均衡」も必ず存在する．この後者の均衡では，例えばタイプ t_X つまり「ルート X が安全だ」と知っている妻は m_2：「ルート X が危険だ」と述べ，それを聞いた夫はその言葉を「ルート X が安全だ」の意味と解釈して a_X を選ぶ．

多くの読者はこれを極めて不自然と思われるだろうが，上と同様の手順でこれも PBE であることが確認できる．実際，上で均衡の候補を検討した時に，「発話されたメッセージ（発せられた音）」と「それが引き起こす信念」の結び付きはあくまで候補の仮定から導かれたものにすぎなかった．別の仮定もできるわけである．このことは，言葉というものの1つの側面：「言葉の意味は発話される音によってではなく均衡での使用法によって決まる」を暗示する．ここでは「危険」という言葉が「safe」を意味すると夫婦間で合意があれば，実際にその意味で用いられうるのである[5]．

また上の分離均衡では m_3 のことを均衡経路外のメッセージとみなしたが，それが実際に均衡で用いられるような分離均衡を考えることも容易である．例えば，メッセージ m_3 を m_2 に「合流（merge）」させ m_2' としてみよう．前述のようにチープトーク・ゲームでは R のすべての情報集合が同じ利得構造を持つためにこれが可能である．つまり，m_1（=「私のタイプは t_X」を明確に意味するメッセージ）以外のすべてのメッセージが m_2' に含まれ，これが「私のタイプは t_Y」を表すと解釈するのである．すると図5-1で下に垂れた m_3 以降の部分を消去できる．このように仮定したうえで，t_X が m_1 を，t_Y が m_2' を送る分離均衡を考えることは容易である．この場合，均衡経路外のメッセージは存在しなくなる．

上の段落で述べたことを推し進めると，メッセージ空間がタイプ空間と等しいと仮定することも可能になる：$M = \Theta$．チープトーク・ゲームでは上でみた

---

[5] Farrell and Rabin (1996, p. 108) は，英語の yes に当たるギリシア語が ne であり，英語の no に当たるギリシア語が okeh であることを紹介している．また異なる言語体系でなくても，例えば親子や恋人同士の会話で「嫌い」という言葉が「好き」の意味で用いられ，当事者だけが分かっていることもあるかもしれない．

ようにメッセージの送り方に「何でもあり」的な側面があるため，タイプの数が多い時には特にこのように仮定して分析を単純化することが多い．

これは夫婦のゲームでは次のように仮定することにほかならない：メッセージは2つしか存在しないものとし，それらを新たに m_X と m_Y と名付け，次の意味を持たせる．

m_X=「t_X」を意味するメッセージ；　　m_Y=「t_Y」を意味するメッセージ．

この仮定の下では図 5-1 は図 5-3 のように単純化される．これ以降のチープトーク分析は，このシンプルな展開型を用いて行う．

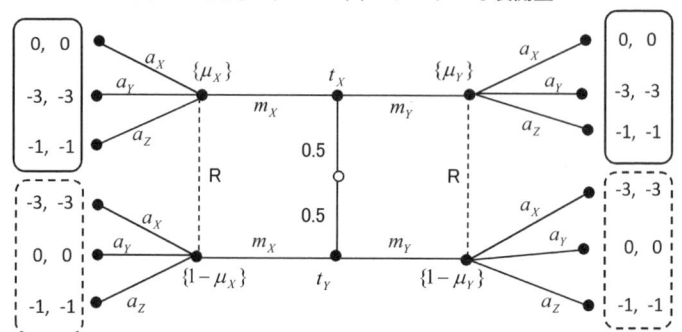

図 5-3　夫婦のゲーム（1）：シンプルな展開型

このようにゲームを単純化した場合，図 5-1 にあった m_3 を消してしまったために，上の一括均衡に当たる結果をどう表現するのか心配になるかもしれない．それにはいくつかの方法があるが，1つの方法は両タイプが同じメッセージ，例えば m_X を確率1で選ぶと仮定するものである．この場合，R が聞くメッセージは m_X：「私のタイプは t_X」である．しかし両方のタイプがこの同じメッセージを送るため，R の信念は改訂されない．その結果，μ_X（左の情報集合における R の事後信念）は 1/2 となり，左の R は a_Z を選ぶ．右の情報集合は均衡経路外であり，そこでの信念を $\mu_Y \in (1/3, 2/3)$ と仮定すれば[6]，これ

---

6)　少々記号が紛らわしいのだが，μ_Y は「m_Y を観察した後に形成される，タイプが t_X である確率についての事後的信念」の意味である．μ は「タイプが t_X である確率についての信念」を表し，そこに付く下付き文字は「観察されたメッセージ」を表すと仮定しているためである．図 5-3 を参照．

5.1 夫婦のゲーム（1）：仲の良いケース

はPBEとなる．なぜならどちらのタイプも逸脱しようがしまいが−1を得，積極的に逸脱しようとは思わないからである．同様に両タイプがm_Yを確率1で選ぶとしてもPBEになりうる．

もう1つの方法は，両タイプが各々，m_Xとm_Yを一定のランダムな確率で選ぶ行動戦略を想定するものである．例えばt_Xもt_Yもメッセージm_Xとm_Yを順に確率1/4と3/4で選ぶとしよう．するとベイズ・ルールにより$\mu_X = \mu_Y = 1/2$となり，左でも右でもRはa_Zを選ぶことになり，これもPBEである．

上の2つの方法ではいずれもSのすべてのタイプが全く同じ戦略を用いていた：第1章の記号を用いれば，均衡経路上では$\sigma \langle m_X | t_X \rangle = \sigma \langle m_X | t_Y \rangle$．このようなPBEはbabbling均衡と呼ばれる．Babbleとはbubble（泡）ではなく「たわいもないおしゃべりをする」を意味する動詞である．この均衡ではチープトークがRに何の情報ももたらさない．一般的にチープトーク・ゲームではこのbabbling均衡が必ず存在する．メッセージが何の情報ももたらさないためRによって無視され，Rによって無視されるからすべてのタイプが同じ戦略を選ぶ（たわいもないおしゃべりをする）ことが均衡を構成するからである．

さらに，両タイプが完全には同じ戦略を用いなくとも，似た戦略，例えば$\sigma \langle m_X | t_X \rangle = 2/3$，$\sigma \langle m_X | t_Y \rangle = 2/5$を用いるとしよう．するとベイズ・ルールより，

$$\mu_X = \Pr(t_X | m_X) = \frac{\sigma \langle m_X | t_X \rangle p}{\sigma \langle m_X | t_X \rangle p + \sigma \langle m_X | t_Y \rangle (1-p)} = \frac{2/3 \times 1/2}{2/3 \times 1/2 + 2/5 \times 1/2} = 0.625 ;$$

$$\mu_Y = \Pr(t_X | m_Y) = \frac{\sigma \langle m_Y | t_X \rangle p}{\sigma \langle m_Y | t_X \rangle p + \sigma \langle m_Y | t_Y \rangle (1-p)} = \frac{1/3 \times 1/2}{1/3 \times 1/2 + 3/5 \times 1/2} \approx 0.357$$

となり$\mu_X, \mu_Y \in (1/3, 2/3)$だから左右どちらでもRは$a_Z$を選ぶ．これも1つのPBEとなる．この最後の均衡では$\mu_X \neq 1/2$，$\mu_Y \neq 1/2$であるからメッセージが何の情報ももたらさないわけではない．左の情報集合では右より「ルートXが安全である確率」がやや高いと分かる（0.625＞0.357）．しかしその情報がRの行動をa_Zから変えるまでには至らないという意味で，このような均衡は非コミュニケーション（no-communication）均衡結果を生むと呼ばれる．

この名称の由来だが，例えば妻が海外旅行中でこの夫が誰とも連絡がとれない場合，事前信念$p = 1/2$しか情報がないからa_Z（家にいる）を選ぶしかない

だろう．それと同じ行動が誘発されるため「非コミュニケーション」と呼ばれるのである．非コミュニケーション均衡結果の集合は babbling 均衡結果の集合を包含する．

以上みてきたように，チープトーク・ゲームでは送り手のメッセージ戦略にさまざまなバリエーションが考えられ，その表現法に際限がなくなるため，それは省略して「SのどのタイプがRのどの反応を誘発するか」にのみ着目して結果を表すことが多い．これがチープトーク・ゲームにおける均衡結果（equilibrium outcome）である．

上の夫婦のゲーム（1）では次の命題が得られる．

命題 5-1： 「夫婦のゲーム（1）：仲の良いケース」においては2つの均衡結果が存在する．
① 1つはコミュニケーション均衡結果：$o(t_X) = a_X$, $o(t_Y) = a_Y$.
② もう1つは非コミュニケーション均衡結果：$o(t_X) = o(t_Y) = a_Z$ である．

ここで $o(\cdot)$ という記号は outcome に由来しており，タイプが誘発する反応を示している．①の均衡結果は前に検討した「均衡の候補1」の分析から来ている（図5-3であっても図5-1と全く同じように分析できる）．これは他人との意思疎通がとれない場合とは異なる結果を生み出すので「コミュニケーション均衡結果」と呼ばれる[7]．

5.2　夫婦のゲーム：そのほかのケース

次に，上のストーリーは保ちつつ，夫婦の仲が悪いと仮定して利得だけを変え，「夫婦のゲーム（2）：仲の悪いケース」としてみよう．これはブラック・

---

[7]　余力のある読者は頭の体操として他の均衡結果の可能性を探してみてもよいかもしれない．例えば t_X が m_X と m_Y をランダムに選び，t_Y が m_Y を確実に選ぶような混成均衡の可能性である．しかし図5-3をみながらこのような可能性を探ると，これは PBE になりえないことが分かる．実際に命題5-1以外の均衡結果はありえないことを示すことができる．

5.2 夫婦のゲーム：そのほかのケース

表 5-2　夫婦のゲーム（2）：仲の悪いケース

反応	タイプが t_X の時		タイプが t_Y の時	
	Sの利得	Rの利得	Sの利得	Rの利得
a_X	0	0	2	-3
a_Y	2	-3	0	0
a_Z	-1	-1	-1	-1

ジョークのようなストーリーになる．前の**表 5-1** における妻（S）の利得だけを**表 5-2** のように変える．

表 5-1 と違うのは，夫が危険な道を通った時の妻の利得が -3 から 2 になっている点である．夫を心底憎んでいる妻はこの時精神的喜びを感じるのかもしれないし，あるいは保険金の受取人を自分にした生命保険を夫にかけているのかもしれない．夫はその事実および妻の利得を知っている．知らないのはどちらのルートが安全かということだけである[8]．

この夫婦のゲーム（2）では夫婦間で意味のある情報は伝達しえない．それをみるため，**図 5-3** の利得の部分を**表 5-2** によって書き換えてみよう（ここでは省略する）．そのうえで例えば t_X が m_X を，t_Y が m_Y を選ぶ，つまり妻が夫に意味ある情報を送る戦略を考えてみる．この戦略が仮に PBE を成立させるなら，ベイズ・ルールにより $\mu_X=1$，$\mu_Y=0$ となり，R は左の情報集合では a_X を，右の情報集合では a_Y を選ぶはずである．この時両タイプは均衡利得 0 を得る．しかしそうすると両タイプとも逸脱してウソをつくインセンティブを持ってしまうのである．妻は夫を危険な目にあわせれば 2 という高い利得を得るためである．この場合，唯一の均衡結果は夫が何を聞いても家にいるというものになる．

命題 5-2：「夫婦のゲーム（2）：仲の悪いケース」における唯一の均衡結果は，非コミュニケーション均衡結果：$o(t_X)=o(t_Y)=a_Z$ である．

---

[8] ここまで仲の悪い夫婦がなぜ一緒に暮らしているのか，特に保険をかけられている夫がなぜこの家を離れないのかという根本的疑問は謎のままとしておく．

＊　　　　　　　＊　　　　　　　＊

次に，妻にとって自分のタイプに関係なく夫に通ってほしいルートが固定されているケースを考える．例えば，妻は夫の身の安全に関心を持たず，ルートX沿いに妻自身の実家があるため，両親の安否確認のため夫にそちらを通ってほしいのかもしれない．これを夫婦のゲーム（3）として利得表を**表5-3**に示す．

表5-3　夫婦のゲーム（3）：Xを通ってほしいケース

反応	タイプがt_Xの時		タイプがt_Yの時	
	Sの利得	Rの利得	Sの利得	Rの利得
a_X	2	0	2	-3
a_Y	-2	-3	-2	0
a_Z	-2	-1	-2	-1

この時もチープトークが正確な情報を伝える余地はなくなる．妻はとにかく夫に「ルートXが安全」と信じてもらいたいため，仮にt_Xがm_Xを，t_Yがm_Yを選ぶ均衡の候補を考えると，t_Yがm_Xに逸脱するインセンティブを持ってしまうからだ．

命題5-3：「夫婦のゲーム（3）：ルートXを通ってほしいケース」では，コミュニケーション均衡結果： $o(t_X)=a_X,\ o(t_Y)=a_Y$ は存在しない[9]．

この状況はSpenceの基本モデルにおける状況に似ている．そこでは個人が高賃金を得るために，とにかく自分の能力は高いと思わせる願望を持っていた．このような時には，個人の教育水準を企業が参照せず面接だけを課した場合，どの応募者も「自分の能力は高い」と口をそろえて言うだろう．

　　　　　＊　　　　　　　＊　　　　　　　＊

---

9)　ただしこのゲームでは非コミュニケーション均衡結果に加え，一方のタイプだけがランダムな戦略をとる混成均衡結果も存在する．

5.2 夫婦のゲーム：そのほかのケース

次に，妻のタイプに関係なく，夫のとりたい行動が固定されている状況を考えよう（夫婦のゲーム (4)）．例えば今日は妻の誕生日なので，夫がとにかく家にいたいと考える場合である．ただし，これは一方的な感情で，妻の方は夫にいてもらってうれしいわけではない．夫婦のゲーム (1) をもとにして夫の利得を 2 ヵ所だけ書き換えると**表 5-4** になる．

表 5-4 夫婦のゲーム (4)：夫が家にいたいケース

反応	タイプが t_X の時		タイプが t_Y の時	
	S の利得	R の利得	S の利得	R の利得
a_X	0 ,	0	-3 ,	-3
a_Y	-3 ,	-3	0 ,	0
a_Z	-1 ,	2	-1 ,	2

この時夫 (R) は信念に関係なく常に a_Z を選ぶので，妻の利得はどのメッセージを送っても変わらず -1 になる．妻はタイプに応じて正確な情報を伝えてもよいし，babble してもよい．それによって形成される信念は変わり得るが，誘発される受け手の反応は不変である．

命題 5-4：「夫婦のゲーム (4)：夫が家にいたいケース」における唯一の均衡結果は，非コミュニケーション均衡結果：$o(t_X) = o(t_Y) = a_Z$ である．

＊　　　　＊　　　　＊

命題 5-1 から 5-4 が暗示するように，一般にチープトーク・ゲームで意味のある情報が伝達されるためには次の条件が 3 つとも必要になる．

チープトークが正確な情報を伝えうるための 3 つの必要条件
 (1) 送り手と受け手の利害が対立していない．
 (2) 送り手が受け手にとってもらいたい反応は，送り手自身のタイプに応じて変わる．
 (3) 受け手のとりたい反応が，送り手のタイプに応じて変わる．

ただし，利害がどの程度一致していれば，どの程度正確な情報が伝達されう

るのかなどを知るには，もう少しきめの細かいモデル設定が必要となる．それは後に 5.5 節で分析される．

5.3　均衡の精緻化：耐ネオロジズム

5.1 節の夫婦のゲーム（1）に戻ると，そこではコミュニケーション均衡結果，非コミュニケーション均衡結果という 2 つの均衡結果が存在した．夫婦の仲が良いのだから，常識的に考えて前者の方が起きやすいとも思えるが，PBE の定義上は後者を排除する理由は何もない．またスタンダードな精緻化基準（直観的基準や D1 基準など）もチープトーク・ゲームでは全く効力を発揮しない．その理由は次のとおりである．

第 1 章でみたように，スタンダードな精緻化基準はおおむね次のようなロジックを用いる：「元となる均衡を 1 つ指定し，そこでの送り手の各タイプの均衡利得をみる．次にその均衡経路から外れるメッセージを取り上げ，どのタイプがそこに逸脱しやすいかを考える．この考察によって元の均衡とどうしても矛盾してしまう均衡経路外メッセージが 1 つでもみつかったら元の均衡は否定される．」

しかしチープトーク・ゲームでは，受け手のどの情報集合でも利得構造は同じであり，ゆえに 5.1 節で指摘したように，あるメッセージを他の（均衡経路上の）メッセージと「合流」させることが自由自在に行える．よって仮に「合流」させずに均衡経路外メッセージとして残しておくとしても，そこで「どうしても元の均衡と矛盾を引き起こす状態」は生まれようがない．それゆえスタンダードな精緻化基準はその効力を失うのである．

そこで Farrell（1993）はチープトーク・ゲームで効力を発揮する新しい精緻化基準を提案している．5.1 節の「夫婦のゲーム（1）：仲の良いケース」を再び考えよう．S と R の利得は**表 5-1** で与えられていた．**図 5-3** のシンプルな展開型を**図 5-4** で再掲してある．

非コミュニケーション均衡結果：$o(t_X) = o(t_Y) = a_Z$ を考えよう．この均衡結果を支える S のチープトーク戦略としては，例えば次のような混合戦略が考えられる（これは一例であり他にも無数に考えられる）：

5.3 均衡の精緻化：耐ネオロジズム

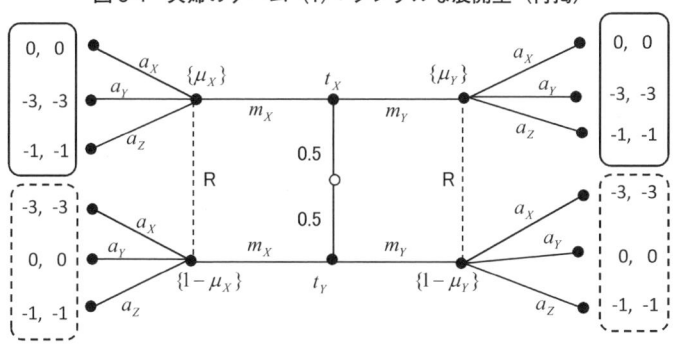

図 5-4　夫婦のゲーム（1）：シンプルな展開型（再掲）

t_X の戦略： $\sigma\langle m_X|t_X\rangle = 1/3$, $\sigma\langle m_Y|t_X\rangle = 2/3$;
t_Y の戦略： $\sigma\langle m_X|t_Y\rangle = 1/3$, $\sigma\langle m_Y|t_Y\rangle = 2/3$.

ここで前に定義したとおり，m_X は「私は t_X」つまり「ルート X が安全」を表すメッセージ，m_Y は「私は t_Y」つまり「ルート Y が安全」を表すメッセージである．上では両タイプが同じメッセージの選び方をしている（babbling）ので，m_X や m_Y どちらを聞いても，表面上は「どちらかが安全」という言葉だが，何ら意味ある情報を伝えないため R は信念を改訂できず（$\mu_X = \mu_Y = 1/2$），R は a_Z を選ぶ．両タイプの均衡利得は－1 である．

さてこの均衡結果のもっともらしさに対して Farrell（1993）は疑問を抱き，次のようなスピーチを考えればこの結果を打破できると考えた．

> t_X のスピーチ：『私はタイプ t_X です．つまりルート X が安全です．あなた（R）はこれを絶対信じるはずよ．なぜならあなたがこれを信じてくれたら，私（タイプ t_X）だけが得をして，ほかのタイプは得をしないからです．』

これは要するに理由をつけて『私のタイプは t_X』と言っている．このようなスピーチをしても，これが上の均衡で用いられる m_X に当たると解釈されれば意味ある情報が伝えられないため，R の信念は 1/2 から改訂されない．これ

はゲーム理論の狭い理屈の上では非のうちどころがない．

しかしFarrellは，英語や日本語のようなリッチな（語彙の豊富な）言語では，上のスピーチの2つ目や3つ目の文のように表現を工夫することによって，これを均衡で使用されるメッセージm_Xやm_Yのいずれにも属さない新しいスピーチであるとRに思わせることが可能だとしている．このようなスピーチをFarrellはネオロジズム（neologism：ギリシア語で「新しい言葉」の意味）と呼んでいる．

上の『私のタイプはt_X』という内容のスピーチがネオロジズムだとして，これが信頼に足るのはこのスピーチの後半が真実だからである．Farrellは次の条件を挙げている．

ネオロジズム『私のタイプは○』が信頼に足るとは次の両方の条件が満たされた場合をいう：

(1)『 』をRが文字通り信じた時に，その『 』内に含まれるタイプ（その中で言及されているタイプ）がすべて元の均衡での利得より真に（strictly）高い利得を得る．

(2)『 』をRが文字通り信じた時に，その『 』内に含まれないどのタイプも均衡利得以下の利得しか得られない．（もし『 』に含まれないタイプが1つもないならこの (2) は検討を要しない．）

上の具体例でのスピーチの場合，これをRが文字通り信じればa_Xを選ぶだろう．するとt_Xにとって$0 > -1$なので (1) は満たされている．またt_Yにとって$-3 \leq -1$なので (2) も満たされている[10]．

Farrellは，元の均衡に比して，それを壊すような信頼に足るネオロジズムが1つでもみつかれば，それは「耐ネオロジズム（neologism-proof）でない（すなわちネオロジズムによって破壊される）均衡」として排除できるとして

---

10) 上のスピーチは1.6節の直観的基準を支持するスピーチと似ているが意味合いが異なる．1.6節の場合，ある均衡経路外メッセージへの逸脱の理由を述べていた．それが信用されるとそこで元の均衡との矛盾が起きる，という追加的なプロセスを経て元の均衡が否定された．対照的にここでのスピーチは，これを文字通り信用してくれたら私が即座に得をする，というダイレクトな意味を持つ．

5.3 均衡の精緻化：耐ネオロジズム

いる[11]．上の非コミュニケーション均衡結果に対しては，前述の『私は t_X』を意味するネオロジズムのみならず，『私は t_Y』を意味するネオロジズムも信頼に足ることを示すことができる．しかしそれを調べるまでもなく，1つでも信頼に足るネオロジズムがみつかれば（上では実際にみつかっている），元の均衡は耐ネオロジズムではないと結論付けられる．

それでは夫婦のゲーム（1）で，コミュニケーション均衡結果：「$o(t_X) = a_X$, $o(t_Y) = a_Y$」の方はどうだろうか？　一般にタイプの個数が2つだと，ネオロジズムの候補は3つ存在する．ここでは『私は t_X』『私は t_Y』『私は t_X か t_Y』の3つである．この均衡では1つ目と2つ目が実際に使われているので，ネオロジズムとなりうるのは3つ目である．これは信頼に足るだろうか？

このネオロジズムは『私は自分のタイプをあなたに教えない』と言っているのに等しく，これを聞いたRは事前信念に基づき a_Z を選ぶだろう．すると，『私は t_X か t_Y』に入っているタイプ t_X は元の均衡に比べ真に高い利得を得ることにならない（$-1 < 0$）ため，条件（1）が破られる．t_Y についても同じことがいえるのだが，それを調べなくても上の事実だけで（1）が成立しないことが分かる．よって，この唯一のネオロジズムは信頼に足るものではない．均衡を壊すネオロジズムが1つもみつからない均衡を耐ネオロジズム均衡と呼ぶが，この均衡結果はそれであると結論付けられる．つまり，この「夫婦のゲーム（1）」ではコミュニケーション均衡結果のみが精緻化を生き残るのである[12]．

*　　　　　*　　　　　*

しかし耐ネオロジズムの考え方は常にコミュニケーション均衡を選びだすとは限らない．これをみるため，次の「夫婦のゲーム（5）」では妻が夫のことを一方的に好きすぎて，とにかく夫には家にいてほしいものとする（**表 5-5**）．夫

---

11) ○○-proof という言葉は「○○に対して耐えうる」という意味を持つ（例：bullet-proof［防弾］，water-proof［防水］）．Neologism-proof とは，ネオロジズムによって破壊されないという意味である．

12) 間違いやすいが，元の均衡に比べて信頼に足るネオロジズムがみつかったらそれによって破壊されるので元の均衡が<u>否定され</u>，<u>みつからなければ肯定される</u>ので注意が必要である．

表 5-5　夫婦のゲーム (5)：夫に家にいてほしいケース

反応	タイプが t_X の時		タイプが t_Y の時	
	S の利得	R の利得	S の利得	R の利得
a_X	0 ,	0	-3 ,	-3
a_Y	-3 ,	-3	0 ,	0
a_Z	2 ,	-1	2 ,	-1

がそばにいてくれれば妻はタイプに関係なく2を得る.

　この時，2つの均衡結果：「$o(t_X) = a_X$, $o(t_Y) = a_Y$」と「$o(t_X) = o(t_Y) = a_Z$」が存在する．前者のコミュニケーション均衡結果では両タイプとも0を得る一方，後者の非コミュニケーション均衡結果では両タイプとも2を得る.

　前者の均衡結果は耐ネオロジズムではない．なぜなら『私は t_X か t_Y』というネオロジズムが信頼に足るからである．つまりこれをRが信じると a_Z を選ぶが，これは両タイプにとって均衡利得より高い利得を実現する（2>0）．加えてこのネオロジズムに含まれない（言及されていない）タイプは存在しないので前述の条件（2）は検討する必要がない.

　他方，後者の均衡結果は耐ネオロジズムである．これは均衡で両タイプが考えられる最高の利得2を得ているので直ちにわかる.

　よってこの「夫婦のゲーム（5）」では非コミュニケーション均衡結果のみが精緻化を生き残るのである．Farrell（1993）はこのほか耐ネオロジズム均衡に関するいくつかの発見をしているが，その中には「あるゲームが耐ネオロジズム均衡を全く持たない可能性もある」という事実も含まれる．つまりチープトーク・ゲームによっては，みつけたPBEのいずれもこの精緻化を生き残らないことがありうるのだ.

5.4　チープトーク・ゲームにおける他の精緻化基準[†]

　Farrell（1993）の基準はチープトーク・ゲームで均衡を精緻化するうえで画期的なものだったが，いくつかの欠点もみつかり，それに対する改良が試みられた．次の「夫婦のゲーム（6）」は Matthews, Okuno-Fujiwara, and Postlewaite（1991）に載っているゲームをここの夫婦のストーリー用にアレンジし

5.4 チープトーク・ゲームにおける他の精緻化基準

表5-6 夫婦のゲーム (6)：夫に家にいてほしくないケース

反応	タイプが t_X の時		タイプが t_Y の時	
	Sの利得	Rの利得	Sの利得	Rの利得
a_X	0 ,	0	-3 ,	-3
a_Y	-3 ,	-3	0 ,	0
a_Z	-4 ,	-1	-4 ,	-1

たものである．

1つ前のゲームと対照的に，ここでの妻は夫が家にいると -4 を得るため，とにかく夫には家にいてほしくない．そのほかの利得は「夫婦のゲーム (1)」のものと同じで，この妻は一応夫の身の安全を気にするのだが，この文脈ではそれは夫への愛情からではなく稼ぎをあてにしているだけかもしれない．昔テレビCMにあった「亭主元気で留守がいい」である．ここでも夫はその妻の利得構造を知っているがタイプを知らない．

このゲームでも均衡結果は2種類存在する．

コミュニケーション均衡結果「$o(t_X) = a_X,\ o(t_Y) = a_Y$」は耐ネオロジズムである．なぜなら，そこでは両タイプとも0というここで考えられる最高の利得を得ているからである．

他方，非コミュニケーション均衡結果「$o(t_X) = o(t_Y) = a_Z$」も耐ネオロジズムである．この均衡では両タイプとも -4 という低い利得しか得られないのでこれは意外だが，次の事実から分かる．

『私は t_X』という内容のネオロジズムを考えよう．Rがこれを信じれば a_X を選ぶから，t_X は0という元の均衡利得 -4 より大きい利得を獲得し，ネオロジズムが信頼に足るための条件 (1) は満たされる．しかし問題は次で起きる．この『　』で言及されていない t_Y も，このネオロジズムを送ると -3 という -4 より高い利得を得るので条件 (2) が満たされないのである．よってFarrellの定義ではこのネオロジズムは信頼できないということになってしまう．夫の不信の源は「タイプ t_Y の妻もこれを言うのではないか」という疑念にある．またもう1つの『私は t_Y』も信頼に足るものではないため，結局この均衡は精緻化を生き残る．

しかし常識的に考えて，この妻は正確な情報をなんとかして伝えて夫を会社

に行かせようとするのではないだろうか.夫自身も安全に会社に行くことを望んでいる.Matthews et al. (1991) はその観点から,非コミュニケーション均衡結果を壊す次のようなアナウンスを考えた.

> t_X のアナウンス: 『私は t_X か t_Y です.あなた(R)もご承知のとおり,私はあなたに会社に行って欲しいのだから,私が t_X なら t_X,仮に t_Y なら t_Y と言うでしょう.そのうえで宣言します.私は t_X です.』

 Matthews et al. はこれが信頼に足るアナウンスだと考えた.第1にこれを R が信じたら t_X は得をする($0 > -4$).第2にこの『 』では自分のタイプのみならず両タイプの戦略についても述べているから,そこで言及されていないタイプはいなくなり,上記の条件(2)の問題が起きないからである.よってこのアナウンスによって破壊される元の均衡結果は生き残らない.Matthews et al. はこの基準を通過する均衡を強・耐アナウンスメント均衡(strong announcement-proof equilibrium)と呼んでいる.

 この基準は「元の均衡を壊すスピーチが信頼されるための条件」を緩和しているので,均衡が生き残るハードルを Farrell の基準よりもさらに引き上げている.これでは生き残る均衡の集合が小さくなりすぎる危険があるので,Matthews et al. は他にもいくつかの精緻化基準を提案している(ここでは省略する).

 チープトーク・ゲームにおける均衡の精緻化は,コストのかかるシグナリング・ゲームにおけるそれよりもさらに議論を呼ぶ,未だ完全には合意の形成されていない分野である.上の2つの基準は,精緻化を行う際に元となる均衡を必ず指定するという意味で,スタンダードな精緻化基準と似た面を持っていた.これに対して,Rabin (1990) は元の均衡を指定せずに適用する新たな精緻化基準を提案している.Rabin の言う「信頼に足るメッセージ」とは,他のタイプから真似されてもそれに対する受け手の反応が揺るがないようなメッセージのことである.これは Rabin の手法を用いると,元の均衡を定めずともみつけることができ,それが用いられている均衡が精緻化基準を生き残るとしている.

また Rabin and Sobel (1996) は，ある均衡からの逸脱を考えつつも，既存の精緻化とは異なりその「行き着く先」に注目し，長期的に繰り返し現れる均衡こそが生き残る均衡だとしている．この精緻化はチープトーク・ゲームに限らず，コストのかかるシグナリング・ゲームにも応用できる．

　Olszewski (2006) は，Farrell のネオロジズムのところで出てきた「リッチな言語」という概念について正確な定義を行うことによって新たな精緻化基準を考えている．

　このほか進化ゲームの観点からコミュニケーションの役割を考えた Blume, Kim, and Sobel (1993) などいくつかの関連する理論的な論文がある．

　さらに Sopher and Zapater (1993) は実験経済学の手法を用いて精緻化の問題に取り組んでいる．彼らは実験室に被験者を集めてチープトーク・ゲームを行わせ，どのような結果が出現しやすいかを調べている．それによると1回限りのゲームでは上の Rabin の考え（上では詳しく紹介できなかったが）がある程度支持され，繰り返しゲームでは「自分のタイプを正確に語る」行動がより出現しやすくなることをみつけている．

5.5　Crawford-Sobel モデル

　精緻化の話はいったん忘れ，チープトーク・ゲームで PBE を求める話に戻ろう．チープトーク・ゲームに関する先駆的研究として有名なものに Crawford and Sobel (1982) があり[13]，彼らはタイプ空間 Θ，メッセージ空間 M，反応空間 A がすべて連続的（1次元の閉区間）であるチープトーク・ゲームを分析している[14]．

　送り手のタイプは自然によって閉区間から抽出され $t \in \Theta \equiv [t_{\min}, t_{\max}]$，その事前的確率分布は単純化のため一様分布とする．一様分布とは「どのタイプも

---

[13]　もう1つこの分野で名前のよく挙がる論文に Green and Stokey (2007) があるが，本節は Crawford-Sobel モデルを説明する．
[14]　5.4節から5.5節への橋渡しとして，例えばタイプ空間とメッセージ空間が離散的で，反応空間のみ連続的なゲームも考えられる．本書では省略するが，Grossman and Helpman (2001) の第4章にそうしたゲームの解説がある．

選ばれやすさが同じ」であり，確率密度関数が $1/(t_{\max} - t_{\min})$ になることを意味する．これまで同様，その確率分布は共有知識だが，実際に選ばれたタイプは私的情報である．またこれも単純化のため，5.1 節での議論に基づき，メッセージ空間はタイプ空間と等しい $M = \Theta$ とする．つまりチープトークは「私のタイプが〇」という直接的な意味を伝えるものと解釈される．

5.2 節でみたように，チープトークが意味のある情報を伝達するには 3 つの条件が必要だった．その条件に鑑みて本節では 4.8 節でも取り上げた「送り手と受け手の利得が似ているケース」を考えよう．利害が完全に対立するケースでチープトークを考えてももちろんよいのだが，結局そうした状況では情報が全く伝えられず面白くない均衡しか生じないからである．

メッセージの送り手 (S) の利得は式 (4-17) から m を消したものとなり（チープトークなので），受け手 (R) の利得は式 (4-18) と同じとする：

$$u = -(a - t - \delta)^2; \tag{5-1}$$

$$v = -(a - t)^2. \tag{5-2}$$

ここで a は R の選ぶ反応，$\delta \geq 0$ は送り手と受け手の利得のかい離を表すパラメータである．δ は共有知識である．またここではこのパラメータを非負とするが，非正としても同じように分析できる[15]．

想定されるストーリーは夫婦のものではなく，例えば 4.8 節に似た次のようなものである．送り手 (S) は環境保護団体で，t は現在の公害の深刻度を表す．保護団体はその値を正確に知っており，「タイプ t の送り手」と称される．保護団体はその私的情報を，チープトーク m によって政治家 (R) に伝えようとする．ここでは 4.8 節と違って，政治家へのロビー活動にお金をかけてはいけないという規制があり，チープトークが唯一の情報伝達手段であるとする．政治家はそのチープトークを聞いたうえで信念 $\hat{t}$ を形成し，公害対策 a を選ぶ．

式 (5-1) と式 (5-2) から分かるように，保護団体 S にとっての理想の公害対策は $a = t + \delta$ であり，政治家 R にとっての理想は $a = t$ である．$\delta \geq 0$ が大き

---

15) Crawford and Sobel は式 (5-1), (5-2) よりも一般的な関数形を扱っているが，本書ではその特殊ケース（2 次関数のもの）のみを扱う．

いほど両者の利害対立は大きく，それがゼロに近づくほど利害が似てくる．保護団体がロビー活動にお金をかけることができた4.8節では分離均衡が出現したが，このチープトーク・バージョンではどのようなPBEが現れるだろうか？

完全に正確な情報が伝えられる均衡は存在できない．例えば「私はタイプ t' である」とピンポイントで伝えるメッセージがあり，それをRが文字通り信ずるなら，タイプ $t'' = t' - \delta$ のSはそのメッセージを真似るインセンティブを持ってしまう．それを信じさせれば自分の理想 t' を実現させることができるからである．

Crawford and Sobel（1982）の分析によれば，このようなゲームで出現するどのPBEも次の形をとることが示されている：

・タイプ空間が n 個の区画：$[t_0, t_1), [t_1, t_2), \ldots, [t_{n-1}, t_n]$ に分割される．ここで $t_0 \equiv t_{\min}$, $t_n \equiv t_{\max}$ であり，$t_1 < \cdots < t_{n-1}$ は内生的に決まる区画の境界である．
・ある区画に属すタイプはすべて共通の戦略に従ってメッセージを送り自分の区画を明らかにし，また別の区画に属すタイプはすべて（他の区画とは違う）共通の戦略に従ってメッセージを送り自分の区画を明らかにする．

つまり各タイプ t は，自分の真のタイプを正確にシグナルするのではなく，自分がどの区画に属すか，幅を持たせてシグナルするのである．許容される整数 n の値はこれからみるように内生的に決まる．

このようなPBEがなぜ成立するのかをみるため，例として区画の数が2のケースを考えよう．$t_{\min} = 0$, $t_{\max} = 24$, $\delta = 2$ と仮定すると，境界が $t_1 = 8$ という2区画のPBEが成立するのだが，その理由は次のとおりである．

そのPBEでは $[t_0, t_1) = [0, 8)$（区画1とする[16]）に属すどのタイプも自分がその区画に属す旨明らかにし，$[t_1, t_2] = [8, 24]$（区画2とする）に属すどのタイプもその区画に属す旨明らかにする．Rの戦略を考えると，「$t \in [t_0, t_1)$」つまり「私は区画1に属す」というメッセージを受けたRは，「t が $[t_0, t_1)$ の範囲で一様分布」との信念を形成する．なぜなら事前分布が一様分布であり，同

---

[16] 用語として「○区画」とは○個の区画を意味し，「区画○」とは第○番目の区画を意味するものとする．

じ区画内のタイプは同じ戦略を用いるからである．そのうえでRは自分の期待利得を最大化するべく，$a = \hat{t} = (t_0 + t_1)/2 = (0+8)/2 = 4$ を選ぶ．これは正式には式 (5-2) の期待値

$$\int_{t_0}^{t_1} \left[-(a - t')^2 \frac{1}{t_1 - t_0} \right] dt'$$

を a について最大化することによって求められる．同様に，「$t \in [t_1, t_2]$」つまり「私は区画2に属す」とのメッセージを受けたRは $a = (t_1 + t_2)/2 = (8 + 24)/2 = 16$ を選ぶ．

上のRの戦略を踏まえて，タイプ $t_1 = 8$（境界のタイプ）の送り手の戦略を考えよう．このタイプは「私は区画1に属す」と「私は区画2に属す」どちらのメッセージを送っても無差別になっている．なぜなら，ちょうど

$$-\left(\frac{t_0 + t_1}{2} - t_1 - \delta \right)^2 = -\left(\frac{t_1 + t_2}{2} - t_1 - \delta \right)^2 \tag{5-3}$$

が成り立っているからである．

このことは図 5-5 をみても分かる．

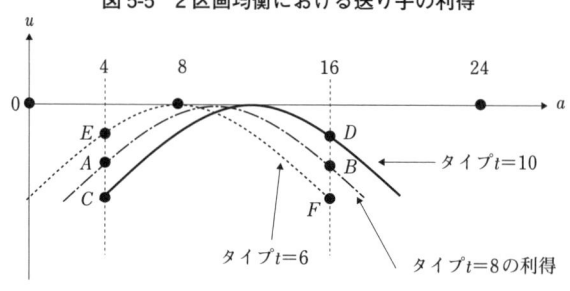

図 5-5　2区画均衡における送り手の利得

この図では横軸に a，縦軸に u をとり，送り手の利得を曲線によって描いている[17]．一点鎖線カーブはタイプ $t = t_1 = 8$（境界タイプ）の利得 $u = -(a - 8 - 2)^2$ を表す．このカーブは $\delta = 2$ を反映して，真のタイプ8よりも2だけ大

---

17) これらの曲線は本書でたびたび描いてきた無差別曲線ではなく，その高さが利得の大きさを表している．

きい $a=10$ において頂点を持つ．図から分かるように，「私は区画1に属す」というチープトークを行った時の利得（点 A の高さ）と「私は区画2に属す」というチープトークを行った時の利得（点 B の高さ）が等しくなっており，無差別になることが分かるだろう．

この境界（$t_1=8$）以外のタイプはすべて，自分の属す区画を明らかにすることを真に好むようになっている．例えばタイプ $t=10$ は「私は区画2に属す」というメッセージを送りたがる．図5-5で点 D が点 C より高いからである．同様に，タイプ $t=6$ は点 E と点 F の高さを比べて「私は区画1に属す」というメッセージを送りたがる．どのタイプも逸脱するインセンティブを持たないことから，このトーク戦略がPBEを構成することが分かる．

逆に境界のタイプ t_1 が8以外だったらPBEを構成しえない．$t_1>8$，例えば10などとしてみると式（5-3）は等号で成り立たず

$$-\left(\frac{t_0+t_1}{2}-t_1-\delta\right)^2 < -\left(\frac{t_1+t_2}{2}-t_1-\delta\right)^2$$

となり，境界タイプが「私は区画2に属す」旨トークすることを真に好んでしまう．しかしそうすると，利得関数の連続性により，10よりわずかに低いタイプも実際は区画1に属すのに「私は区画2に属す」という偽りのメッセージを送るインセンティブを持ってしまい，PBEとなりえない．$t_1<8$ も同様の理屈によりPBEを構成しえない．よって式（5-3）を等号で成立させる $t_1=8$ のみがPBEを成り立たせることになる．

さて，上の $t_{\min}=t_0=0$，$t_1=8$，$t_2=t_{\max}=24$ という2区画均衡で，実際に用いられる送り手のチープトーク戦略はどのように特定化されうるだろうか？それにはいくつかの方法があるが，1つの方法は，同じ区画に属すすべてのタイプが1つの固定された（その区画内の）タイプをトークするという純粋戦略を仮定することである．例えば区画1に属すどのタイプ $t\in[0,8)$ も「私のタイプは（例えば）2.5」とトークすると仮定する．するとこれを聞いたRは「私は区画1に属す」の意味と解釈してベイズ・ルールに従って事後信念 $\hat{t}=4$ を形成することになる．またそうすると「私のタイプは $t'\in[0,2.5)\cup(2.5,8)$」はすべて均衡経路外のメッセージになるが，それを聞いたRは「私のタイプは2.5」を聞いた時と全く同じ信念を形成すると仮定すればPBEとして成り立

つ.

あるいは別の方法として，同じ区画に属すべてのタイプが，同一の確率分布に従って，その区画内のタイプをランダムにピックアップするという行動戦略を仮定してもよい．例えば区画 1 に属すどのタイプ $t\in[0,8)$ も，同一の分布（必ずしも一様分布でなくてよい）に従って $t'\in[0,8)$ を選び「私のタイプは t'」とトークする．これを聞いた R は事後信念 $\hat{t}=4$ を形成することになる．

以上で 2 区画の PBE を特徴付けたが，5.1 節で指摘したように，チープトーク・ゲームではこれ以外に必ず babbling 均衡が存在する．これはすべてのタイプ $t\in[0,24]\equiv\Theta$ が同じ戦略を用いてチープトークを送り，R は事前信念を改訂できず，最適反応 $a=(0+24)/2=12$ を選ぶという 1 区画均衡である．

*　　　　　*　　　　　*

次に，利得関数として引き続き式 (5-1) (5-2) を仮定しつつも，$t_{\min}$, $t_{\max}$, δ に特定の値を指定しない，やや一般性を増した仮定の下で PBE をシステマティックに求める手法を示そう．

n 個の区画を持つ PBE が存在するものとする（**図 5-6**）．

図 5-6　n 区画均衡

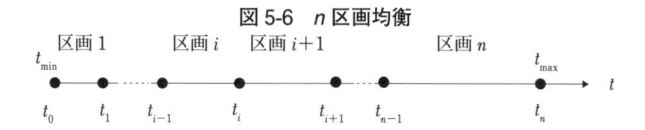

区画 1　　区画 i　　区画 $i+1$　　　区画 n

$t_{\min}$　　　　　　　　　　　　　　　　$t_{\max}$

t_0　t_1　t_{i-1}　t_i　t_{i+1}　t_{n-1}　t_n

基本となる式は式 (5-3) と同様，境界タイプ t_i が「私は区画 i に属す」と「私は区画 $i+1$ に属す」どちらのメッセージを送っても無差別になる条件式である：

$$-\left(\frac{t_{i-1}+t_i}{2}-t_i-\delta\right)^2 = -\left(\frac{t_i+t_{i+1}}{2}-t_i-\delta\right)^2.$$

これを整理すると，次の 2 階差分方程式を得る：

$$t_{i+1}-2t_i+t_{i-1}=4\delta.$$

この式は $(t_{i+1}-t_i)-(t_i-t_{i-1})=4\delta$ と変形できるから，$\delta>0$ であれば，**図 5-6**

にあるように右側に位置する区画ほど長くなることが分かる．差分方程式の解法はさまざまな数学の基本書にある．例えばドウリング（1995）の下巻第17章の解法を用いると次の解を導くことができる：

$$t_i = 2\delta i^2 + C_1 + C_2 i. \tag{5-4}$$

ここで C_1, C_2 は初期値条件から決まる定数である．その初期値条件は式 (5-4) に $i=0$ を代入した $t_0 = t_{\min} = C_1$ と式 (5-4) に $i=1$ を代入した $t_1 = 2\delta + C_1 + C_2$ であるから，$C_1 = t_{\min}$ かつ $C_2 = t_1 - 2\delta - t_{\min}$ と分かる．これらを式 (5-4) に代入して整理すると，

$$t_i = i \cdot t_1 - (i-1)t_{\min} + 2(i-1)i\delta \tag{5-5}$$

が得られる．

この式 (5-5) に何か t_1 を代入すれば $t_2, \ldots, t_n$ を決めることができる．しかし自由に t_1 を仮定できるわけではなく，次の条件が満たされねばならない：

条件1： $t_n = t_{\max}$；
条件2： $t_1 > t_{\min}$.

条件1は，最終区画の上限がタイプ全体の上限に一致しなければいけないことを，条件2は，最初の境界がタイプ全体の下限より大きくならねばならないことを要求している．

条件1と式 (5-5) により $t_n = n \cdot t_1 - (n-1)t_{\min} + 2(n-1)n\delta = t_{\max}$ となるが，これより t_1 を求めると，

$$t_1 = \frac{t_{\max} + (n-1)t_{\min} - 2(n-1)n\delta}{n}. \tag{5-6}$$

この t_1 を条件2に代入して整理すると，$2\delta n^2 - 2\delta n - (t_{\max} - t_{\min}) < 0$ となる．この不等式を満たす自然数 n がみつかれば，その個数分だけ区画を持つ PBE をみつけられることになる．$n=1$ は必ずこの不等式を満たすがこれは babbling 均衡に相当する．上の不等号を等号に置き換えて n についての2次方程式を解くと正負1つずつの解を得るが，そのうち正のものは，

$$\frac{1+\sqrt{1+\dfrac{2(t_{\max}-t_{\min})}{\delta}}}{2} \tag{5-7}$$

である．この解未満の最大の自然数を n^* と書くと，n^* 以下の各自然数 n に対して 1 つずつ均衡結果をみつけることができる．以上の PBE の求め方を下にまとめておく．

送り手の利得関数が式 (5-1)，受け手の利得関数が式 (5-2) で与えられ，私的情報が一様分布を持つチープトーク・ゲームで PBE を求める方法：

① 式 (5-7) 未満の最大の自然数 n^* をみつける．n^* 以下の各自然数 n に対して 1 つずつ均衡結果が存在する．この n が PBE における区画の個数を表す．その中の 1 つの均衡結果に焦点を当て，正確な区画の境界の位置を知りたい場合は，1 つの自然数 $n \in \{1,\ldots,n^*\}$ をピックアップしたうえで次のステップに進む．

② その n を式 (5-6) に代入し t_1（最初の境界）をみつける．

③ 区画の境界の残り $t_2,\ldots,t_{n-1}$ は，式 (5-5) に②の t_1 と自然数 $i = 2,\ldots,n-1$ を代入してみつける．

一例として $t_{\min}=0$，$t_{\max}=24$，$\delta=1$ を仮定しよう．ステップ①により

$$\frac{1+\sqrt{1+2\cdot(24-0)/1}}{2}=4$$

未満の最大の自然数は $n^*=3$ なので，最大で 3 区画の PBE が存在する．このうち 3 区画均衡（$n=3$）に焦点を当てると，ステップ②により

$$t_1 = [24+(3-1)\times 0 - 2\times(3-1)\times 3\times 1]/3 = 4$$

となり，ステップ③によって

$$t_2 = 2\times 4 - (2-1)\times 0 + 2\times 1\times 2\times 1 = 12$$

と分かる．もう 1 回ステップ③を用いると $t_3=24$ を得るが，当然これは $t_{\max}$ に一致する．

5.5 Crawford-Sobel モデル

*　　　　　*　　　　　*

上でみたように，このチープトーク・ゲームでは，最大の区画数 n^* がみつかると，それ未満の区画数 $1,\ldots,n^*-1$ を持つ均衡結果も必ずみつかる．特にどのようなパラメータの下でも区画数1の PBE（babbling 均衡）は必ず存在する．

　n^* が2以上であれば複数の均衡結果がみつかるわけだが，その時にどれが現実に出現するかを占うのは難しい問題である．送り手または受け手が一方的に1つの均衡結果を指定することはできない．均衡とはそもそも送り手と受け手の戦略と信念の相互作用によって成立しているからである．また5.3節で述べたように，スタンダードな精緻化基準（直観的基準など）は効力を持たない．

　均衡の精緻化として5.3節で紹介した考え方を用いると，2区画以上の PBE はどれも耐ネオロジズムになりえないという結果を Farrell（1993）は導いている[18]．つまり，少しでも意味のある情報を伝える均衡はその精緻化基準を生き残れないのである．これはそもそもネオロジズムの考え方が厳しすぎるかもしれないことを示唆する．

　このように均衡のセレクションに関して困難に直面した時によくとられる手法は，事前の（ex ante）期待利得を比べるというものである．これは送り手が私的情報を得る前の段階で利得を評価する考え方である．上の Crawford-Sobel モデルの特殊形（利得関数が2次式でタイプが一様分布）では，最も区画の多い PBE において，送り手と受け手どちらの事前期待利得も最大になることを示すことができる．よって，実際の分析では区画数 n^* の均衡結果に焦点を絞ることが多い．

　さて，送り手から受け手へどれだけ細密な情報の伝達が可能かを左右するのがパラメータ δ である．式（5-7）から分かるように，δ が $t_{\max}-t_{\min}$ に比べ小さいほど n^* が大きくなりやすくなる．つまり送り手と受け手の利害のかい離が小さくなるほど細かな情報の伝達が可能となるのである．$\delta\to 0$ なら $n^*\to\infty$ となり，完全に正確な情報伝達が可能となる．逆に $\delta>(t_{\max}-t_{\min})/4$ だと n^*

---

18)　babbling 均衡であれば耐ネオロジズムになることはありうる．

=1となり，意味ある情報の伝達は不可能になる．これは前に夫婦のゲームで大雑把に得た結果と合致している．

最後に，本節の結果を4.8節の結果と比べよう．両者のモデルはどちらも「送り手と受け手の利得の似ているケース」を想定しており，唯一の違いはメッセージの伝達にコストをかけられるか否かだった．どちらのモデルでも，送り手（環境保護団体）が受け手（政治家）に，受け手自身の最適レベル以上の反応（公害対策）を選んでもらいたいと考えるところに利害のかい離があり（$\delta \geq 0$），これが情報伝達の障害になっていた．4.8節では，送り手が必要最小限以上のロビー活動支出 m を行うことによって正確な情報が伝達されていた．図4-9から分かるように，利害のかい離δが小さくなればメッセージ関数の傾きが小さくなり，比較的小さな支出で正確な情報を伝えることができた．これに対し本節のように情報伝達手段がチープトークに限られると，送り手はメッセージをある程度ぼかし，解釈に幅のある発言をすることによってかえってある程度の情報を伝えうる．そして，すぐ上でみたように，利害のかい離が小さくなるとチープトークの伝えうる情報量が増えうるのである．

5.6 チープトーク・ゲームの拡張[†]

以上の基本モデルの構造に修正を加えることによってチープトークの情報伝達力がどう変化するかを調べる拡張モデルがいくつか生まれている．

Spector (2002) は，Crawford-Sobel モデルに修正を加え，タイプや反応の空間が閉区間ではなく，円のような構造を持っている場合を分析している．Crawford-Sobel モデルでは，送り手と受け手の利得のかい離が変化すると，それに応じて伝達されうる情報量も比較的緩やかに変化したが，Spector のこの仮定の下では，かい離がゼロから正になった瞬間に，意味のある情報伝達が全く不可能になりうる．

Farrell and Gibbons (1989a) は受け手が2人いる状況を考えている．この論文は，送り手が2人の受け手を別々に呼んで個別にチープトークするケースと，2人を一斉に集めて語りかけるケースを比べ，それによって伝達される情報量が変わりうることを示している．

5.6 チープトーク・ゲームの拡張

これに対し，送り手の方の人数を複数と仮定している論文がいくつか存在する．複数の専門家がアドバイスをするような状況である．このうち Krishna and Morgan (2001) は例えば2人の送り手（1と2とする）の利得が順に $u_1 = -(a-t-\delta_1)^2$, $u_2 = -(a-t-\delta_2)^2$ と表され，受け手の利得は $v = -(a-t)^2$ のままであるような状況を考えている．送り手1と2は同じ私的情報 t を観察したうえで，送り手1がまずチープトークを行い，そのトークが公けになった後で送り手2がチープトークを行う．それを聞いたうえで受け手が a を選ぶ．

こうした設定で Krishna and Morgan (2001) は，2つのロビーの利害が似ている（δ_1 と δ_2 の符号が同じ）ケースに比べ，利害が対立している（符号が異なる）ケースの方が，かえってきめ細かい情報の伝達が可能になりうることを示している[19]．

また2人の送り手に加えて，チープトークの対象が2次元であるケースを考えたのが Battaglini (2002) である．対象が2次元とは例えば，公害（対象I）だけではなく自動車業界の景気（対象II）についても私的情報があるような状況である．2人の送り手としては例えば環境保護団体（送り手1）と自動車業界団体（送り手2）が考えられる．受け手は政治家とする．

送り手1, 2, 受け手の利得を順に次のように仮定する．

$$u_1 = -(a^I - t^I - \delta_1^I)^2 - (a^{II} - t^{II} - \delta_1^{II})^2;$$
$$u_2 = -(a^I - t^I - \delta_2^I)^2 - (a^{II} - t^{II} - \delta_2^{II})^2;$$
$$v = -(a^I - t^I)^2 - (a^{II} - t^{II})^2.$$

ここで t^I は現実の公害の深刻度，t^{II} は自動車業界の不況の深刻度である．これらの正確な値を両方とも送り手1, 2は知っているが受け手は知らない．これらの私的情報について送り手1, 2が同時にチープトークした後，受け手が a^I, a^{II} を選ぶ．a^I は公害対策の規模，a^{II} は自動車業界への景気対策の規模とする[20]．

---

19) これに対し Lipman and Seppi (1995) は，似た設定で，受け手が送り手のどちらかを用いて，もう1人の送り手のメッセージの真偽を確認しうるモデルを分析している．
20) ここでは対象IとIIの相互作用は考えていない．景気対策をとれば公害が深刻になる，などという相互作用を考えた方がモデルとしては現実的だろう．

送り手1は公害の深刻度（対象I）を過剰に報告したいのに対し，送り手2はそうでもないだろうから，$\delta_1^I > 0 > \delta_2^I$ と仮定する．逆に対象IIについては $\delta_2^{II} > 0 > \delta_1^{II}$ と仮定する．これらのパラメータはすべて共有知識とする．

以上のような設定で Battaglini が示した面白い結論は「チープトークでも完全に正確な情報が伝達されうる」ということである．図5-7では (a^I, a^{II}) 平面に，自然が選んだ真のタイプ (t^I, t^{II}) を点 A でプロットしている．受け手は点 A になるべく近い点を選びたいが，その位置を知らない．

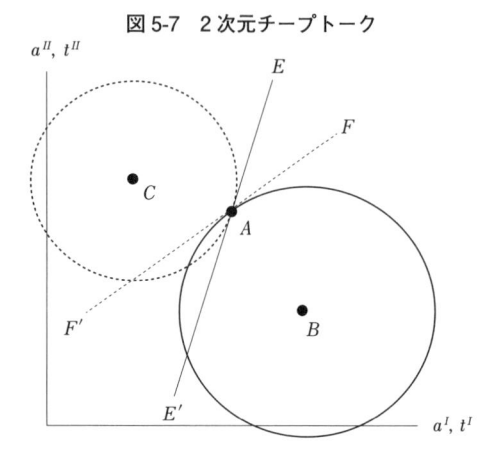

図5-7　2次元チープトーク

点 B は送り手1の理想点 $(t^I + \delta_1^I, t^{II} + \delta_1^{II})$，点 C は送り手2の理想点 $(t^I + \delta_2^I, t^{II} + \delta_2^{II})$ を表すとする．4つの δ が共有知識であるため点 A の位置さえ分かれば点 B, C の位置も分かるのであるが，受け手には点 A の位置が分からないため，点 A, B, C いずれの位置も分からない．他方，送り手1，2は点 A, B, C の位置を知っている．

さて，点 B を中心として点 A を通る実線の円は送り手1にとっての1つの無差別曲線である．点 A を通る，この円に対する接線を直線 FF' とする．同様に点 C を中心として点 A を通る破線の円は送り手2にとっての1つの無差別曲線である．点 A を通る，この円に対する接線を直線 EE' とする．

次の戦略を考えよう．送り手1は「タイプ (t^I, t^{II}) が直線 EE' 上にある」とトークし，送り手2は「タイプ (t^I, t^{II}) が直線 FF' 上にある」とトークし各々

正確な直線の位置を伝える（この直線を考えるときは図5-7を (t^I, t^{II}) 平面として考える）．受け手はそのトークで聞いた2本の直線の交点を反応として選ぶ．

上の戦略は互いに対する最適な戦略になっている．例えば送り手1にとっては，送り手2が直線 FF' をトークしてくることを所与とすれば，直線 EE' をトークすることが最善になっている．直線 EE' を平行移動させて逸脱のメッセージを送っても，交点は点 B から遠ざかるにすぎないからである[21]．送り手2にとっても同様である．よって点 A, B, C が一列に並んでいない限り（$\delta_1^I/\delta_1^{II} \neq \delta_2^I/\delta_2^{II}$ である限り），完全に正確な情報伝達が可能となるのである．

このほか，Olszewski (2004) では送り手が自分の誠実さについての評判を気にかけ受け手も私的情報を持つと，Krishna and Morgan (2004) では受け手も送り手との会議に積極的に関わると，チープトークによる情報の伝達が改善されうることが示されている．Blume and Arnold (2004) は送り手—受け手ゲームを進化ゲームの設定で考えたうえでチープトークの役割を分析している．

5.7 文献紹介

チープトークに話を絞ってもその研究の量は膨大であり，そのサーベイをまとめるだけでも本書のような本が一冊できるだろう．本節ではその一部のみ紹介する．

ここまで紹介してきたチープトーク・ゲームでは，メッセージが送り手の持つ私的情報（タイプ）を伝え，その後受け手が一方的に反応を選ぶという状況を中心に考えてきた．これに対して，複数のプレイヤーがお互いに行動をとりあうゲームを考え，それが行われる前にプレイヤーの全員または一部が自分のこれからとる行動についての「意図」をトークするというモデルがいくつか存在する．

---

[21] 4つの δ が共有知識なので，受け手は直線 EE' や直線 FF' の傾きを知っていることに注意．もし例えば送り手1が直線 EE' の傾きとは異なる直線をトークしてきたら，受け手はそれを無視する，と仮定すればよい．

Farrell (1987) は，「男と女の戦い」と呼ばれる有名なゲームの前にチープトークの果たしうる役割を分析している．意図を伝えるチープトークのうちどれが信頼に足るものか，という問題については Farrell (1988) と Aumann (1990) の間に見解の相違がみられる．その点も含めて，Farrell and Rabin (1996) はチープトーク・ゲーム全般についての比較的平易な解説を提供している．実験経済学の手法を用いて「男と女の戦い」におけるチープトークの役割を分析した論文に Cooper, DeJong, Forsythe, and Ross (1989) がある．

Baliga and Morris (2002) は，2人プレイヤーのゲームに不完備情報を導入したうえで，さらに「意図を伝えるチープトーク」を加え，その役割を分析している．また Matsui (1991) などは，多数の人々の中からプレイヤーが抽出されて協調ゲームを行うという進化ゲームの設定で，チープトークが協力を促進しうることを示している．

＊　　　　　＊　　　　　＊

チープトーク・ゲームを特定の設定に応用した論文も多数生まれている．

Stein (1989) は Crawford-Sobel モデルを金融政策理論に応用して，中央銀行のトップの発言に曖昧さが生じる現象を分析している．

政治学的な文脈では，Austen-Smith (1990) などは政治的ディベートを，Matthews (1989) は米国大統領による拒否権発動の脅しをチープトーク・モデルによって分析している．Harrington (1992) は選挙における候補者の公約をチープトークとして扱い（その仮定自体が皮肉だが），それでもその公約が情報を伝達しうるモデルを展開している．このほか，戦争や軍拡競争を防ぐうえでの外交交渉の役割をチープトークの観点から分析した Sartori (2002) や Baliga and Sjostrom (2004) などがある．

Farrell and Gibbons (1989b) はバーゲニング・ゲームの前にチープトークが果たす役割を考えている．ここではプレイヤーが取引対象に置く価値が私的情報であり，入札の前に各人が自分の「取引への熱心さ」をトークする．一見，各人が自分の立場を有利にするために「熱心でない」と言うと予想されそうだが，そうではなくトークが情報伝達を改善しうることが示される．ここでチープトークは「2人の行動の調整」だけでなく「トークなしにありえなかった均

衡の出現」を可能にする．

このほか Forges (1990) は，Spence モデルとやや似ている就職市場ゲームの設定で，応募者が何回も面接試験を受けられると仮定したうえで，そこでなされる情報の伝達を分析している．Aumann and Hart (2003) は，より一般的な不完備情報ゲームの前に，いくらでも長いトークを行えるステージを仮定したうえで分析している．ただしこの論文は非常にテクニカルである．

複数のプレイヤーがチープトークを逐次的に（同時ではなく順番に従って）行うという設定での分析には，前出の Krishna and Morgan (2001) のほかに Gilligan and Krehbiel (1989)，Park (2002) などがある．また何人のプレイヤーがチープトーク・ゲームに参加するかという「人数」に焦点を当てた論文もいくつか存在し，比較的最近のものに Ben-Porath (2003) がある．

第6章

拡張・深化を続けるシグナリング理論†

『政治の世界では，言葉をお望みなら男性に，
行動をお望みなら女性に頼みなさい』
——マーガレット・サッチャー
『行動は言葉より雄弁だがほとんどお目にかかれない』
——マーク・トウェイン

6.1 両シグナル均衡

これまで本書の第1～4章ではコストのかかるシグナルを想定して，第5章ではチープトークを想定してシグナリング・ゲームを紹介してきた．その両者をどちらも使える状況を分析したのが Austen-Smith and Banks (2000) である．もとになるのは 4.8 節や 5.5 節で取り上げた「送り手と受け手の利得が似ているケース」である．

式 (4-17), (4-18) と同様，送り手の利得を

$$u = -(a-t-\delta)^2 - m, \tag{6-1}$$

受け手の利得を

$$v = -(a-t)^2 \tag{6-2}$$

としよう．Austen-Smith and Banks はこれよりも一般的な利得関数を扱っているが，ここではこれまでどおりこの 2 次式の関数を仮定する．

想定されるストーリーは再び環境保護団体と政治家のものである．保護団体 (S) が公害の深刻度 t についての私的情報を持っている．t は $[t_{\min}, t_{\max}]$ 上の一様分布を持つ確率変数であり，このことは共有知識である．S は t について

の情報を政治家（R）に伝えるが，今回はそれをチープトーク（$m=0$）あるいはコストのかかるロビー活動（$m>0$）のいずれを用いて行ってもよい[1]．そのメッセージを観察した R は t についての事後信念を形成し，公害対策 a を選ぶ．送り手の利得に含まれる $\delta \geq 0$ はこの 2 者の間にある利害のかい離を表し，共有知識のパラメータである．

このような状況ではどのような均衡（PBE）が出現するだろうか？ 分析はひとまず m を無視してチープトーク均衡を求めることから始まる．

例として $t_{\min}=0$, $t_{\max}=24$, $\delta=2$ と仮定し，5.5 節で枠内にまとめた「チープトーク・ゲームで PBE を求める方法」に従って均衡を求めよう．ステップ①により

$$\frac{1+\sqrt{1+2\cdot(24-0)/2}}{2}=3$$

未満の最大の自然数は $n^*=2$ なので 1 区画均衡（$n=1$ つまり babbling 均衡）と 2 区画均衡（$n=2$）の 2 種類の均衡結果が存在することが分かる．このうち（どちらでもよいのだが）例として 2 区画均衡を取り上げ，ステップ②により区画 1 の上限を求めると

$$t_1=\frac{24+(2-1)0-2(2-1)2\cdot 2}{2}=8$$

となる．最後にステップ③により区画 2 の上限を求めると

$$t_2=2\cdot 8-(2-1)0+2(2-1)2\cdot 2=24$$

であるがこれは当然 $t_{\max}$ に一致する．

Austen-Smith and Banks（2000）によると，このように求めたチープトーク均衡（図 6-1 (1)）から，次のような手順で「チープトークとコストのかかるシグナル両方が用いられうる均衡」（本書ではこれを「両シグナル均衡」と呼ぶ）を導くことができる．

まず区画 1 の上限を t_1 以下にして，任意の新たな境界 $\tau_1\in[0,t_1]$ を作る．つ

---

[1] 本章では m を「コストのかかるシグナル・メッセージ」の意味で用いる．前章ではチープトークについても記号 m を用いて表していたが，本章ではチープトークについてはあえて明示的な記号を用いないことにする．

まり新たな区画 1：$[0, \tau_1)$ は元の区画 1：$[0, t_1)$ を圧縮したようなものになっている．例えばここでは元の区画 1 の長さを半分に圧縮して $\tau_1 = 4$ としてみよう（図 6-1 (2)）．

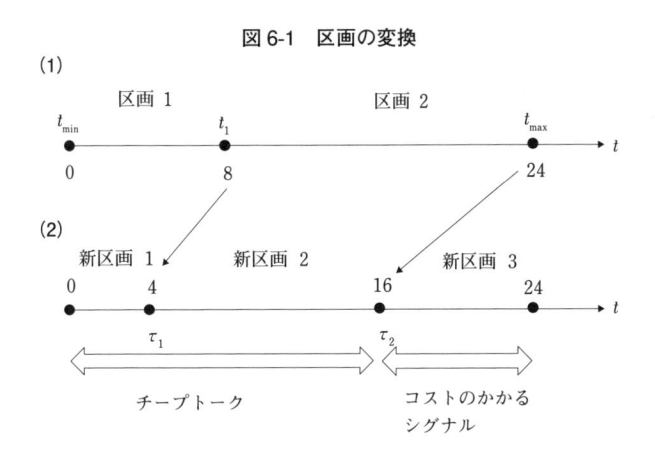

図 6-1　区画の変換

(1)

区画 1　　　　　　区画 2

$t_{\min}$　　　t_1　　　　　　　　　　　$t_{\max}$

0　　　　8　　　　　　　　　　　　　24

(2)

新区画 1　　新区画 2　　　新区画 3

0　　4　　　　　　　16　　　　24

τ_1　　　　　　　　τ_2

チープトーク　　　　コストのかかる
　　　　　　　　　　シグナル

続いて新たな区画 2 の上限 τ_2 を，式 (5-5) と同じ形の式

$$\tau_i = i \cdot \tau_1 - (i-1)t_{\min} + 2(i-1)i\delta$$

を用いて求めると $\tau_2 = 16$ となる．τ_2 をこのように求めれば，それは「τ_1 が新区画 1 と新区画 2 のどちらに自分が属するとチープトークしても無差別になること」を保証している．

すると図 6-1 にあるように，区画 1：$[0, 8)$，区画 2：$[8, 24]$ という 2 つの区画を持つチープトーク均衡が，新区画 1：$[0, 4)$，新区画 2：$[4, 16)$，新区画 3：$[16, 24]$ という 3 つの区画を持つ両シグナル均衡へと変換されることになる．この新しい均衡では，新区画 1 に属すタイプは $m = 0$ を選び，チープトークによって自分が新区画 1 に属すことを述べ，新区画 2 に属すタイプも同様にチープトークによって自分が新区画 2 に属すと述べる．そして新区画 3 に属すタイプは，コストのかかるシグナル $m > 0$ によって自分のタイプを正確に明らかにする．

この最後の新区画 3 に属すタイプが用いるメッセージ関数（$m = f(t)$ とす

る）は 4.8 節で式（4-22）を導いた時と同じ手法によって導くことができる．すなわち，受け手は m を観察して事後信念 $\hat{t}$ を形成した後，式（6-2）の期待値を最大化する結果 $a=\hat{t}(m)$ を選ぶので，これを式（6-1）に代入し

$$u(m,\hat{t}(m),t) = -(\hat{t}(m)-t-\delta)^2 - m$$

を得る．送り手がこの利得関数を m について最大化する時の 1 階の条件は

$$u_1(m,\hat{t},t) + u_2(m,\hat{t},t)\frac{d\hat{t}(m)}{dm} = -1 - 2(\hat{t}-t-\delta)\frac{d\hat{t}(m)}{dm} = 0.$$

ここでは結果的に真のタイプが正確に明らかになるので

$$\hat{t}=t \quad \text{と} \quad \frac{d\hat{t}(m)}{dm} = 1 \Big/ \left(\frac{df(t)}{dt}\right)$$

を使って 1 階の条件を変形すると次の微分方程式を得る：

$$\frac{dm}{dt} = 2\delta.$$

これを解くと $m=f(t)=2\delta t+C$（C は定数）だが，ここでは仮定により $\delta=2$ なので $m=f(t)=4t+C$ である．

後は初期値条件を代入して定数 C を特定化すればよいのだが，そのためには次の条件を用いる．

両シグナル均衡を導くための必要条件：
　「チープトークを用いるタイプの集合」と「コストのかかるシグナルを用いるタイプの集合」のちょうど境界に当たるタイプはどちらを用いても無差別になっていなければならない．

これが必要である理由は，5.5 節の Crawford-Sobel モデルで 2 つの区画の境界タイプがどちらのチープトークを送っても無差別になっていなければならない理由とほぼ同じである．つまり，無差別でなければ，このタイプの近傍で逸脱のインセンティブを持つタイプが出てきてしまうのだ．

上の例では境界タイプ $t=\tau_2=16$ がチープトークを用いた場合，$m=0$ を選び「私は $t\in[4,16]$」とトークすることによって受け手に反応 $a=(4+16)/2=$

10 をとらせる．この時の利得は $u = -(10-16-2)^2 - 0 = -64$ である．他方このタイプがメッセージ関数に従って $m = 4 \times 16 - C$ を選んだ場合，正確なタイプが受け手に伝わり反応 $a = 16$ を選ばれ，利得 $u = -(16-16-2)^2 - 4 \times 16 - C$ を得る．2 つの利得を等号で結ぶと $C = -4$ になるので，結局メッセージ関数は $m = 4t - 4$ となる．

その結果，送り手の戦略は図 6-2 の太い線分 $\overline{OA}$ と $\overline{BC}$ によって表されている（これをみる時は横軸に t をとることに注意）．

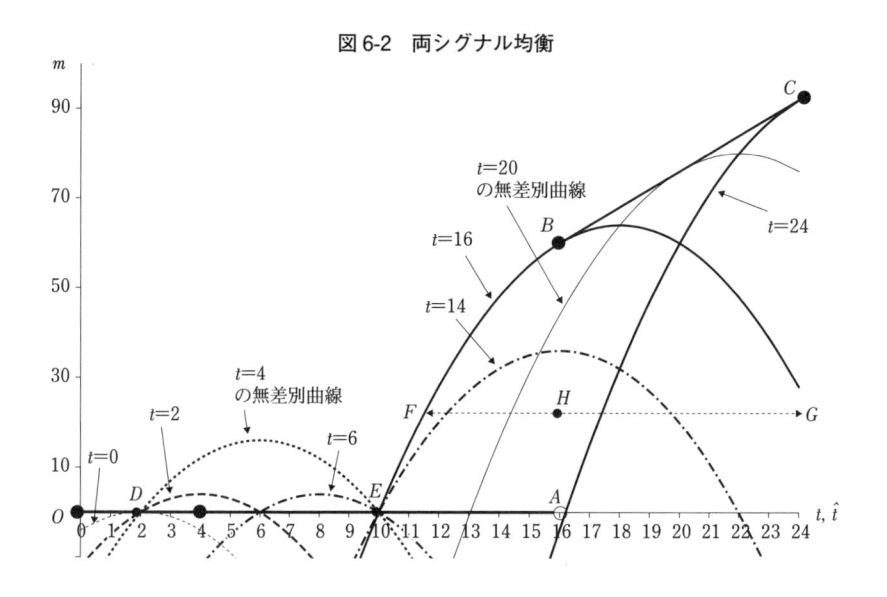

図 6-2 両シグナル均衡

この両シグナル均衡では

- タイプ $t \in [0, 4)$ は $m = 0$ を選び「私は $t \in [0, 4)$」とチープトークし，受け手に反応 $a = 2$ をとらせる．
- タイプ $t \in [4, 16)$ は $m = 0$ を選び「私は $t \in [4, 16)$」とチープトークし，受け手に反応 $a = 10$ をとらせる．
- タイプ $t \in [16, 24]$ はメッセージ関数 $m = 4t - 4$ に従ってコストのかかるシグナルを送り，受け手に反応 $a = t$ をとらせる．

ストーリーにたとえて言えば，環境保護団体は公害の深刻度が比較的小さい

間はチープトークによって大まかな情報を政治家に伝え，深刻度が大きくなるとロビー活動にコストをかけて正確な情報を伝えることになる．

上の戦略が本当に PBE を構成するかを確認するため，送り手の均衡利得に対応する無差別曲線を図 6-2 の $(\hat{t}, m)$ 平面に描いてみよう（この時は横軸を $\hat{t}$ として見る）．無差別曲線の描き方は次のとおりである．タイプ $t\in [0,4)$ は $m=0$ を選んで R に $a=2$ を選ばせるため，$u=-(2-t-2)^2-0=-t^2$ という均衡利得を得る．一方このタイプが何か他の点 $(\hat{t}, m)$ を実現した時の利得は $-(\hat{t}-t-2)^2-m$ であり，これと上の $-t^2$ を等号で結ぶことによって $m=-(\hat{t}-t-2)^2+t^2$ を得る．この t にいずれか 1 つの $t\in [0,4)$ を代入すれば無差別曲線を描くことができる．

同様に，$t\in [4,16)$ は $m=0$ を選んで R に反応 $a=10$ をとらせるため，均衡利得は $-(8-t)^2$ となり，無差別曲線は $m=-(\hat{t}-t-2)^2+(8-t)^2$ となる．最後に $t\in [16,24]$ はメッセージ関数 $m=4t-4$ を選んで R に反応 $a=t$ をとらせるため，均衡利得は $-4t$ となり，無差別曲線は $m=-(\hat{t}-t-2)^2+4t$ となる．以上をもとにいくつかのタイプについての無差別曲線（逆 U 字カーブ）を図 6-2 に描いている[2]．

図 6-2 を均衡（PBE）として成立させる信念としては次のようなものが考えられる（この時は横軸に $\hat{t}$ をとったうえで，縦軸→横軸としてみる）．まず均衡経路上のメッセージが観察された場合に R の形成する信念は次のとおり：

- $m=0$ かつチープトーク「私は $t\in [0,4)$」を観察したら $\hat{t}=2$ と信じる（点 D）．
- $m=0$ かつチープトーク「私は $t\in [4,16)$」を観察したら $\hat{t}=10$ と信じる（点 E）．
- $m\in [60,92]$ を観察したらチープトークは無視し $\hat{t}=0.25m+1$（メッセージ関数の逆関数）を信じる（線分 $\overline{BC}$）．

次に均衡経路外のメッセージが観察された場合の R の信念は次のとおり：

- $m=0$ かつチープトーク「私は $t\in [16,24]$」を観察したら例えば $\hat{t}=10$ と信

---

[2] この無差別曲線をみると，タイプ $t=4$ は点 D と点 E の間で，タイプ $t=16$ は点 E と点 B の間で無差別になっていることが確認される．

じる（点 E）.
- $m \in (0, 60)$ を観察したらチープトークは無視して例えば $\hat{t} = 10$ と信じる. これは図 6-2 で描かれていないが点 E から垂直に伸びる信念関数に当たる. これは例であって点 E 以外は多少左右にずれても許容される.
- $m \in (92, \infty)$ を観察したらチープトークは無視して例えば $\hat{t} = 24$ と信じる.

以上のような信念関数を想定すれば，図 6-2 により，どのタイプも均衡からの積極的な逸脱を望まず上の PBE が支持されることが確かめられるだろう[3]．

さてこの両シグナル均衡を考えると，均衡結果の集合は飛躍的に大きくなる．上の例で言えば，もとになるチープトーク均衡結果2つだけだった．1つは1区画のみの babbling 均衡，もう1つは2区画均衡である．上では2区画均衡の区画1を半分の長さに圧縮して新しい均衡を求めたわけだが，Austen-Smith and Banks（2000）によれば，「もとにするチープトーク均衡」および「その区画1の圧縮の仕方」を自由に選んで新しい「両シグナル均衡」を作ることができる．

例えば babbling 均衡をもとにしてその区画 1（すなわち $[t_{\min}, t_{\max}]$）を完全に長さゼロに圧縮した場合，生じる均衡結果は 4.8 節でみた「コストのかかるシグナルのみを用いた均衡」と全く同じになる[4]．そうした「コストのかかるシグナル均衡結果」と「チープトーク均衡結果（複数存在しうる）」を両極として，その間に事実上無数の均衡結果が存在しうるのである．

この中からどの均衡結果がセレクトされるかは非常に厄介な問題である．もちろん均衡は戦略と信念の相互作用によって形成されているため，いずれかのプレイヤーが一方的に1つの均衡を選ぶことはできない．多くの人々が合意しやすい，focal point などと呼ばれる均衡がもし存在するなら，それが実現するかもしれない．例えば（上で考えた環境保護の例とは異なり）政治家がメッセージの送り手であるとする．もし本章冒頭のサッチャーの言葉が人々に浸透し

---

3) これを考える時には，各タイプにとって無差別曲線（逆U字カーブ）が下に平行移動するほど m が小さくなり，大きな利得に対応することに注意すること．
4) もとにするチープトーク均衡が複数個の区画を持つ場合，その区画1を完全に圧縮してもチープトークの部分が完全に消えるわけではないので注意が必要である．一般に旧区画2以降がやや圧縮されて存在し続けることになる．

ているのなら，女性政治家の場合に「コストのかかるシグナルの範囲が広い均衡」が出現しやすいかもしれない．しかしそのような合意がなければ均衡の精緻化には次のような困難が生じる．

Austen-Smith and Banks (2000) ではスタンダードな精緻化基準を適用していないが，ここでは図 6-2 の均衡に（繰り返し）D1 基準を当てはめてみよう．本書の 3.2 節で紹介して以降，たびたび用いてきた「よく使われる手法」を用いると，図 6-2 の均衡はこの基準を通過しないことが分かる．理由は，均衡経路外メッセージの中に「タイプ $t=16$ の均衡利得に当たる無差別曲線が最もふくらんでいる部分」がみつかってしまうためである（例えば図 6-2 の線分 $\overline{FG}$）．D1 基準に従って信念 $\hat{t}=16$ に確率 1 を割り当てると（同図の点 H），いくつかのタイプが元の均衡から逸脱するインセンティブを持ってしまい，均衡が破壊されてしまう．筆者（澤木）が試したいくつかの例ではいずれの「両シグナル均衡」も D1 基準を通過しなかった．

一方の極の「チープトークのみの均衡」の場合，第 5 章で述べた理由によって D1 基準は効力を持たず，よって消極的な理由によってではあるがスタンダードな精緻化を生き残る．またもう一方の極の「コストのかかるシグナルのみの均衡」は 4.8 節でみたように問題なく D1 基準を通過する．しかしその中間的な「両シグナル均衡」が D1 基準を通過しなければ，均衡の精緻化という観点からは問題が残る．

もちろんスタンダードな精緻化基準も 1 つの考え方にすぎないのでそれが絶対ではない．例えば 5.5 節で述べたような，送り手と受け手の事前的（ex ante）な利得に注目する考え方もある．しかし 2 年後の論文 Austen-Smith and Banks (2002) はこの考え方そのものにも異論を唱えており，この分野における均衡の精緻化問題はやや混沌とした状況になっている．

* * *

上より前に発表された論文で，Lohmann (1995) はロビーグループが自分の持つ私的情報を政治家にチープトークまたはコストのかかるロビー活動によって伝達するという上記のものに似た設定を考えている．このモデルでは，ロビーグループの利得が政治家の利得とかい離するほどコスト付きのロビー活動が

行われやすくなるなど，上に似た結論もみられる．ただしこのモデルでは，送り手のタイプや受け手の反応が離散的と仮定されているほか，次のような重要なモデル構造上の違いもある．第1に，送り手の持つ私的情報が現実状況（state of the world）の正確な情報ではなくノイズ付きの不正確な情報である点である．第2に，複数の送り手を考え，その間に生ずるフリーライダー問題（寄付を行わずに利益だけ得ようとすること）にも焦点を当てている点である．

6.2 行動と言葉

前節で紹介したモデル以外にも，送り手が「コストのかかるシグナル」と「チープトーク」の両方を用いうるモデルがいくつか考案されている．Bernheim and Severinov（2003）は親（送り手）が2人の子供（受け手）に遺産の分割と言葉によって愛情をシグナルするという興味深いモデルを展開している．2人の子供——兄と弟とする——のうち，兄の利得 v_1 と弟の利得 v_2 は次のような形を持つと仮定される：

$$v_1 = V(m) + \beta \cdot W(\hat{t});$$
$$v_2 = V(1-m) + \beta \cdot W(1-\hat{t}).$$

ここで $m \in [0,1]$ は親の総資産のうち兄に遺される割合であり，$t \in [0,1]$ は親が弟に比べ兄に注ぐ愛情を表す．極端な場合 $t=1$ ($t=0$) はこの親が兄（弟）のことしか考えていないことを表す．この t は親の私的情報であり，$\hat{t}$ は t について子供たちが持つ信念である．つまり子供たちは「自分が受け取る遺産そのもの」と「遺産分割と言葉から推察される親の愛情」から利得を得る．

送り手である親の利得は v_1 と v_2 の加重平均と仮定され，そのウェートが「愛情」に当たる：

$$u = t \cdot v_1 + (1-t) v_2.$$

詳細は原著論文を参照していただきたいが，上の関数 $W(\cdot)$ にある仮定を置くと，親の利得について次のような性質が現れる：

> 親は自分の実際の t よりもやや 1/2 寄りの信念 $\hat{\imath}$ を子供たちに信じてもらいたい．

　これは親が自分を実際よりも平等主義的にみせたがることを意味し，家父長制が一般的でない多くの先進国では自然な仮定だと著者たちはしている．この仮定は，4.10 節で紹介した Bernheim (1994) の協調性の理論における「人々は自分を中庸な好みを持つ人間とみせかけたい」という仮定と似ている．
　パラメータにも依存するのだが，現れる均衡もその 4.10 節のものと似ており，次のようになる：
① t がゼロに近いタイプの親（つまり弟を溺愛するタイプの親）は右上がりの，小さな（ただし完備情報下より大きめの）$m(t)$ によって自分のタイプを正確にシグナルする；
② t が 1 に近いタイプの親（つまり兄を溺愛するタイプの親）は右上がりの，大きな（ただし完備情報下より小さめの）$m(t)$ によって自分のタイプを正確にシグナルする；
③ しかし t が 1/2 周辺の親は，中程度の一定レベルの遺産割合（m_P とする）を選ぶという一括的行動をとる．

　4.10 節の均衡と違うのは，最後の m_P を選ぶタイプの親が同時にチープトークすることも必要になりうる点だ．つまり一括的行動をとる親は，弟に比べた兄への愛情を大雑把にではあるが言葉でも述べるわけである[5]．モデル上これが必要となるのは，このチープトークがないと，①と③の境界タイプ，あるいは②と③の境界タイプが両シグナルの間で無差別になりえないことがあるからである．4.10 節ではこの問題は生じなかった．
　こうした均衡は「単調 D1 基準 (monotonic D1 criterion)」という精緻化基準を通過することが証明されうる．この基準はメッセージ関数 $m(t)$ や信念関数 $\hat{\imath}(m)$ に単調性（ここではそれらの関数が弱増加関数になること）の制約を置いたうえで，本書でたびたび使われてきた「D1 基準：よく使われる手法」を

---

[5] このチープトークも遺産の分割割合も，両方の子供によって観察されると仮定されている．

適用するものである．

　実はこうした精緻化を行っても，m_P が一意に決まらず複数の均衡が生き残ることが示されうる．これら複数の均衡の中で Bernheim and Severinov (2003) は，2 人の兄弟間で均等に遺産を分割する（つまり $m_P \approx 1/2$）均衡が最も「目立つ」，ゆえに最も自然な均衡だとしている．そしてこれが，先進国でよくみられる「複数の子を持つ親の多くが遺産を平等に分ける」慣行を説明すると主張している．

　また Kartik (2009) はコストのかかるシグナルの方のメッセージ空間 M に上限がある場合の均衡を求めている．このモデルでは「受け手自身が選びたい反応」よりも，「送り手が受け手にとってもらいたい反応」の方が大きいという，本書でもよく置かれてきた仮定が使われている．メッセージ空間に上限があるため，3.4 節でみた Cho and Sobel (1990) のものに似た均衡が出現する．つまりある程度低いタイプは右上がりのメッセージ関数によって自分のタイプを正確にシグナルするが，ある程度以上高いタイプはすべてメッセージの上限 $m_{\max}$ に張り付いて一括的行動をとる．ただし Cho and Sobel (1990) モデルとの違いは，連続的タイプが仮定されている点と，均衡において一括的行動をとるタイプは同時にチープトークも用いうる点である．チープトークが必要になる理由はすぐ上のモデルで述べた理由と同じである．つまり，チープトークがないと，分離的行動をとるタイプの集合と一括的行動をとるタイプの集合の境界のタイプが，無差別性条件を満たさなくなりうるのである．

＊　　　　　　＊　　　　　　＊

　このほか実験経済学の分野で行動と言葉を比べた論文に Duffy and Feltovich (2002) がある．彼らは囚人のジレンマなどいくつかの有名なゲームを被験者に行わせており，被験者は次の 3 つのセッティングのいずれかの下で次々と相手を変えてゲームをプレイしていく．第 1 のセッティングでは，対戦する 2 人のうちランダムに選ばれた 1 人が自分のこれからとる行動についてチープトークすることを要求される（ただしこのトークのとおりにプレイする必要はない）（トークによる意図の開示）．第 2 のセッティングではどちらかのプレイヤーが前のラウンドで（異なる相手に対し）とった行動が自動的に相手に

明らかにされる（行動による意図の開示と解される）．第3のセッティングでは上の2つがどちらも行われず単にゲームをプレイするだけである．

本論文はこれら3つのセッティングでの結果を比べ，どのようなゲームで行動もしくは言葉が協調を促すかを調べている．これは自分のタイプをシグナルするゲームではなく，5.7節で簡単に触れた「意図をシグナルするゲーム」の拡張である．実験の結果は5.7節で名前だけ紹介した Farrell and Rabin (1996) の予想におおむね沿ったものになったという．興味ある読者は是非原著論文を参照していただきたい．

6.3 さまざまな不完備情報モデル

「はじめに」でも述べたように，本書の守備範囲はシグナリング・モデルである．ということは非対称情報の政治・経済モデルというカテゴリーの中でもモラルハザード・モデルは最初から除外されている．また逆選択のモデルに絞ってもスクリーニング・モデルについては紙面の制約から一切紹介できなかった．しかしこのように範囲を限定してもなお，本書で扱えなかったいくつかの関連する重要トピックスが存在する．以下ではその中から2つのトピックスに簡単に触れる．

1つは有限期繰り返しゲームにおける評判の確立である．例としてチェーンストア・ゲームというよく知られたゲームを元に考えると次のようになる．

ある地域にすでに営業しているチェーンストア（プレイヤー I とする）が存在し，そこに潜在的な参入企業（プレイヤー E とする）が参入するかどうか迷っている．E の選択肢は「参入」か「非参入」であり，「非参入」を選べばゲームは終了し，E 自身は何の利得も得ず，I は独占利潤を享受し続ける．もし E が「参入」を選べばそれに対し I は「値下げ競争」か「協調」を選ぶ．値下げ競争が起きれば両企業とも損害を被り，協調が起きれば両企業とも正の利得を得るとしよう．

上のゲームが完備情報の下で1回だけ行われるなら，ゲーム理論の予想は「必ず E は参入し I は協調する」になるがこれは現実的だろうか．場合によっては I が何らかの脅しをかけて E が参入をあきらめるといった状況もありう

るのではないだろうか．これがいわゆる Selten (1978) のチェーンストア・パラドックスである．このような問題意識から不完備情報下での繰り返しゲームを分析した論文に Kreps and Wilson (1982b) や Milgrom and Roberts (1982b) などがある．

ここで I には 2 つのタイプがあり，一定の確率で「上記のような利得を持つ weak タイプ（参入されたら協調するという意味で）」かもしれないが，また一定の確率で「参入されたら必ず値下げ競争をしかける tough タイプ」かもしれないとする．このような仮定の下で繰り返しゲームを分析すると，実際は weak タイプであるのに，ゲーム開始後しばらくは値下げ競争をしかけることによって自分が tough であるという評判を確立する可能性が出現するのである．このモデルは本書で紹介した，分離的行動に焦点を当てる多くのシグナリング・モデルと異なり，一括的行動に焦点を当てるモデルであるともいえる．

また Kreps, Milgrom, Roberts, and Wilson (1982) は上と異なり囚人のジレンマ・ゲームの設定を用いて不完備情報下での繰り返しゲームを考え，評判の果たす役割を分析している．

さらに上と似た，しかし微妙に異なる設定で評判について分析した論文に Sobel (1985) がある．このモデルは例えばスパイが外交官にチープトークによって情報を繰り返し提供する状況を扱っている．スパイは外交官の味方かもしれないし敵かもしれないが，たとえ敵でもゲーム開始後一定期間は「味方である」との評判を築くため正確な情報を提供し続ける可能性が明らかにされている．この流れを受けた文献の比較的最近のものに Park (2005) があり，彼は複数の専門家とクライアントの長期的関係を分析している．

本書で扱えなかったもう 1 つの大きなトピックは不完備情報下でのバーゲニングである．これは相手のタイプが分からない中での，売り手と買い手の価格交渉や労使の賃金交渉などを分析する分野である．例えば，価格交渉において，買い手が取引対象物に置く価値が私的情報であるとしよう．売り手はその情報を知らないまま買い手に価格を提示し，買い手はそれを「受諾」または「拒否」する．受諾すれば取引成立であるが，拒否ならば再び売り手が価格を提示する．

買い物でこの種の交渉を経験した人なら分かるかもしれないが，少し高めの

価格を提示された買い手は，本当は許容範囲内であっても，この対象物にはあまり関心がないと言わんばかりに拒否するかもしれない．しかし受諾までに時間をかけるという形で自分のタイプをシグナルしようとすると，効率的な取引が阻害される恐れもある．この分野にも膨大な文献があるが，本書ではチープトークのところ（5.7 節）で若干触れた以外，まったく扱えなかった．興味ある読者は Fudenberg and Tirole（1991a, 10 章）などを参照していただきたい．

6.4 結　語

　本章でみたように，シグナリング理論における最近の1つの流れは，言葉と行動の果たす役割を同時にあるいは比較して考えるというものである．本章で紹介した言葉と行動の理論モデルが導く結論には1つの共通点があり，それは送り手のタイプが行動によって明らかになる場合，言葉は完全に無視される，という点である．これはモデルの構造上，行動によって送り手のタイプについての正確な情報が明らかになる場合には，言葉の役割は消滅するためである．確かにこれは行動が言葉より雄弁であるという1つの真実を突いているようにも思えるが，現実には，行動がある程度情報を伝えても，言葉がさらにそれを補強するという局面もあるような気がする．こうした微妙な状況を理論モデルによって解明する，というのも今後の研究の1つの方向性かもしれない．

補論 1

均衡に関する補足事項

A1.1 完全ベイジアン均衡 (PBE) の存在理由

補論 1 では均衡に関するいくつかの補足事項を解説する．読者は予備知識として，ゲーム理論の初歩，特にナッシュ均衡と部分ゲーム完全均衡の定義を知っていることが望ましい．以下では一部，記号による厳密な記述をせず，直観的な議論に頼っている部分がある．より厳密な議論は例えば Mas-Colell et al. (1995)，Fudenberg and Tirole (1991a)，岡田 (2011)，グレーヴァ (2011) などを参照していただきたい．補論 1, 2 も一部これらの文献を参考にしている．

本文の第 1 章では「シグナリング・ゲームにおける完全ベイジアン均衡 (PBE)」を定義した．本書全体がシグナリング・ゲームに焦点を当てているため，本文では単に PBE といってもほとんどの場合この「シグナリング・ゲームにおける PBE」を意味していた．しかし完全ベイジアン均衡はより一般的なゲーム（必ずしも不完備情報が仮定されるとも限らない）で定義することができる[1]．そうした一般的ゲームでの PBE を以下では直観的に述べる．

ある展開型ゲームにおいてプレイヤーが I 人（$i=1,\ldots,I$）存在するものとし，彼らの行動戦略の組を $\sigma=(\sigma_1,\ldots,\sigma_I)$，信念システムを μ と書く．ここで行動戦略とは，各プレイヤーが確率付きで行動を選ぶことを許容したうえで展開型ゲームで定義される戦略である．これは各情報集合（同一プレイヤーでも複数の情報集合があれば区別する）においてとられる行動の確率（局所戦略）を，すべての情報集合について並べたものである．信念システムとは各情

---

[1] 不完備情報ゲームもハルサニ変換によって不完全情報ゲームとして扱えることは第 1 章でも触れた．補論 1, 2 では，不完備ではなく不完全情報の基本的なゲームを中心に議論している．

報集合内の意思決定点に割り振られる主観的な条件付き確率を並べたものである.

以下の定義はある理由によって弱 PBE と呼ばれるが「弱」の意味は次節まで問題にならない.

定義 A1-1： 弱完全ベイジアン均衡（弱 PBE）とは次の条件を満たす行動戦略 $\sigma = (\sigma_1, \ldots, \sigma_I)$ と信念システム μ の組である.

（条件 P）： 各プレイヤー i にとって σ_i は，どの情報集合においても，他のプレイヤーの戦略 σ_{-i} と信念システム μ を所与として最適になっている.

（条件 B1）： 均衡経路上の情報集合では，信念はベイズ・ルールによって決定される.

（条件 B2）： 均衡経路外の情報集合では信念は任意のものでよい.

ここでは弱の意味にはこだわらず，なぜ PBE という概念が必要とされるのかをみるため，図 A1-1 の展開型ゲームを考えよう.

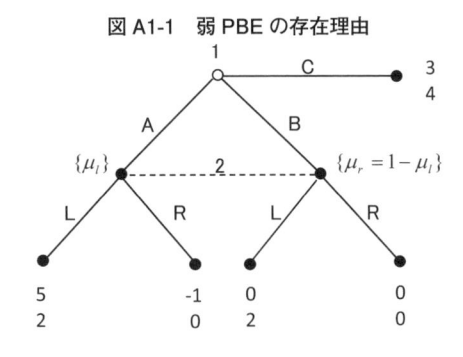

図 A1-1　弱 PBE の存在理由

```
            1
        ○──────── C ────── 3
       ╱ ╲                  4
      A   B
     ╱     ╲
{μ_l}●┄┄┄2┄┄┄●{μ_r = 1 - μ_l}
    ╱╲       ╱╲
   L  R     L  R
   ●  ●     ●  ●
   5 -1     0  0
   2  0     2  0
```

このゲームではまずプレイヤー 1 が，ゲーム開始点を表す白丸の意思決定点で行動 A, B, C のいずれかを選ぶ．C を選んだら即座にゲームは終了し，プレイヤー 1 は 3, プレイヤー 2 は 4 の利得を得る．プレイヤー 1 が A か B を選んだら，プレイヤー 2 は 1 がそのどちらを選んだのか知らずに L か R を選ぶ．最終点の後に書かれている 2 つの数字のうち，上はプレイヤー 1 の利得，下は

プレイヤー2の利得である．μ_l はプレイヤー2が自分の情報集合で左にいると信じる確率（信念）である．

これを戦略型ゲームとして表現したのが図 A1-2 である．

図 A1-2　奇妙なナッシュ均衡が含まれる例

		2	
		L	R
	A	5, 2	-1, 0
1	B	0, 2	0, 0
	C	3, 4	3, 4

次の手順によって純粋戦略のナッシュ均衡をみつける．

戦略型有限2人ゲームでの純粋戦略ナッシュ均衡の求め方
① 各セルの左の数字はプレイヤー1の利得だが，これらを縦に比べて最大のものに下線を付ける．（例えば図 A1-2 で左の列では 5, 0, 3 を比べて 5 に下線を付ける．）（注：最大の利得が複数あるならすべてに下線を付ける．）
② 各セルの右の数字はプレイヤー2の利得だが，これらを横に比べて最大のものに下線を付ける（注：同上．図 A1-2 でも 4, 4 両方に下線を付けている．）
③ 2つの数字両方に下線の付けられたセルがあったらそれを○で囲む．

この方法を用いると，(A, L) と (C, R) の2つ（図で○を付けたところ）がナッシュ均衡であることがわかる．このゲームではゲーム全体より小さな真の部分ゲームは存在しないので，上の2つはどちらも部分ゲーム完全均衡（subgame perfect equilibrium, 略して SPE）でもある．

しかし，(C, R) という均衡にはある意味で奇妙な面がある．なぜならプレイヤー2は自分の情報集合で，自分が左右どちらの意思決定点にいるかを知らないが，どちらにいても L を選べば 2 を，R を選べば 0 を得るため，R を選ぶはずがないからである．プレイヤー1が C を選ぶと確かにプレイヤー2の情報集合は到達されないのだが，ナッシュ均衡ではこのように均衡経路外でのプ

レイヤーの最適化は定義上必要とされない．

一方，上のゲームで弱 PBE を求める手順は次のとおりである．まずプレイヤー 2 の戦略を考える．通常は信念 μ_l に応じて行動が変わることが多いのだが，このゲームでは上に述べた理由により，信念が何であってもプレイヤー 2 は L を選ぶ．つまり思考の出発点の信念を $\mu_l\in[0,1]$ としてそのすべてに対してプレイヤー 2 の戦略は L である．

そのプレイヤー 2 の戦略を前提として，プレイヤー 1 は A を選べば 5 を，B を選べば 0 を，C を選べば 3 を得るため，必ず A を選ぶ．するとプレイヤー 2 の情報集合は均衡経路上に来て，左の意思決定点が必ず到達されることから，ベイズ・ルールにより信念は $\mu_l=1$ となる．通常はこの信念が出発点の信念と比べて整合的であるかを調べるのだが，ここでは出発点が $\mu_l\in[0,1]$ であったので，調べるまでもなく整合的である．このゲームの唯一の弱 PBE を $[(\sigma_1),(\sigma_2),\mu]$ の形で書けば $[(A),(L),\mu_l=1]$ となる．

上で弱 PBE は各情報集合での信念を特定化し[2]，そこでの最適行動を考えることによってナッシュ均衡や SPE が排除できなかった奇妙な均衡を排除するのに成功している．ここに PBE の存在意義があるのである．

さて上の「弱」の由来であるが，これは定義 A1-1 の条件 B2 にあるように，均衡経路上にない情報集合における信念は任意，つまり何でもよいとしていることから来ている．均衡経路外の情報集合での信念はベイズ・ルールから特定化できないためこれは仕方のない面もあるのだが[3]，場合によってはこれが問題を生むことがある．それを次節でみる．

A1.2　弱でない PBE

前節の弱 PBE はまだ十分な均衡概念ではない．それを図 **A1-3** のゲームでみよう．

---

[2] 情報集合に 1 つの意思決定点しか含まれない場合は，そこでの信念（条件付き確率）は常に 1 になるため，通常あえて記すことはしない．
[3] なぜ特定化できないかについての分かりやすい説明は，例えば渡辺 (2008, 11.3 節) を参照のこと．

A1.2 弱でない PBE

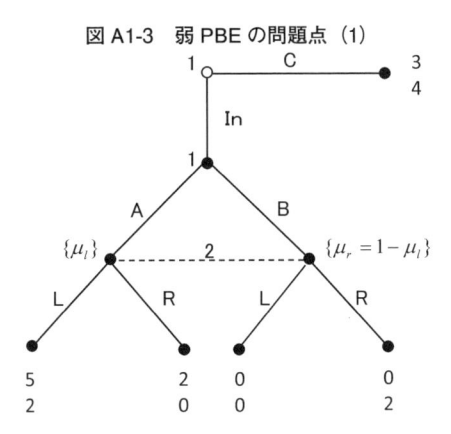

図 A1-3　弱 PBE の問題点（1）

このゲームでは前節のゲームと違い，プレイヤー1がまず第1ステージでゲームに入るか（In）入らないか（C）を選ぶ．Cの場合ゲームは即終了するが，Inの場合は第2ステージでプレイヤー1と2が同時手番ゲームを行う．利得は前節のものと若干異なっており，プレイヤー2の最適行動が信念に応じて変わるようになっているほか，プレイヤー1の利得が1ヵ所だけ変わっている．

弱 PBE を求めるため，プレイヤー2の戦略を考えよう．プレイヤー2はLを選ぶと期待利得

$$2\mu_l + 0(1-\mu_l) = 2\mu_l$$

を得る一方，Rを選ぶと

$$0\mu_l + 2(1-\mu_l) = 2-2\mu_l$$

を得る．両者を比べると，プレイヤー2は $2\mu_l \geq 2-2\mu_l$ つまり $\mu_l \geq 1/2$ ならLを選び，$\mu_l < 1/2$ ならRを選ぶことがわかる[4]．

まず思考の出発点として $\mu_l \geq 1/2$ を考える．この時上でみたようにプレイヤー2はLを選ぶが，これを前提としてプレイヤー1は第2ステージでAを選べば利得5を，Bを選べば0を得る．よってAを選ぶのだが，それを踏まえ

4）　$\mu_l = 1/2$ の時プレイヤー2はLとRの間で無差別だが，ここでは純粋戦略のみに焦点を当てる．

るとステージ1でプレイヤー1はInを選べば5を，Cを選べば3を得ることになり，Inを選ぶ．この場合プレイヤー2の情報集合は均衡経路上にあり，ベイズ・ルールを用いると信念は$\mu_l=1$になる．これは出発点の信念$\mu_l \geq 1/2$と整合的であるためPBEとして成立する．よって1つの弱PBEは〔(In, A), (L), $\mu_l=1$〕である．

次に出発点として$\mu_l<1/2$を考える．このときプレイヤー2はRを選ぶが，これを前提として上と同じように考えるとプレイヤー1は第2ステージではAを，第1ステージではCを選ぶことが分かる．プレイヤー2の情報集合は均衡経路上にはないため，弱PBEの定義上μ_lは何でもよく，$\mu_l<1/2$とすることに問題はない．よってもう1つの弱PBEは〔(C, A), (R), $\mu_l<1/2$〕である．

上の2つの弱PBEのうち，後者には次のような問題がある．本来プレイヤー1はステージ1でCを選ぶはずだったが何らかの間違いによってInを選んでしまったとしよう．もう後戻りはできず同時手番ゲームをプレイするしかない場合，プレイヤー1はAを選べば5か2を得るのに対しBを選べば0しか得られないのだから本来Aを選ぶはずである．再びミスをしてBを選ぶ可能性もないわけではないが低いだろう．すると$\mu_l<1/2$という信念は奇妙と言わざるをえない．

実際，図A1-3のゲームで部分ゲーム完全均衡（SPE）を求めると，真の部分ゲームにおけるナッシュ均衡は(A, L)になり（図A1-4参照），これを踏まえた唯一のSPEは〔(In, A), L〕になる．

図A1-4　真の部分ゲーム

		2 L	2 R
1	A	5, 2	2, 0
	B	0, 0	0, 2

（セル(A, L)の5, 2に丸印）

つまり弱PBEでは，均衡経路外の情報集合における信念を任意でよいとしているために，部分ゲーム完全性すら満たさない均衡が生き残る場合があることになる．均衡の集合の一般的な関係をベン図で表すと図A1-5のようになる．

弱PBEに伴う問題点としては上の他に，次のようなものも挙げられる（図A1-6）．

A1.2 弱でない PBE

図 A1-5　均衡の集合の関係

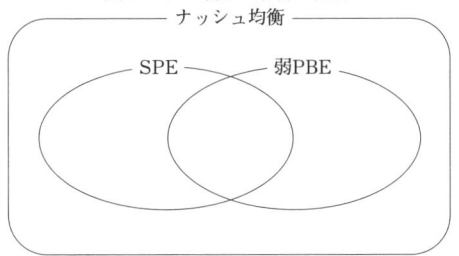

注：SPE：部分ゲーム完全均衡，PBE：完全ベイジアン均衡．

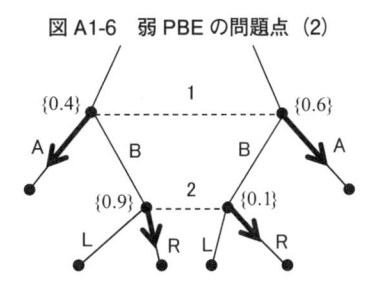

図 A1-6　弱 PBE の問題点 (2)

　この図はあるゲームツリーの後半部分を取り出したものであり，最終点の後に書かれるべき利得も省略している．プレイヤー1は自分の情報集合において自分が左右どちらの意思決定点にいるか正確には知らず，それらに 0.4, 0.6 という信念を割り当て，その結果 A を選んでいる．図 A1-6 ではプレイヤーが確実に選ぶ行動を太い矢印で表している．プレイヤー2の情報集合は均衡経路外であり，そこでは 0.9, 0.1 という信念を割り当てた結果，R を選ぶことになっている．

　しかしこのプレイヤー2の信念は少し奇妙ではないだろうか？ プレイヤー1がミスをしてBを選んだ時にのみプレイヤー2の情報集合にプレイが到達するのだが，このミスの仕方は自分が左右どちらにいるかをプレイヤー1が知らない以上，左右の位置から独立であるはずである．よってプレイヤー2も 0.4, 0.6 という信念を形成するのが自然に思えるが，弱 PBE はここでも均衡経路外の信念に何の制約も課さない．

　上のような問題点を克服するため，均衡経路外の情報集合における信念にも

できる限りの制約を加えた（弱でない）完全ベイジアン均衡の概念が必要となる．その定義は応用するゲームによっても微妙に異なるようだが，定義 A1-1 の条件 B2 を消して次の 2 つの条件を要求することが多い．

> （条件 B3）：　均衡経路外の情報集合でも可能な限りベイズ・ルールを用いて信念は改訂される．

「可能な限り」とはあいまいな表現だが，例えば図 A1-3 で真の部分ゲームにプレイが到達しなくても，その部分ゲームを全体ゲームのようにみなして信念を計算するという意味である．この厳密な定義は例えば Fudenberg and Tirole（1991a）のセクション 8.2.3 にある．この条件を図 A1-3 に適用すると μ_l =1 となり，プレイヤー 1 が In を選ぶ均衡のみが（弱でない）PBE になる．

さらにもう 1 つの条件は次のようなものである．

> （条件 B4）：　「プレイヤーは自分の知らないことを自らの逸脱によってシグナルするはずがない」ということが共有知識になっている．

これは例えば図 A1-6 で，プレイヤー 2 の信念も 0.4, 0.6 になることを意味する．

さらに Fudenberg and Tirole（1991a，第 8 章；1991b）の定義する多段階シグナリング・ゲームでは[5]，次の条件も（弱でない）PBE の定義の一部として置かれている．

> （条件 B5）：　複数のプレイヤーのタイプが自然によって独立的に抽出されるモデルでは，1 人のプレイヤーの異なるタイプが，あるいは異なるプレイヤーが，他者のタイプについて形成する信念は全く同一になる．

---

5) これは複数のプレイヤーの各人が私的情報を持ち，その全員が同時に行動（シグナル）を選ぶことが多段階にわたって繰り返されるゲームである．

これらの条件を取り入れて（弱でない）PBE は定義される．

> **定義 A1-2：** （弱でない）PBE は次の条件を満たす行動戦略 $\sigma = (\sigma_1, \ldots, \sigma_I)$ と信念システム μ の組として定義される．
> 定義 A1-1 の条件 P と条件 B1，および条件 B3-B5.

このような追加的条件を置くことによって（弱でない）PBE は弱 PBE よりも強い，つまり均衡の範囲を狭く絞る概念になっているが，本書の本文部分で扱うシグナリング・ゲームではどちらの概念を用いても同じ均衡を選びだすことが多い．それは 1 人の送り手がメッセージを送り，受け手が反応を選んで即ゲームが終了するというシンプルなゲームが多いからである[6]．

A1.3 逐次均衡

前節の（弱でない）PBE と似た均衡概念に逐次均衡 (sequential equilibrium) がある．これは PBE が考案される前に Kreps and Wilson (1982a) によって考えられたものであり，その定義は次のようなものである．

> **定義 A1-3：** 逐次均衡とは次の条件を満たす行動戦略 $\sigma = (\sigma_1, \ldots, \sigma_I)$ と信念システム μ の組である．
> （条件 P：逐次合理性 sequential rationality）
> 　各プレイヤー i にとって σ_i は，どの情報集合においても，他のプレイヤーの戦略 σ_{-i} と信念システム μ を所与として最適になっている．
> （条件 C：整合性 consistency）
> 　(σ, μ) が次の意味で整合的である：$\lim_{k \to +\infty} (\tilde{\sigma}^k, \tilde{\mu}^k) = (\sigma, \mu)$ となるような「完全に混合された戦略」と「そこからベイズ・ルールによって導

---

[6] そうはいっても Spence の基本モデルでは上の条件 B5 に似た条件を均衡概念に組み込んでいた．それは第 2 章で，受け手である複数の企業が均衡経路外でも同一の信念を形成すると仮定した部分である．

かれる信念」の列 $\{\tilde{\sigma}^k, \tilde{\mu}^k\}_{k=1}^{\infty}$ が1つでも存在する.

条件Cにある「完全に混合された戦略」とは，手の震え，あるいは戦略のぶれ（perturbation）を考えに入れた行動戦略のことである．例えばあるプレイヤーがA，Bという2つの行動から選ぶ状況でAを確実に選びたくても，何らかの不合理性により，ある小さな確率 $(\varepsilon_B)^k$ でBを選んでしまう，Bを確実に選びたくてもある小さな確率 $(\varepsilon_A)^k$ でAを選んでしまうとする．この時，A，Bを選ぶ確率はもはやゼロや1になりえず，

$$(\varepsilon_A)^k \leq \tilde{\sigma}_A^k \leq 1-(\varepsilon_B)^k, \quad (\varepsilon_B)^k \leq \tilde{\sigma}_B^k \leq 1-(\varepsilon_A)^k, \quad \tilde{\sigma}_A^k + \tilde{\sigma}_B^k = 1$$

という制約条件が課される．$\tilde{\sigma}$ の上付き文字 k は「ぶれた戦略」の意味だが，ε の上付き文字は「k 乗」の意味である．

するとどの情報集合にもプレイが正の確率で到達されることになり，たとえ $k \to +\infty$ による収束の結果，均衡経路外になる情報集合での信念であっても，ある程度の合理性が要求されることになる．

図 A1-3 のゲームにおける1つ目の弱 PBE $[(In, A), (L), \mu_I = 1]$ は逐次均衡でもあることを以下でみよう．同じことだがこの均衡を確率を用いて

$$(\sigma_1, \sigma_2, \mu) = [((\sigma_{In}, \sigma_C), (\sigma_A, \sigma_B)), (\sigma_L, \sigma_R), \mu_I]$$

の形で表すと，$[((1, 0), (1, 0)), (1, 0), \mu_I = 1]$ になる．ここで例えば σ_{In} はプレイヤー1が In を選ぶ確率である．

まず定義の条件Pが満たされていることは，前節でその弱 PBE を求めた際の議論により明らかである．次に条件Cを確認する．上の行動戦略を基本にしてぶれた戦略

$$\tilde{\sigma}_{In}^k = 1-(\varepsilon_C)^k, \quad \tilde{\sigma}_C^k = (\varepsilon_C)^k;$$
$$\tilde{\sigma}_A^k = 1-(\varepsilon_B)^k, \quad \tilde{\sigma}_B^k = (\varepsilon_B)^k;$$
$$\tilde{\sigma}_L^k = 1-(\varepsilon_R)^k, \quad \tilde{\sigma}_R^k = (\varepsilon_R)^k$$

を考える．これら ε の項はすべてゼロに近い正の数である．

これらを用いると，プレイヤー2の形成する信念 $\tilde{\mu}_I^k$ は次のように求められ

る．まずプレイヤー2の情報集合の左の意思決定点にプレイが到達する確率は，

$$\tilde{\sigma}_{In}^k \cdot \tilde{\sigma}_A^k = [1-(\varepsilon_C)^k][1-(\varepsilon_B)^k],$$

右の意思決定点に到達する確率は，

$$\tilde{\sigma}_{In}^k \cdot \tilde{\sigma}_B^k = [1-(\varepsilon_C)^k](\varepsilon_B)^k$$

であるから，第1章末の付録で解説したベイズ・ルールの式を用いると，

$$\tilde{\mu}_I^k = 1-(\varepsilon_B)^k$$

となることが確かめられる．これらぶれた戦略と信念の収束先をみると，

$$\lim_{k\to\infty}[((1-(\varepsilon_C)^k,(\varepsilon_C)^k),(1-(\varepsilon_B)^k,(\varepsilon_B)^k)),(1-(\varepsilon_R)^k,(\varepsilon_R)^k),1-(\varepsilon_B)^k]$$
$$=[((1,0),(1,0)),(1,0),\mu_I=1]$$

となり上と一致するため，条件Cも満たされている．

この例ではε_C, ε_B, ε_Rの間に条件を課す必要はなく，小さい正の数であれば何でもよい．しかし場合によっては，これらぶれの確率に制約条件が必要な場合もあり，その一例が「Seltenの馬のゲーム」などと呼ばれるゲームにみつけられる（グレーヴァ2011，第8章などを参照）．逐次均衡の定義上はそのような制約条件が課されてもよく，とにかく1つでもぶれた戦略と信念の列がみつかれば逐次均衡になる．

他方，図A1-3における2つ目の弱PBE：$[(C, A), (R), \mu_I<1/2]$は逐次均衡ではない．プレイヤー1がステージ2でAを選ぶことを前提とすると，そこからの戦略のぶれをどう作っても$\tilde{\mu}_I^k$は1に収束してしまい1/2未満にはならないため条件Cを満たしえないからである．

またこの逐次均衡の考えを用いると，図A1-6で説明した弱PBEの問題点も解消される．その図でプレイヤー1の戦略のぶれは左右で異なるはずがないため，プレイヤー2の信念は0.4, 0.6になることが要求されるからである．

さらに逐次均衡では戦略のぶれが共有知識であるため，すべてのプレイヤーおよびプレイヤーのすべてのタイプが，均衡経路外に関しても同じ信念を持つことが要求される．これは（弱でない）PBEの条件B5につながる．

以上から暗示されるように，（弱でない）PBE と逐次均衡はほぼ同じ均衡の集合を選びだす[7]．しかし厳密には逐次均衡の方が強い（均衡を狭く絞る）概念になりうることを Fudenberg and Tirole（1991a の第 8 章；1991b）が彼らの多段階シグナリング・ゲームで示している．彼らは 2 つの均衡概念が同値になるための条件も示している．それは「各プレイヤーのタイプが 2 つであること（3 つ以上でないこと）」と「ゲームが 2 段階であること（3 段階以上でないこと）」のどちらか（あるいはどちらも）が満たされることである．

A1.4　摂動完全均衡[†]

これまで補論 1 で紹介してきた PBE や逐次均衡は展開型ゲームで定義される均衡概念だった．それに対し，戦略型ゲームで戦略のぶれを導入して定義される均衡概念に摂動完全均衡（trembling-hand perfect equilibrium）がある[8]．Selten（1975）の原著論文では単に完全均衡（perfect equilibrium）と呼ばれていたが，部分ゲーム完全均衡と区別するため，今日ではしばしば「摂動」を付けて呼ばれる．概念が考案された歴史的順序は「摂動完全均衡」→「逐次均衡」→「PBE」なのだが，本書ではそれをさかのぼるように紹介している．

> **定義 A1-4**：　摂動完全均衡とは次の条件を満たす混合戦略[9] $\sigma = (\sigma_1, \ldots, \sigma_I)$ の組である：
> 　各プレイヤー $i = 1, \ldots, I$ に対し，完全に混合された戦略の列 $\{\tilde{\sigma}^k_i\}_{k=1}^{\infty}$ が

---

[7]　逐次均衡は戦略のぶれを用いて定義されるため，有限ゲーム（プレイヤー，行動，ステージの数に限りがあるためプレイの履歴が有限のゲーム）でしか定義されない．文献の中には完全ベイジアン均衡と呼ぶべきところを誤って逐次均衡と呼んでいるケースがあるが，多くのゲームでその 2 つの集合は一致するので実害はほとんどないといえる．

[8]　実は展開型ゲームで定義される摂動完全均衡もあり，Selten（1975）でもむしろ焦点はそちらである．それについては後で触れる．

[9]　確率によって表現される戦略のうち，戦略型ゲームで定義されるものを混合戦略（mixed strategy）と言い，展開型ゲームで定義されるものを行動戦略（behavior strategy）と言う．混合戦略と行動戦略の違いについては例えば岡田（2011，第 3 章），グレーヴァ（2011，第 4 章）を参照．本書の本文部分では，ほとんどの場合で展開型ゲームを分析しているため，単に「戦略」と言った場合，ほとんど行動戦略もしくは確率を用いない純粋戦略を指している．

A1.4 摂動完全均衡

1つでも存在し,

(1) 各 $k=1, 2, \ldots$ について,σ_i は $\tilde{\sigma}_{-i}^k$(i 以外のプレイヤーの混合戦略の組)を所与として最適になっており;

(2) $$\lim_{k \to \infty} \tilde{\sigma}_i^k = \sigma_i.$$

例として A1.1 節で取り上げた図 A1-2 のゲーム(これは図 A1-1 を戦略型に変換したものだった)で摂動完全均衡を求めてみよう.

その準備として,混合戦略でのナッシュ均衡を求める(A1.1 節では話を簡単にするため純粋戦略に限定してナッシュ均衡を求めていた).

図 A1-7 混合戦略を許容し図 A1-2 を再掲

			2 (σ_L) L	$(\sigma_R = 1 - \sigma_L)$ R
	(σ_A)	A	5, 2	−1, 0
1	(σ_B)	B	0, 2	0, 0
	$(\sigma_C = 1 - \sigma_A - \sigma_B)$	C	3, 4	3, 4

プレイヤー 1 の混合戦略を $\sigma_1 = (\sigma_A, \sigma_B, \sigma_C = 1 - \sigma_A - \sigma_B)$

プレイヤー 2 の混合戦略を $\sigma_2 = (\sigma_L, \sigma_R = 1 - \sigma_L)$

と書くと,プレイヤー 1 の期待利得は,

A を選んだ場合,$5\sigma_L - (1 - \sigma_L) = 6\sigma_L - 1$;

B を選んだ場合,$0\sigma_L + 0(1 - \sigma_L) = 0$;

C を選んだ場合,$3\sigma_L + 3(1 - \sigma_L) = 3$

になる.

B は C によって支配されているので選ばれることはない.A と C のどちらがよいのかは σ_L 次第である.$6\sigma_L - 1 > 3$,つまり $\sigma_L > 2/3$ ならプレイヤー 1 は A を好むことから次が導かれる.

> プレイヤー1の戦略：
>
> $\sigma_L > 2/3$ なら A を選ぶ．つまり $\sigma_A = 1$, $\sigma_B = \sigma_C = 0$. (A1-1)
> $\sigma_L = 2/3$ なら A と C の間で無差別．つまり $\sigma_A + \sigma_C = 1$, $\sigma_B = 0$. (A1-2)
> $\sigma_L < 2/3$ なら C を選ぶ．つまり $\sigma_A = \sigma_B = 0$, $\sigma_C = 1$. (A1-3)

一方プレイヤー2の期待利得は

L を選んだ場合，$2\sigma_A + 2\sigma_B + 4(1 - \sigma_A - \sigma_B)$；
R を選んだ場合，$0\sigma_A + 0\sigma_B + 4(1 - \sigma_A - \sigma_B)$

であり，この2つを比べると次が導かれる．

> プレイヤー2の戦略：
>
> $\sigma_A + \sigma_B > 0$ なら L を選ぶ．つまり $\sigma_L = 1$, $\sigma_R = 0$. (A1-4)
> $\sigma_A + \sigma_B = 0$ なら L と R の間で無差別．つまり $\sigma_L + \sigma_R = 1$. (A1-5)

ナッシュ均衡は「式（A1-1）〜（A1-3）」と「式（A1-4），（A1-5）」を互いに整合的にする戦略の組である．

まず議論の出発点として $\sigma_A + \sigma_B > 0$ としてみよう．すると式（A1-4）より $\sigma_L = 1$ となる．すると $\sigma_L = 1 > 2/3$ であるため式（A1-1）より $\sigma_A = 1$ になる．これは出発点の $\sigma_A + \sigma_B > 0$ と整合的である．よって1つ目のナッシュ均衡は

$$[(\sigma_A = 1, \sigma_B = \sigma_C = 0), (\sigma_L = 1, \sigma_R = 0)]$$

である．

次に議論の出発点として $\sigma_A + \sigma_B = 0$ としてみよう．すると式（A1-5）より $\sigma_L + \sigma_R = 1$ となり，完全に混合された戦略が可能となる．$\sigma_L > 2/3$ なら式（A1-1）より $\sigma_A = 1$ となるがこれは出発点に合わないので均衡にならない．$\sigma_L = 2/3$ なら式（A1-2）より $\sigma_A + \sigma_C = 1$, $\sigma_B = 0$ となるが，この時 $\sigma_A = 0$ と指定

すれば出発点に合う．$\sigma_L < 2/3$ なら式（A1-3）より $\sigma_A = \sigma_B = 0$ となり，これも出発点に合う．これらをまとめると2つ目のナッシュ均衡（より正確にはナッシュ均衡の集合）は

$$[(\sigma_A = \sigma_B = 0, \sigma_C = 1), (\sigma_L \leq 2/3, \sigma_R = 1 - \sigma_L)]$$

である．

次に同じ図 A1-7 のゲームで摂動完全均衡を求めよう．

式（A1-1）〜（A1-3）をもとにすると次が導かれる．

プレイヤー1の戦略：

$\tilde{\sigma}_L^k > 2/3$ なら　$\tilde{\sigma}_A^k = 1 - (\varepsilon_B)^k - (\varepsilon_C)^k$,　$\tilde{\sigma}_B^k = (\varepsilon_B)^k$,　$\tilde{\sigma}_C^k = (\varepsilon_C)^k$. (A1-6)

$\tilde{\sigma}_L^k = 2/3$ なら　$\tilde{\sigma}_A^k + \tilde{\sigma}_C^k = 1 - (\varepsilon_B)^k$,　$\tilde{\sigma}_B^k = (\varepsilon_B)^k$,
　　　　　　　　$(\varepsilon_A)^k \leq \tilde{\sigma}_A^k \leq 1 - (\varepsilon_B)^k - (\varepsilon_C)^k$,
　　　　　　　　$(\varepsilon_C)^k \leq \tilde{\sigma}_C^k \leq 1 - (\varepsilon_A)^k - (\varepsilon_B)^k$.　　(A1-7)

$\tilde{\sigma}_L^k < 2/3$ なら　$\tilde{\sigma}_A^k = (\varepsilon_A)^k$,　$\tilde{\sigma}_B^k = (\varepsilon_B)^k$,　$\tilde{\sigma}_C^k = 1 - (\varepsilon_A)^k - (\varepsilon_B)^k$. (A1-8)

式（A1-4），（A1-5）をもとにすると次が導かれる．

プレイヤー2の戦略：

$\tilde{\sigma}_A^k + \tilde{\sigma}_B^k > 0$ なら　$\tilde{\sigma}_L^k = 1 - (\varepsilon_R)^k$,　$\tilde{\sigma}_R^k = (\varepsilon_R)^k$. (A1-9)

$\tilde{\sigma}_A^k + \tilde{\sigma}_B^k = 0$ なら　$\tilde{\sigma}_L^k + \tilde{\sigma}_R^k = 1$,　$\tilde{\sigma}_L^k \geq (\varepsilon_L)^k$,　$\tilde{\sigma}_R^k \geq (\varepsilon_R)^k$. (A1-10)

上のポイントは「手の震えがあるため，選びたくない行動も一定の確率で選んでしまう」という制約があることである．最適な行動が1つだけの時は，その制約下でその行動に最大の確率が割り振られ，そのほかの行動には最低限の確率が割り振られる．最適な行動が複数ある時には，上の制約の下で，それらの最適行動に幅のある確率を割り振ることが可能である[10]．

摂動完全均衡は「式（A1-6）〜（A1-8）」と「式（A1-9），（A1-10）」を互い

に整合的にする戦略の組である.

まず出発点として $\tilde{\sigma}_A^k + \tilde{\sigma}_B^k > 0$ としよう. この時式 (A1-9) より $\tilde{\sigma}_L^k = 1 - (\varepsilon_R)^k$ となるが, これは 1 に近い. すると式 (A1-6) が当てはまり, $\tilde{\sigma}_A^k = 1 - (\varepsilon_B)^k - (\varepsilon_C)^k$ となるが, これは出発点と整合的である. よってこの戦略のぶれ付きゲームでのナッシュ均衡は

$$[(\tilde{\sigma}_A^k = 1 - (\varepsilon_B)^k - (\varepsilon_C)^k, \tilde{\sigma}_B^k = (\varepsilon_B)^k, \tilde{\sigma}_C^k = (\varepsilon_C)^k), (\tilde{\sigma}_L^k = 1 - (\varepsilon_R)^k, \tilde{\sigma}_R^k = (\varepsilon_R)^k)]$$

であるが, これは前の 1 つ目のナッシュ均衡に収束する.

他方, 出発点として $\tilde{\sigma}_A^k + \tilde{\sigma}_B^k = 0$ を考えたいところだが, これはそもそも戦略のぶれを仮定する以上, 不可能である. ここに摂動完全均衡がナッシュ均衡と異なる大きなポイントがある. よって前に求めた 2 つのナッシュ均衡のうち, プレイヤー 1 が A を選ぶという 1 つ目のものだけが摂動完全である.

次に逐次均衡と摂動完全均衡の一般的な関係について触れるが, それには 1 つの問題がある. 逐次均衡は展開型ゲームで定義される一方, 上の摂動完全均衡は戦略型ゲームで定義されていたので直接の比較ができないのである. 特に後者には部分ゲーム完全性が保証されないという問題がある. そこで Selten (1975) は, 1 人のプレイヤーが複数の情報集合を持つ場合には, その各々での意思決定を自分の代理人 (agent) に任せるとみなす「エージェント戦略型 (agent-strategic form)」あるいは「エージェント標準型 (agent-normal form)」と呼ばれるゲームで摂動完全均衡を考えた. この均衡を「展開型ゲームでの摂動完全均衡」と呼ぶこともある.

このエージェント戦略型ゲームで摂動完全均衡を考えれば, それは逐次均衡よりも強い概念になる. その理由は, 逐次均衡では定義 A1-3 の条件 P にあるように, 他のプレイヤーの戦略としてぶれが収束した後のものを考え, それに対する最適反応を考えればよいのに対し, 摂動完全均衡では定義 A1-4 の条件

---

10) この摂動完全均衡の解き方は, 他のプレイヤーの戦略だけでなく, それを踏まえた自分の最適な戦略にもぶれを生じさせている点で定義 A1-4 の条件 (1) に忠実ではないのだが, これでも摂動完全均衡を求めることができる (説明をコンパクトにするため, この手法を採用している). このように摂動完全均衡にはいくつかの同値な定義がある (グレーヴァ 2011 の第 8 章や Fudenberg and Tirole 1991a の 8.4 節などを参照). 岡田 (2011, 第 4 章) には本書のものよりもう少し複雑なゲームで摂動完全均衡を求める具体例がある.

(1) にあるように，収束前（$k=1, 2, \cdots$）の戦略に対しても最適反応を要求するという厳しい条件を課しているためである．ただし両者の違いが生じるのは，あるプレイヤーの利得に同点がある非 generic ゲームに限られる[11]．Generic ゲームであれば両者は同値になることが Kreps and Wilson（1982a）によって示されている．

以上を踏まえ，均衡の集合の一般的な関係をベン図で表すと**図 A1-8** のようになる．

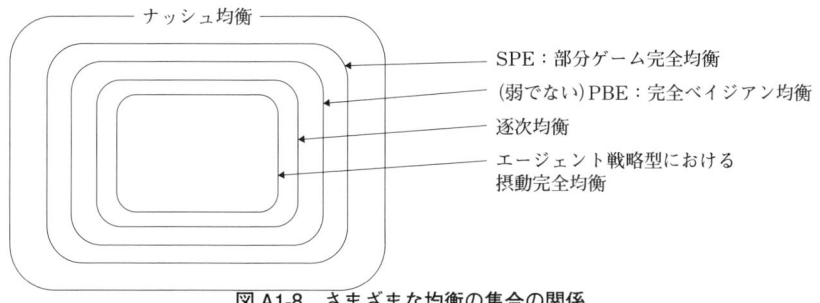

図 A1-8　さまざまな均衡の集合の関係

（図：ナッシュ均衡 ⊃ SPE：部分ゲーム完全均衡 ⊃ (弱でない)PBE：完全ベイジアン均衡 ⊃ 逐次均衡 ⊃ エージェント戦略型における摂動完全均衡）

有限ゲームでは少なくとも 1 つの摂動完全均衡が存在することが証明されている（Selten 1975）．よって，そのようなゲームでは逐次均衡や PBE も必ず 1 つは存在することになる．

以上，補論 1 では均衡概念に関するいくつかの事項を説明してきた．これらはある意味でナッシュ均衡をさらにリーズナブルなものへと精緻化する考え方ととらえることができる[12]．ただし補論 1 で紹介した均衡概念はどちらかというと機械的な戦略のぶれを考えているものが多く，他のプレイヤーによる逸脱が観察されたときの信念に利得の面からリーズナブルな制約を加える「前向き推論法」と呼ばれる思考による精緻化とは異なる．その後者の考え方が補論 2 で解説される[13]．

---

11) そのような違いの生じる例は Fudenberg and Tirole（1991a, 8.4 節）やグレーヴァ（2011, 8.4 節）などに解説されている．
12) 均衡の精緻化に関する代表的な書として van Damme（1991）が挙げられる．

13) 補論1で紹介した均衡概念で全てを網羅しているわけではない．例えば，摂動完全均衡より強いプロパー均衡（prober equilibrium）と呼ばれる概念もある．これは Myerson（1978）によって考案されたもので，戦略のぶれを考える際に，セカンド・ベストの戦略にはサード・ベストの戦略よりも大きな確率を割り当てるものである．これは，戦略のぶれを機械的にではなく利得を考慮しつつ考える点で，補論1から補論2への橋渡しのような位置を占める概念とも言える．

補論 2

精緻化に関する補足事項[†]

A2.1 前向き推論法

補論 1 ではさまざまな均衡概念を紹介し，それらがナッシュ均衡の中の不適切なものを取り除くという精緻化の役割を果たしうることをみた．しかし，部分ゲーム完全均衡（SPE），完全ベイジアン均衡（PBE），逐次均衡，摂動完全均衡の考えを用いてもなお，精緻化としては不十分かもしれない．

それをみるため図 **A2-1** の展開型ゲームを考えよう．この図のタイトルにある前向き推論法という言葉の意味は後で解説する．

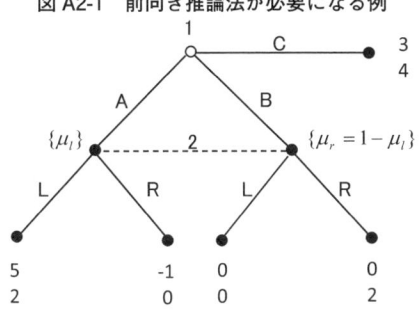

図 A2-1 前向き推論法が必要になる例

```
              1
              ○─────C─────● 3
           A / \ B              4
            /   \
     {μ_l} ●─ ─ ─ ─ ● {μ_r = 1 − μ_l}
          /\   2   /\
         L  R     L  R
         •  •     •  •
         5 -1     0  0
         2  0     0  2
```

図の見方は補論 1 のものと同じであるが，そこで用いたいくつかのゲームとの違いは，利得を一部変えている点である．ここではプレイヤー 1 にとって戦略 A が B を支配するようになっていないのと同時に，プレイヤー 2 にとって L が R を支配するようにもなっていない．

このゲームで確率付きの戦略（行動戦略）を許容して PBE を求めてみよう．
まずプレイヤー 2 の戦略を考える．プレイヤー 2 の情報集合にプレイが到達

した時，プレイヤー2はプレイヤー1がA，Bいずれかの行動を選んだことは知っている．そのどちらなのかは正確には知らないが，左の意思決定点に自分がいる確率についての事後信念μ_lを形成し，それをもとに次のように考える．

プレイヤー2の期待利得は，Lを選んだ時には$2\mu_l+0(1-\mu_l)=2\mu_l$であるのに対し，Rを選んだ時には$0\mu_l+2(1-\mu_l)=2-2\mu_l$である．両者を比べると次が導かれる．

プレイヤー2の戦略：

$\mu_l>1/2$ならLを選ぶ．つまり$\sigma_L=1$, $\sigma_R=0$.
$\mu_l=1/2$ならLとR間で無差別．つまり$\sigma_L\in[0,1]$, $\sigma_R=1-\sigma_L$.
$\mu_l<1/2$ならRを選ぶ．つまり$\sigma_L=0$, $\sigma_R=1$.

ここで例えばσ_Lはプレイヤー2がLを選ぶ確率である．

議論の出発点を$\mu_l>1/2$としよう．この時上でみたようにプレイヤー2はLを選ぶため，プレイヤー1はAを選べば5を，Bを選べば0を，Cを選べば3を得る．よってプレイヤー1はAを選ぶ．するとプレイヤー2の情報集合は均衡経路上に来るため，ベイズ・ルールにより$\mu_l=1$となる．これは出発点と整合的なので1つのPBEは[(A), (L), $\mu_l=1$]になる．

次に出発点を$\mu_l<1/2$とすると，プレイヤー2はRを選ぶので，プレイヤー1はAを選べば-1を，Bを選べば0を，Cを選べば3を得る．よってプレイヤー1はCを選ぶが，この時プレイヤー2の情報集合は均衡経路外になるので，$\mu_l<1/2$を「仮定」すればよい．補論1の（弱でない）PBEの考えを使ってもここに何らかの制約を課すことはできない．よって[(C), (R), $\mu_l<1/2$]もPBEである．

少し厄介なのが出発点を$\mu_l=1/2$とした場合である．この時プレイヤー2はLとR間で無差別なので，Lを確率σ_Lで，Rを確率$\sigma_R=1-\sigma_L$で選ぶとする．するとプレイヤー1はAを選べば$5\sigma_L+(-1)(1-\sigma_L)=6\sigma_L-1$を，Bを選べば0を，Cを選べば3を得る．BはCによって支配されているので選ばれることはないが，AかCかはσ_L次第である．

仮に$6\sigma_L-1>3$つまり$\sigma_L>2/3$なら，プレイヤー1はAを選ぶが，この時ベイズ・ルールより$\mu_l=1$となり出発点に合わない．仮に$\sigma_L<2/3$ならプレイ

ヤー1はCを選ぶが，このときプレイヤー2の情報集合は均衡経路外になり，出発点の$\mu_I=1/2$を仮定することで問題ない．よって［(C), $(0\leq\sigma_L<2/3, \sigma_R=1-\sigma_L)$, $\mu_I=1/2$］もPBEである．仮に$\sigma_L=2/3$ならプレイヤー1はAとCの間で無差別になる．もし正の確率でAが選ばれるとするとベイズ・ルールにより出発点と矛盾してしまうので「プレイヤー1は必ずCを選ぶ」としてしまえばよい．この時，［(C), $(\sigma_L=2/3, \sigma_R=1/3)$, $\mu_I=1/2$］もPBEである．

以上，全部で4つの均衡があるようにみえるかもしれないが，最初の1つだけが「プレイヤー1がAを，プレイヤー2がLを選ぶ均衡」であり，残りの3つは「プレイヤー1がCを選んで即ゲームが終了する均衡」である．前者を均衡結果その1，後者を均衡結果その2と呼ぶことにする．

補論1のA1.3節の考え方を用いると，上のPBEがいずれも逐次均衡であることを確かめることができる．

さらに上の図A2-1の展開型ゲームを次の図A2-2のように戦略型ゲームに書き直し，混合戦略を許容してナッシュ均衡を求めよう．

図A2-2　戦略型による表現

			2	
			(σ_L) L	($\sigma_R=1-\sigma_L$) R
	(σ_A)	A	5, 2	−1, 0
1	(σ_B)	B	0, 0	0, 2
	($\sigma_C=1-\sigma_A-\sigma_B$)	C	3, 4	3, 4

補論1のA1.4節の手法によってこれを行うと，ナッシュ均衡として

$$[(A), (L)] \quad と \quad [(C), (0\leq\sigma_L\leq 2/3, \sigma_R=1-\sigma_L)]$$

の2種類がみつかる．前者が均衡結果その1に，後者が均衡結果その2に相当する．このゲームに真の部分ゲームはないので，いずれもが部分ゲーム完全であるし，A1.4節の考え方を用いると，これらの均衡がいずれも摂動完全であることも示すことができる．

まとめると，この図A2-1のゲームでは，ナッシュ均衡，SPE，PBE，逐次均衡，摂動完全均衡のいずれの考えを用いても2種類の均衡結果（その1とそ

の 2) が存在する.

しかし，プレイヤー 1 が C を選ぶ均衡結果その 2 には次のような奇妙な点がある．PBE をみると分かるように，その均衡結果は，プレイヤー 2 の信念が $0 \leq \mu_l \leq 1/2$ であることによって支えられているが，これは見方によっては下の理由によりリーズナブルではない．

均衡結果その 2 ではプレイヤー 2 の情報集合は均衡経路外であるから，万一プレイがここに到達したなら，プレイヤー 2 は想定外の事態に直面している．プレイヤー 2 は自分が左右どちらの点にいるか（プレイヤー 1 が A，B どちらを選んだか）を知らない．

しかしゲーム理論の暗黙の了解として，図 A2-1 にある利得の構造をどのプレイヤーも知っているから，「プレイヤー 1 が C を選べば確実に 3 を，A を選べば 5 か -1 を，B を選べば確実にゼロを得ること」をプレイヤー 2 は知っている．この時プレイヤー 1 が C を選ばずにあえて A か B に逸脱してきたということは，単なる手の震えが原因ではないとすれば，B ではなく A を選んだと信じるのがプレイヤー 2 にとって自然ではないだろうか．

なぜならプレイヤー 1 は B を選んでも C を選ぶより損をするだけなのに対し，A を選べば得をする可能性があるからである．「A を選べば -1 という低い利得を得る可能性があるからそれを嫌って B を選ぶこともありうる」という反論があるかもしれないが，それなら最初から均衡経路どおり C を選ぶはずである．

この考えを用いて $\mu_l = 1$ とするならば，均衡結果その 2 は排除される．他方，均衡結果その 1 ではプレイヤー 2 の情報集合が均衡経路上に来るためこの種の議論は成り立たず，奇妙な点も見当たらない．

上の議論では，均衡経路外の情報集合にいるプレイヤーが，信念を形成する際に，他のプレイヤーの利得を考慮しつつ，どのような理屈でここにプレイが到達するというイレギュラーな事態が起きたのかを考えている．これはゲーム理論でよく用いられる後ろ向き推論法（backward induction）とは逆に，自分の情報集合より前のステージに考えをめぐらせた後に自分のことを考えているため，前向き推論法（forward induction）と呼ばれる．

本書の本文部分で出てきた精緻化基準，例えば直観的基準，D1 基準なども

この種の考え方を用いる同じ仲間の基準である．次節ではこの推論法についてさらに詳しく考えてみよう．

A2.2 戦略的安定性

前節で出てきた前向き推論法と関係の深い概念に Kohlberg and Mertens (1986) の戦略的安定性 (strategic stability) がある．彼らは望ましい均衡が満たすべき条件として次のようなものを考えている．

Kohlberg and Mertens (1986) が考える望ましい均衡の条件
条件①：　展開型ゲームの形に一見無意味な変換を施しても，均衡として生き残るべき．
条件②：　強く支配される戦略を削って得られる新しいゲームでも生き残るべき．
条件③：　弱支配される戦略に正の確率を割り当てるような混合戦略がとられているべきでない．

条件①をみるには図 A2-1 は適さないので，図 A2-3 を考えよう．

図 A2-3 (1) で逐次均衡を求めると，「プレイヤー1が A を選び，プレイヤー2が L を選ぶもの」と「プレイヤー1が C を選ぶもの」という2つの均衡

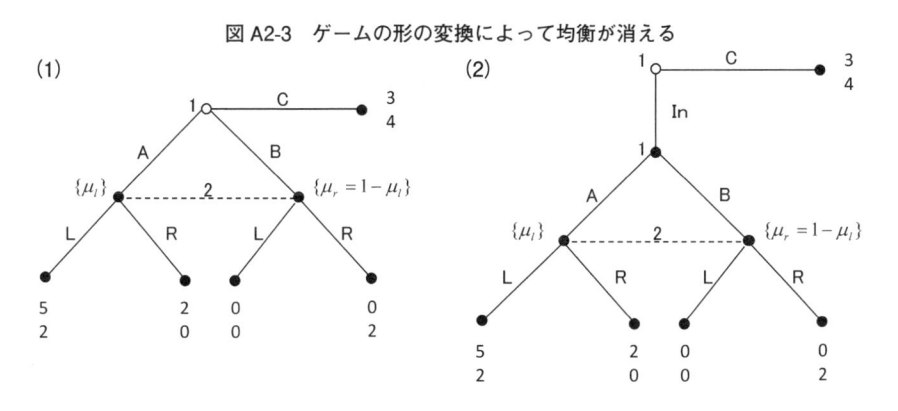

図 A2-3　ゲームの形の変換によって均衡が消える

結果が存在することがわかる．一方，図 A2-3 (2) で逐次均衡を求めると前者だけ（正確にはプレイヤー1が In の後に A を選ぶもの）が均衡結果になる（この図 A2-3 (2) は補論1の図 A1-3 と同じものである）．

しかしこの2つの図を比べると，利得はそのままで，プレイヤー1が1回で意思決定を行うか，2段階で行うかの違いだけである．これが「無意味な変換」であるかどうかは議論の余地があるが，Kohlberg and Mertens (1986) によれば，それによって消えてしまうような後者の均衡結果は好ましくないことになる[1]．

上の「ゲームの形の多少の変換に影響されない均衡を探す」という考え方は，均衡精緻化の手法として「戦略型」に注目することにつながる．図 A2-1 のゲームに戻ってその戦略型を考えよう（図 A2-4）．これは図 A2-2 の再掲である．

図 A2-4　強く支配される戦略を削る

		2	
		L	R
1	A	5, 2	−1, 0
	B	0, 0	0, 2
	C	3, 4	3, 4

（Bの行に取り消し線）

上記の条件②に従ってCによって強く支配される戦略Bを削ってみる（図中の線を引いたところ）．そうしてできた新しいゲームでさらに条件③に従うと，プレイヤー2にとってRはLによって弱支配されるため，正の確率で選ぶはずがないことになる．するとプレイヤー1はAを選んだ時に得る5とCを選んだ時に得る3を比べてAを選ぶことになり，「Cを選ぶ均衡結果」（前節で疑問視されたもの）は消えてしまう．

Kohlberg and Mertens は上のようなモチベーションから望ましい均衡の集合を探した結果，次の戦略的安定性という概念に到達している．ここでは記号を用いた厳密な議論は行わず（そうした議論は彼らの原著または Fudenberg and Tirole 1991a を参照），ラフな特徴付けを行う．

---

[1] この図 2-3 (1) のゲームを補論2のメインの例として用いない理由は，この「プレイヤー1がCを選ぶ均衡」は前向き推論法を用いなくても，補論1の最後の脚注で触れたプロパー均衡の概念を用いるだけで消去できてしまうためである．

A2.2 戦略的安定性

> **定義 A2-1**: 戦略的安定性のラフな定義
> ナッシュ均衡の集合が以下を満たす極小のものである時，戦略的に安定である（strategically stable）と呼ばれる：
> 『任意の戦略のぶれに対し，その集合の近傍に均衡が存在する．』

この『 』内の条件は任意の，つまりどの戦略のぶれに対しても要求される点で厳しい条件になっている．

図 A2-1 でプレイヤー 1 が C を選ぶナッシュ均衡の集合は

$$[(C), (0 \leq \sigma_L \leq 2/3, \sigma_R = 1 - \sigma_L)]$$

であった．これは σ_L に幅があるという意味で均衡の「集合」である．これが戦略的に安定でないことを以下でみよう（**図 A2-5**）．

プレイヤー 1 の戦略に，本来選ぶはずの C からのぶれを考え，

$$\tilde{\sigma}_A = \varepsilon_A, \quad \tilde{\sigma}_B = \varepsilon_B, \quad \tilde{\sigma}_C = 1 - \varepsilon_A - \varepsilon_B$$

とする．ここで ε の項はすべてゼロに近い正の数である．

図 A2-5　戦略的安定性

			2	
			$(\tilde{\sigma}_L)$	$(\tilde{\sigma}_R)$
			L	R
	(ε_A)	A	5, 2	-1, 0
1	(ε_B)	B	0, 0	0, 2
	$(1 - \varepsilon_A - \varepsilon_B)$	C	3, 4	3, 4

まず出発点として $\varepsilon_B \geq \varepsilon_A$ というぶれを考える．これは A よりも B に対し大きな確率で手が震えるような状況である．この場合，次のようなナッシュ均衡をみつけることができれば上記の均衡の集合の近傍に均衡が存在することになる．

(1) プレイヤー 1 はプレイヤー 2 の戦略を所与として C と A の間で無差

別であり，Bをそれらより好まない．
(2) プレイヤー2はプレイヤー1の戦略を所与としてLとRの間で無差別になっている．

(1) と (2) はお互いを支え合う関係になっており，(2) が成立するからこそプレイヤー1がCとAの間で無差別になり，(1) が成立するからこそプレイヤー2がLとRの間で無差別になる．実際，プレイヤー1の混合戦略

$$\tilde{\sigma}_A = \varepsilon_B (\geq \varepsilon_A), \quad \tilde{\sigma}_B = \varepsilon_B, \quad \tilde{\sigma}_C = 1 - 2\varepsilon_B$$

とプレイヤー2の混合戦略

$$\tilde{\sigma}_L = 2/3, \quad \tilde{\sigma}_R = 1/3$$

の組は上の (1) と (2) を満たすナッシュ均衡である．なぜなら，プレイヤー2の戦略を所与として，プレイヤー1は

Aを選べば　$(2/3) \times 5 + (1/3) \times (-1) = 3$ を，
Bを選べば0を，
Cを選べば3を

得るし，プレイヤー1の戦略を所与として，プレイヤー2は

Lを選べば　$2\varepsilon_B + 0\varepsilon_B + 4(1 - 2\varepsilon_B)$ を，
Rを選べば　$0\varepsilon_B + 2\varepsilon_B + 4(1 - 2\varepsilon_B)$ を

得るからである．

そして上の $\tilde{\sigma}_A = \varepsilon_B (\geq \varepsilon_A)$ は，次の事実と整合的である：
「プレイヤー1にとってAとCは同等の最適反応であるから，Aを最低限の確率 ε_A 以上の確率でプレイできる.」つまり $\tilde{\sigma}_A$ が出発点の $\tilde{\sigma}_A = \varepsilon_A (\leq \varepsilon_B)$ から始まって，上の $\tilde{\sigma}_A = \varepsilon_B$ にまで上昇できるのである．

よってここまでの説明では上の集合は戦略的に安定になりそうにも思える．
しかし問題は出発点として $\varepsilon_A > \varepsilon_B$ と仮定した場合に生ずる[2]．この場合，次のようなナッシュ均衡をみつけたい．

> (1′) プレイヤー1はプレイヤー2の戦略を所与としてCとBの間で無差別であり，Aをそれらより好まない．
> (2) プレイヤー2はプレイヤー1の戦略を所与としてLとRの間で無差別になっている．

ここでは前の (1) とは違い，CとBの間で無差別になることがポイントである．

しかし，上のようなナッシュ均衡はみつけられない．なぜなら，プレイヤー2の戦略が何であっても，プレイヤー1はBを選べば0を，Cを選べば3を得るので両者の間で無差別にはなりえないからである．

実際，$\varepsilon_A > \varepsilon_B$ なら，プレイヤー2はRよりLを好むようになる．もしプレイヤー1がBをCと同等に好むようになればBを選ぶ確率が上がって元の均衡結果を回復しうるのだが，上の理由によりそれは不可能である．そしてプレイヤー2がLを選ぶのであればプレイヤー1はCではなくAを好むようになる．つまり「Cが選ばれる均衡」（その2）から [(A), (L)]（その1）へと移ってしまう．

以上みたように，図 A2-1 のゲームではプレイヤー1がCを選ぶ均衡の集合は戦略的に安定ではない．$\varepsilon_A > \varepsilon_B$ という戦略のぶれを考えた時にその均衡の集合の近くに均衡を作れず，定義 A2-1 の中の「任意の戦略のぶれに対し」のところを破るからである．一方 [(A), (L)] は安定である．

戦略的安定性は定義の中に厳しい条件が含まれているため，その存在が保証されるのか，疑問視される方もあるかもしれない．しかしどの有限ゲームにおいても (Kohlberg and Mertens 1986)，どの generic な展開型ゲームにおいても (Cho and Kreps 1987, p. 193)，少なくとも1つの戦略的に安定な均衡結果が存在することが証明されている．

戦略的安定性は理解の難しい概念であり，実際のゲームではその定義を当て

---

2) この例では戦略のぶれの場合分けが $\varepsilon_B \geq \varepsilon_A$ か $\varepsilon_A > \varepsilon_B$ かで行われているが，いつもそうとは限らない．一般的には $\varepsilon_B = k\varepsilon_A$ などと置いて，プレイヤー2をLとRの間で無差別にする k を求めることで（ここでは $k=1$），場合分けの基準が決まる．

はめて探すのが困難な場合がある.そのような時に次の定理を用いると,「戦略的に安定でない均衡の集合」を簡便にみつけ排除できることがある.

定理 A2-1: NWBR 基準 (Kohlberg and Mertens 1986)

ある(同じ均衡結果を生む)均衡の集合を固定する.その集合内の他のプレイヤーのどの戦略に対しても「弱い最適反応になりえない」戦略を除去することによって消えてしまうような均衡の集合は戦略的に安定ではない.

これは「弱い最適反応になりえない (never a weak best response)」の部分をとって NWBR 基準と呼ばれる.このイメージをつかむために図 A2-6 をみよう.この図は図 A2-1 とほとんど同じであるが,プレイヤー 1 が C を選んだ後にプレイヤー 2 による M か N かの選択が付け加えられている.

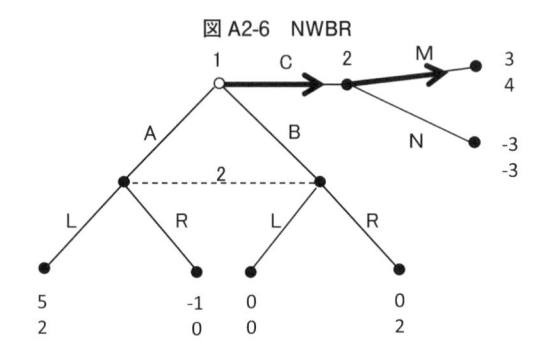

図 A2-6 NWBR

このゲームで

$$[(C), (0 \leq \sigma_L \leq 2/3, \sigma_R = 1 - \sigma_L ; M)]$$

は 1 つの均衡の集合である[3](そのいずれもが同じ均衡結果をもたらす).図ではその均衡経路上の選択を太い矢印で示している.しかしこれは戦略的に安定ではないことを次のように示すことができる.

---
[3] ここでは行動戦略を用いた書き方になっているが,混合戦略で考えても同様である.

このゲームでは，プレイヤー2の新たな選択肢を加えたことによって，プレイヤー1にとってCはBをもはや支配していない．しかしNWBR基準を使う時には均衡利得をもとに考えればよいため，プレイヤー1の均衡利得3に注目する．プレイヤー1はAを選んだ場合，相手の戦略が$\sigma_L = 2/3$であれば（この戦略は上の集合の一部である），均衡利得と同じ3を得る．つまりAは（均衡での相手の戦略に対する）弱い最適反応になりうる．

しかしプレイヤー1はBを選んだ場合，ゼロしか得られずこれは3より低いため，Bは弱い最適反応になりえない．よってこの**図A2-6**からBの枝以降を消してみよう．すると，プレイヤー2はLを選ぶようになり，プレイヤー1はAを選ぶようになる．Cを選ぶ元の均衡は消えてしまう．

この考え方は均衡利得をもとにゲームの一部を消していくという点で，本書の本文部分で出てきた直観的基準などと非常に似ており，戦略的安定性と前向き推論法の密接な関係を暗示する．次節ではこのNWBR基準をシグナリング・ゲームの文脈でみる．

最後に，本節で扱ったゲームではいずれも「Cが選ばれる均衡」が戦略的に安定ではなかったが，いつもそうとは限らない．例えば，**図A2-1**のゲームで，プレイがB→Rと行われた時のプレイヤー1の利得をゼロから例えば5に書き換えてみよう．すると，「Cが選ばれる均衡」もNWBR基準を通過すること，戦略的に安定であることを本節で述べたやり方で確かめることができる[4]．

A2.3　シグナリング・ゲームにおけるNWBR

前節のNWBR基準をシグナリング・ゲームで用いると，D1基準でも消去できなかった均衡を消去できることがあるのでそれをみよう．

本文で詳しく解説しているように，シグナリング・ゲームではまず自然によって送り手（S）のタイプ（t）が選ばれ（tは私的情報），その送り手がメッセージmを選ぶ．そして受け手（R）がtは知らずに，しかしmを観察したう

---

[4] もう少し複雑なゲームで戦略的に安定な均衡結果を求める例がKohlberg and Mertens (1986) やFudenberg and Tirole (1991a, p. 466) にある．

えで反応 a を選ぶ．ここではタイプ t を t_H か t_L のいずれかとする（2タイプモデル）：$\Theta = \{t_H, t_L\}$．また $m \geq 0$ と a は連続変数とする．

図 A2-7 では，タイプ t_H と t_L の送り手の均衡利得に対応する無差別曲線を (m, a) 平面に描いている．R の戦略は，第3章でみた多くのモデルと同様，$a = \hat{t}$，つまり信念に等しい反応を選ぶことだとする[5]．

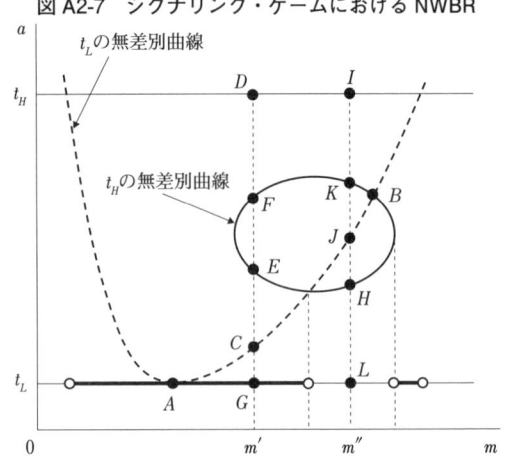

図 A2-7　シグナリング・ゲームにおける NWBR

背後にあるモデルは特定化しないが，ここでは t_L の均衡利得に対応する無差別曲線が破線のU字型カーブであり，t_H のそれが実線の楕円であるとする．さらに，t_L にとっては無差別曲線が上方に位置するほど，t_H にとっては楕円が小さくなるほど，高い利得に対応するものとする．

この均衡で選ばれる点は，点 A と点 B であるとし，次のような混成均衡を想定する：t_L は点 A，点 B に対応するメッセージをランダムに選び，t_H は点 B に対応するメッセージを確実に選ぶ．

このゲームで**図 A2-7** の均衡は D1 基準を通過する．なぜなら D1 基準が均衡経路外で要求する R の反応は次にみるように図の太線であり，これはこの均

---

[5]　本節の**図 A2-7** を理解するには先に第3章までを読了していることが望ましい．また，この図と対照的に行動が連続的ではない有限シグナリング・ゲームで NWBR 基準を用いる例は，Cho and Kreps（1987, p. 207）や Fudenberg and Tirole（1991a, p. 454）にみつけられる．

衡を邪魔しないからである．

例えば1つの均衡経路外メッセージ m' をとる．ここでは

$$D(t_L, \Theta, m') \supset \{D(t_H, \Theta, m') \cup D^0(t_H, \Theta, m')\} \quad \text{(A2-1)}$$

が成り立っている．ここで $D(t, \Theta, m')$ は第1章の1.8節で定義された記号で，「m' に対するRの最適反応のうち，タイプ t の利得を均衡利得より真に改善するものの集合」を表す．同様に $D^0(t, \Theta, m')$ は，「m' に対するRの最適反応のうち，タイプ t の利得を均衡利得と等しくするものの集合」である．

図A2-7では，式（A2-1）の左辺は線分 $\overline{DC}$ （点 C を含まない）に当たり，右辺は線分 $\overline{FE}$ （点 F，点 E を含む）に当たる．前者が後者を包含しているため，このメッセージへはタイプ t_L の方が逸脱しやすいと考えられる．よって t_H を消去した結果，Rの反応は点 G に来るべき，というのがD1基準である．そしてこの考え方によって，3.2節で紹介した「D1基準：よく使われる手法」が考案されていたわけである．

このように図A2-7の均衡はD1基準を通過するのだが，次に述べるNWBR基準は通過しない．

シグナリング・ゲームにおけるNWBR基準：
　ある均衡経路外メッセージ m で

$$\bigcup_{t' \neq t} D(t', \Theta, m) \supset D^0(t, \Theta, m)$$

が満たされる時，m 上ではタイプ t が消去される．

この基準によって図A2-7を検討すると，例えば m'' において問題が起きる．ここでは

$$D(t_H, \Theta, m'') \supset D^0(t_L, \Theta, m'') \quad \text{(A2-2)}$$

が満たされている[6]．なぜなら式（A2-2）の左辺は図の線分 $\overline{KH}$ （点 K，点 H

---

[6] 上の定義中の∪の部分はタイプが3つ以上存在する時に意味を持つ可能性があるが，ここでは無視してよい．

を含まない）に，右辺は点 J に当たるからである．するとこの基準に従うと，m'' 上でタイプ t_L が消され，R の最適反応が点 I に来ることになり，タイプ t_L がその点 I に逸脱するインセンティブをもってしまう．

上の基準が NWBR と呼ばれるのは次の理由からである．この図 A2-7 の均衡をサポートする R の反応を考えると，均衡経路外ではいくらかの幅がありうる．例えばメッセージ m'' 上では，線分 $\overline{HL}$ のどこに R の反応が来ても均衡として成立する（点 H より上に来ると，いずれかのタイプの逸脱を招くので均衡にならない）．R の反応が多少変わろうが，それらは同じ均衡の集合の中に入っており，ここが定理 A2-1 の「その集合内の他のプレイヤーのどの戦略に対しても」の部分に当たる．

ここでポイントとなるのは R の反応が点 H の高さに来る場合，t_H は均衡と同じ利得を得られるのに対し，t_L にとってはそれでも得られない点である．つまり，m'' を選ぶことは，t_H にとっては弱い最適反応になりうるのに対し，t_L にとってはなりえない．よって m'' に逸脱するのは t_L ではありえず，そのタイプを消去するという理屈が成り立つ．

ただし Cho and Kreps (1987) は上の「消されるタイプ（ここでは t_L）が逸脱するインセンティブを持つために均衡が排除される」という理屈にはやや奇妙な点があるため，この基準は強すぎるのではないかという疑問を投げかけている．Cho and Kreps によれば，D2 基準でも似た現象が起きうるという．

A2.4　結　語

Kohlberg and Mertens (1986, p. 1028) によれば，一般的なゲームでは「戦略的に安定な均衡の集合（略して安定集合）」と「逐次均衡結果」は食い違うことがありうるという．つまり，あるゲームに 1 つしか逐次均衡が存在しないのに，それが安定集合の中に包含されていないということもありうる．しかし，シグナリング・ゲームに焦点を絞れば，そのような事態は起きず，どの安定集合の中にも 1 つ以上の逐次均衡が包含されることが示されうる（Cho and Kreps 1987, p. 194）．つまり，戦略的に安定な均衡結果を考えれば，その中に逐次均衡が必ず含まれているということである．

A2.4 結語

それを踏まえてシグナリング・ゲームにおける均衡「結果」の集合間の一般的な関係をベン図によって示すと図 A2-8 のようになる．この図で「○○基準」とあるのは「○○基準を通過する均衡結果」の意味である．

図 A2-8　均衡結果の集合の関係

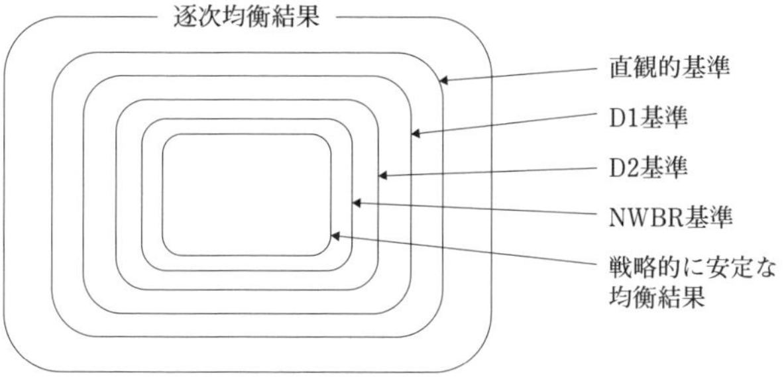

（外側から内側へ）
- 逐次均衡結果
- 直観的基準
- D1 基準
- D2 基準
- NWBR 基準
- 戦略的に安定な均衡結果

図から分かるようにシグナリング・ゲームにおける戦略的安定性は，均衡結果の範囲を NWBR 基準よりさらに狭く絞りうる強い概念である．シグナリング・ゲームでどのような条件を持つ均衡結果が戦略的に安定になるのかは Cho and Kreps (1987) や Banks and Sobel (1987) の核心であるがここでは触れない．原著論文を参照していただきたい[7]．

戦略的安定性は理解の難しい概念であるが，それを用いなくても，ほとんどのシグナリング・ゲームでは直観的基準もしくは D1 基準を用いれば均衡結果を 1 つに絞ることが可能であることは本文でも述べているとおりである．実際，第 3 章で紹介した Cho and Sobel (1990) では，シグナリング・ゲームで単一交差性などが満たされると，D1 基準が均衡結果を一意に決めることが示されている．

シグナリング・ゲームで用いられる均衡の精緻化基準としては，本書の本文部分およびこの補論 2 で紹介しているもので大体網羅している．しかしこれらがゲーム理論で用いられる精緻化のすべてではない．特にシグナリング以外も含めた一般的なゲームで用いられる他の基準も存在するし，シグナリング・ゲ

---

[7] 戦略的安定性は戦略のぶれを用いて定義されるので，非有限ゲーム（例えば図 A2-7 にあるような連続的行動のゲーム）では定義されえないことに注意が必要である．

ームに絞っても新しい成果が出ている．興味ある読者は McLennan（1985），Grossman and Perry（1987），Schulteis et al.（2007）なども参照していただきたい．

参考文献

伊藤秀史　2003.『契約の経済理論』有斐閣.
岡田章　2011.『ゲーム理論（新版）』有斐閣.
グレーヴァ香子　2011.『非協力ゲーム理論』知泉書館.
末廣英生　2007.「シグナリング・ゲーム実験における均衡と均衡化」『国民経済雑誌』（神戸大学）196（6）：45-65.
ドウリング，エドワード・T.（大住栄治・川島康男訳）　1995.『例題で学ぶ入門・経済数学（上下巻）』シーエーピー出版.
渡辺隆裕　2008.『ゼミナール　ゲーム理論入門』日本経済新聞出版社.

Aumann, R. J. 1990. "Nash Equilibrium are not Self-Enforcing," in Gabszewicz, J. J., J. F. Richard, and L. A. Wolsey, eds., *Economic Decision-Making: Games, Econometrics and Optimisation*, Elsevier. Amsterdam: 201-206.
Aumann, R. J. and S. Hart. 2003. "Long Cheap Talk," *Econometrica* 71(6): 1619-1660.
Austen-Smith, D. 1990. "Information Transmission in Debate," *American Journal of Political Science* 34(1): 124-152.
Austen-Smith, D. and J. S. Banks. 2000. "Cheap Talk and Burned Money," *Journal of Economic Theory* 91: 1-16.
Austen-Smith, D. and J. S. Banks. 2002. "Costly Signaling and Cheap Talk in Models of Political Influence," *European Journal of Political Economy* 18: 263-280.
Austen-Smith, D. and R. G. Fryer. 2005. "An Economic Analysis of 'Acting White,'" *Quarterly Journal of Economics* 120(2): 551-583.
Bagwell, K. and M. H. Riordan. 1991. "High and Declining Prices Signal Product Quality," *American Economic Review* 81(1): 224-239.
Baliga, S. and S. Morris. 2002. "Co-ordination, Spillovers, and Cheat Talk," *Journal of Economic Theory* 105: 450-468.
Baliga, S. and T. Sjostrom. 2004. "Arms Races and Negotiations," *Review of Economic Studies* 71: 351-369.
Banks, J. S. 1990. "A Model of Electoral Competition with Incomplete Information,"

Journal of Economic Theory 50: 309-325.

Banks, J. S. and J. Sobel. 1987. "Equilibrium Selection in Signaling Games," *Econometrica* 55(3): 647-661.

Battaglini, M. 2002. "Multiple Referrals and Multidimensional Cheap Talk," *Econometrica* 70(4): 1379-1401.

Ben-Porath, E. 2003. "Cheap Talk in Games with Incomplete Information," *Journal of Economic Theory* 108: 45-71.

Bernheim, B. D. 1994. "A Theory of Conformity," *Journal of Political Economy* 102(5): 841-877.

Bernheim, B. D. and S. Severinov. 2003. "Bequests as Signals: An Explanation for the Equal Division Puzzle," *Journal of Political Economy* 111(4): 733-764.

Blume, A. and T. Arnold. 2004. "Learning to Communicate in Cheap-Talk Games," *Games and Economic Behavior* 46: 240-259.

Blume, A., Y-G. Kim, and J. Sobel. 1993. "Evolutionary Stability in Games of Communication," *Games and Economic Behavior* 5: 547-575.

Brandts, J. and C. A. Holt. 1992. "An Experimental Test of Equilibrium Dominance in Signaling Games," *American Economic Review* 82(5): 1350-1365.

Cassing, J. and T. To. 2008. "Antidumping, Signaling and Cheap Talk," *Journal of International Economics* 75: 373-382.

Cho, I-K. and D. Kreps. 1987. "Signaling Games and Stable Equilibria," *Quarterly Journal of Economics* 102: 179-222.

Cho, I-K. and J. Sobel. 1990. "Strategic Stability and Uniqueness in Signaling Games," *Journal of Economic Theory* 50: 381-413.

Collie, D. and M. Hviid. 1993. "Export Subsidies as Signals of Competitiveness," *Scandinavian Journal of Economics* 95(3): 327-339.

Cooper, R., D. V. DeJong, R. Forsythe, and T. W. Ross. 1989. "Communication in the Battle of the Sexes Game: Some Experimental Results," *Rand Journal of Economics* 20(4): 568-587.

Cooper, D. J., S. Garvin, and J. H. Kagel. 1997. "Signalling and Adaptive Learning in an Entry Limit Pricing Game," *Rand Journal of Economics* 28: 662-683.

Crawford, V. P. and J. Sobel. 1982. "Strategic Information Transmission," *Econometrica* 50(6): 1431-1451.

Daughety, A. F. and J. F. Reinganum. 2008. "Communicating Quality: A Unified Model of Disclosure and Signalling," *Rand Journal of Economics* 39(4): 973-989.

Duffy, J. and N. Feltovich. 2002. "Do Actions Speak Louder than Words? An Experimental Comparison of Observation and Cheap Talk," *Games and Economic Behavior* 39: 1-27.

Farrell, J. 1987. "Cheap Talk, Coordination, and Entry," *Rand Journal of Economics* 18(1): 34-39.

Farrell, J. 1988. "Communication, Coordination and Nash Equilibrium," *Economics Letters* 27: 209-214.

Farrell, J. 1993. "Meaning and Credibility in Cheap Talk Games," *Games and Economic Behavior* 5(4): 514-531.

Farrell, J. and R. Gibbons. 1989a. "Cheap Talk with Two Audiences," *American Economic Review* 79(5): 1214-1223.

Farrell, J. and R. Gibbons. 1989b. "Cheap Talk Can Matter in Bargaining," *Journal of Economic Theory* 48: 221-237.

Farrell, J. and M. Rabin. 1996. "Cheap Talk," *Journal of Economic Perspectives* 10(3): 103-118.

Feltovich, N., R. Harbaugh, and T. To. 2002. "Too Cool for School? Signalling and Countersignalling," *Rand Journal of Economics* 33(4): 630-649.

Forges, F. 1990. "Equilibria with Communication in a Job Market Example," *Quarterly Journal of Economics* 105: 375-398.

Fudenberg, D. and J. Tirole. 1991a. *Game Theory*, MIT Press, Cambridge, Massachusetts.

Fudenberg, D. and J. Tirole. 1991b. "Perfect Bayesian Equilibrium and Sequential Equilibrium," *Journal of Economic Theory* 53: 236-260.

Gal-Or, E. 1989. "Warranties as a Signal of Quality," *Canadian Journal of Economics* 22(1): 50-61.

Gibbons, R. 1992. *Game Theory for Applied Economists*, Princeton University Press, Princeton, New Jersey（邦訳：ギボンズ著，福岡正夫・須田伸一訳『経済学のためのゲーム理論入門』創文社，1995年）．

Gilligan, T. W. and K. Krehbiel. 1989. "Asymmetric Information and Legislative Rules with a Heterogeneous Committee," *American Journal of Political Science* 33: 459-490.

Green J. R. and N. L. Stokey. 2007. "A Two-Person Game of Information Transmission," *Journal of Economic Theory* 135: 90-104.

Grossman, G. M. and E. Helpman. 2001. *Special Interest Politics*, MIT Press,

Cambridge, Massachusetts.

Grossman, S. and M. Perry. 1987. "Perfect Sequential Equilibrium," *Journal of Economic Theory* 39: 97-119.

Harrington, J. E. 1992. "The Revelation of Information through the Electoral Process: An Exploratory Analysis," *Economics and Politics* 4: 255-275.

Kartik, N. 2009. "Strategic Communication with Lying Costs," *Review of Economic Studies* 76: 1359-1395.

Katayama, S. and K. Miyagiwa. 2009. "FDI as a Signal of Quality," *Economics Letters* 103: 127-130.

Kohlberg, E. and J. F. Mertens. 1986. "On the Strategic Stability of Equilibria," *Econometrica* 54: 1003-1038.

Kolev, D. R. and T. J. Prusa. 1999. "Tariff Policy for a Monopolist in a Signaling Game," *Journal of International Economics* 49: 51-76.

Kolev, D. R. and T. J. Prusa. 2002. "Dumping and Double Crossing: The (In)effectiveness of Cost-Based Trade Policy under Incomplete Information," *International Economic Review* 43(3): 895-918.

Kremer, I. and A. Skrzypacz. 2007. "Dynamic Signaling and Market Breakdown," *Journal of Economic Theory* 133: 58-82.

Kreps, D., P. Milgrom, J. Roberts, and R. Wilson. 1982. "Rational Cooperation in the Finitely Repeated Prisoners' Dilemma," *Journal of Economic Theory* 27: 245-252.

Kreps, D. and R. Wilson. 1982a. "Sequential Equilibrium," *Econometrica* 50: 863-894.

Kreps, D. and R. Wilson. 1982b. "Reputation and Imperfect Information," *Journal of Economic Theory* 27: 253-279.

Krishna, V. and J. Morgan. 2001. "A Model of Expertise," *Quarterly Journal of Economics* 116: 747-775.

Krishna, V. and J. Morgan. 2004. "The Art of Conversation: Eliciting Information from Experts through Multi-Stage Communication," *Journal of Economic Theory* 117: 147-179.

Lipman, B. L. and D. J. Seppi. 1995. "Robust Inference in Communication Games with Partial Provability," *Journal of Economic Theory* 66: 370-405.

Lohmann, S. 1995. "Information, Access, and Contributions: A Signaling Model of Lobbying," *Public Choice* 85: 267-284.

Mailath, G. J. 1987. "Incentive Compatibility in Signaling Games with a Continuum

of Types," *Econometrica* 55(6): 1349-1365.
Mailath, G. J. 1988. "An Abstract Two-Period Game with Simultaneous Signaling — Existence of Separating Equilibria," *Journal of Economic Theory* 46: 373-394.
Mailath, G. J. 1989. "Simultaneous Signaling in an Oligopoly Model," *Quarterly Journal of Economics* 104(2): 417-427.
Mas-Colell, A., M. D. Whinston, and J. R. Green. 1995. *Microeconomic Theory*, Oxford University Press, New York.
Matsui, A. 1991. "Cheap-Talk and Cooperation in a Society," *Journal of Economic Theory* 54: 245-258.
Matthews, S. A. 1989. "Veto Threats: Rhetoric in a Bargaining Game," *Quarterly Journal of Economics* 104: 347-369.
Matthews, S. A., M. Okuno-Fujiwara, and A. Postlewaite. 1991. "Refining Cheap-Talk Equilibria," *Journal of Economic Theory* 55: 247-273.
McLennan, A. 1985. "Justifiable Beliefs in Sequential Equilibria," *Econometrica* 53: 889-904.
Milgrom, P. and J. Roberts. 1982a. "Limit Pricing and Entry under Incomplete Information: an Equilibrium Analysis," *Econometrica* 50(2): 443-459.
Milgrom, P. and J. Roberts. 1982b. "Predation, Reputation and Entry Dterrence," *Journal of Economic Theory* 27: 280-312.
Milgrom, P. and J. Roberts. 1986. "Price and Advertising Signals of Product Quality," *Journal of Political Economy* 94(4): 796-821.
Miyagiwa, K. and Y. Ohno. 2007. "Dumping as a Signal of Innovation," *Journal of International Economics* 71: 221-240.
Myerson, R. 1978. "Refinements of the Nash Equilibrium Concept," *International Journal of Game Theory* 7: 73-80.
Nelson, P. 1974. "Advertising as Information," *Journal of Political Economy* 82(4): 729-754.
Olszewski, W. 2004. "Informal Communication," *Journal of Economic Theory* 117: 180-200.
Olszewski, W. 2006. "Rich Language and Refinements of Cheap-Talk Equilibria," *Journal of Economic Theory* 128: 164-186.
Park, I-U. 2002. "Cheap-Talk Coordination of Entry by Privately Informed Firms," *Rand Journal of Economics* 33(3): 377-393.
Park, I-U. 2005. "Cheap-Talk Referrals of Differentiated Experts in Repeated

Relationships," *Rand Journal of Economics* 36(2): 391-411.

Rabin, M. 1990. "Communication between Rational Agents," *Journal of Economic Theory* 51: 144-170.

Rabin, M. and J. Sobel. 1996. "Deviations, Dynamics, and Equilibrium Refinements," *Journal of Economic Theory* 68: 1-25.

Ramey, G. 1996. "D1 Signaling Equilibria with Multiple Signals and a Continuum of Types," *Journal of Economic Theory* 69: 508-531.

Riley, J. 1979. "Informational Equilibrium," *Econometrica* 47: 331-359.

Rogoff, K. 1990. "Equilibrium Political Budget Cycles," *American Economic Review* 80(1): 21-36.

Rogoff, K. and A. Sibert. 1988. "Elections and Macroeconomic Policy Cycles," *Review of Economic Studies* 55: 1-16.

Sartori, A. E. 2002. "The Might of the Pen: A Reputation Theory of Communication in International Disputes," *International Organization* 56(1): 121-149.

Sawaki, H. 2008. "Potential FDI Causing Large Distortions in Domestic Production," *Journal of International Trade & Economic Development* 17(4): 485-500.

Sawaki, H. 2010. "Interaction between Monetary and Fiscal Authorities under Incomplete Information," *Japanese Economic Review* 61(2): 202-217.

Schulteis, T., A. Perea, H. Peters, and D. Vermeulen. 2007. "Revision of Conjectures about the Opponent's Utilities in Signaling Games," *Economic Theory* 30(2): 373-384.

Selten, R. 1975. "Reexamination of the Perfectness Concept for Equilibrium Points in Extensive Games," *International Journal of Game Theory* 4: 25-55.

Selten, R. 1978. "The Chain-Store Paradox," Theory and Decision 9: 127-159.

Severinov, S. 2006. "Bequests as Signals: Implications for Fiscal Policy," *Journal of Public Economics* 90: 1995-2008.

Sobel, J. 1985. "A Theory of Credibility," *Review of Economic Studies* 52(4): 557-573.

Sopher, B. and I. Zapater. 1993. "Communication and Coordination in Signalling Games: an Experimental Study," *Economic Research Reports*, New York University.

Spector, D. 2002. "Failure of Communication despite Close Preferences," *Economics Letters* 74: 283-289.

Spence, A. M. 1973. "Job Market Signaling," *Quarterly Journal of Economics* 87: 355-374.

Spence, A. M. 1974. "Competitive and Optimal Responses to Signaling: An Analysis of Efficiency and Distribution," *Journal of Economic Theory* 8: 296-332.

Stein, J. 1989. "Cheap Talk and the Fed: A Theory of Imprecise Policy Announcements," *American Economic Review* 79: 32-42.

Swinkels J. M. 1999. "Education Signalling with Preemptive Offers," *Review of Economic Studies* 66: 949-970.

van Damme, E. 1991. *Stability and Perfection of Nash Equilibria* (2nd ed.), Springer-Verlag, Berlin.

Vickers, J. 1986. "Signalling in a Model of Monetary Policy with Incomplete Information," *Oxford Economic Papers* 38: 443-455.

Wright, D. J. 1998. "Strategic Trade Policy and Signalling with Unobservable Costs," *Review of International Economics* 6(1): 105-119.

索　引

アルファベット

babbling 均衡　147
D1 基準　26
　単調——（monotonic D1 criterion）　184
D1 基準：よく使われる手法　77, 113
D2 基準　31
NWBR 基準　216
PBE→完全ベイジアン均衡
Riley outcome　62

ア 行

意思決定点（decision node）　6
一括均衡（pooling equilibrium）　14, 56
　半——（semi-pooling equilibrium）　14
後ろ向き推論法（backward induction）　44, 210
エージェント戦略型（agent-strategic form）　204
エージェント標準型（agent-normal form）　204

カ 行

完全均衡（perfect equilibrium）　200
　摂動——（trembling-hand perfect equilibrium）　200
　部分ゲーム——（subgame perfect equilibrium）　15, 23, 44, 191
完全ベイジアン均衡（perfect Bayesian equilibrium: PBE）　7, 189
　弱——（弱 PBE）　190
　弱でない——　192, 197
完備情報（complete information）　15
　不——（incomplete information）　3
逆選択（adverse selection）　ii

強・耐アナウンスメント均衡（strong announcement-proof equilibrium）　158
共有知識（common knowledge）　3
均衡結果（equilibrium outcome）　51, 148
　コミュニケーション——　148
均衡支配されている（equilibrium-dominated）　21
均衡支配テスト（Equilibrium Domination Test）　25
行動戦略（behavior strategy）　8, 189, 200
コストのかかるシグナル（costly signal）　63
混合戦略（mixed strategy）　200
混成均衡（hybrid equilibrium）　14, 57

サ 行

最適反応（best response）　18
最適反応線　41
シグナリング（signaling）　ii
シグナリング・ゲームにおける NWBR 基準　219
事後確率　4
自然（Nature）　4
事前確率　4
私的情報（private information）　3
支配基準（Dominance Criterion）　17, 52
純粋戦略（pure strategy）　8
情報集合（information set）　6
　均衡経路上にない（off-the-equilibrium-path）——　8
　均衡経路上の（on-the-equilibrium-path）——　8
神聖性（divinity）　31
信念（belief）　4, 38

索 引

信念関数　102
信念単調性（belief monotonicity）　101
スクリーニング（screening）　ii
整合性（consistency）　197
精緻化（refinement）　17
戦略型（strategic form）　5
戦略的安定性（strategic stability）　211

タ 行

耐ネオロジズム（neologism-proof）　152, 154
耐ネオロジズム均衡　155
タイプ単調性（type monotonicity）　101
単一交差性（single-crossing）　43, 107
チープトーク・ゲーム（cheap-talk game）　139
逐次均衡（sequential equilibrium）　197
逐次合理性（sequential rationality）　197
直観的基準（Intuitive Criterion）　21, 53
　繰り返し――　23
展開型（extensive form）　5

ナ 行

ナッシュ均衡　191
二回交差性（Double Crossing）　91
ネオロジズム（neologism）　154

ハ 行

バイアス（bias）　35
反応（response）　3
非コミュニケーション（no-communication）均衡結果　147
非対称情報（asymmetic information）　3
標準型（normal form）　5
普遍的神聖性（universal divinity）　31
プロパー均衡（prober equilibrium）　206
分離均衡（separating equilibrium）　14, 48
ベイズ・ルール　33
ベルトラン競争　39

マ 行

前向き推論法（forward induction）　210
メッセージ（message）　3
メッセージ関数　102
モラルハザード（moral hazard）　ii

ヤ 行

誘因両立性（incentive compatibility）　49, 106

ラ 行

両シグナル均衡　175

著者略歴

1967 年生まれ．東京大学経済学部卒業．米ノースカロライナ大学 Ph.D.（経済学）
都市銀行や官庁（経済企画庁）での勤務を経て 2002 年より帝塚山大学助教授．2007 年より准教授．
2010 年より岡山大学大学院社会文化科学研究科（経済学系）准教授．
専門は国際経済学，応用ミクロ経済学

（論文）"Trade Policies as Signals of Private Political Pressure"（単著），*Review of International Economics* 15(5), 2007 など．

シグナリングのゲーム理論

2014 年 9 月 25 日　第 1 版第 1 刷発行
2015 年 10 月 10 日　第 1 版第 2 刷発行

著　者　澤　木　久　之
　　　　　（さわ　き　ひさ　し）

発行者　井　村　寿　人

発行所　株式会社　勁　草　書　房
　　　　　　　　　　（けい　そう）

112-0005　東京都文京区水道 2-1-1　振替 00150-2-175253
　　　　（編集）電話 03-3815-5277／FAX 03-3814-6968
　　　　（営業）電話 03-3814-6861／FAX 03-3814-6854
　　　　　　　　　　　　　　　　　　　　平文社・牧製本

© SAWAKI Hisashi　2014

ISBN978-4-326-50401-5　　Printed in Japan

JCOPY 〈(社)出版者著作権管理機構 委託出版物〉
本書の無断複写は著作権法上での例外を除き禁じられています．
複写される場合は，そのつど事前に，(社)出版者著作権管理機構
（電話 03-3513-6969，FAX 03-3513-6979，e-mail: info@jcopy.or.jp）
の許諾を得てください．

＊落丁本・乱丁本はお取替いたします．
　　　　http://www.keisoshobo.co.jp

J. フォン・ノイマン & O. モルゲンシュテルン／武藤滋夫訳
ゲーム理論と経済行動 刊行60周年記念版　　Ａ５判　13,000円
　　　　　　　　　　　　　　　　　　　　　　　　　　50398-8

中山幹夫・船木由喜彦・武藤滋夫
協 力 ゲ ー ム 理 論　　Ａ５判　2,800円
　　　　　　　　　　　　　　　　　　50304-9

中山幹夫
協 力 ゲ ー ム の 基 礎 と 応 用　　Ａ５判　2,800円
　　　　　　　　　　　　　　　　　　　　　　　　50369-8

今井晴雄・岡田章編著
ゲ ー ム 理 論 の 応 用　　Ａ５判　3,200円
　　　　　　　　　　　　　　　　　　　　50268-4

今井晴雄・岡田章編著
ゲ ー ム 理 論 の 新 展 開　　Ａ５判　3,100円
　　　　　　　　　　　　　　　　　　　　　50227-1

R. J. オーマン／丸山徹・立石寛訳
ゲ ー ム 論 の 基 礎　　Ａ５判　3,300円
　　　　　　　　　　　　　　　　　93198-9

I. ギルボア／川越敏司訳
不 確 実 性 下 の 意 思 決 定 理 論　　Ａ５判　3,800円
　　　　　　　　　　　　　　　　　　　　　　　　　50391-9

I. ギルボア，D. シュマイドラー／浅野貴央・尾山大輔・松井彰彦訳
決め方の科学──事例ベース意思決定理論　　Ａ５判　3,200円
　　　　　　　　　　　　　　　　　　　　　　　　　　　50259-2

K. J. アロー／長名寛明訳
社会的選択と個人的評価 第三版　　Ａ５判　3,200円
　　　　　　　　　　　　　　　　　　　　　　　50373-5

――――――――――――――――――――――――― 勁草書房刊

＊表示価格は2015年10月現在，消費税は含まれておりません。